权威·前沿·原创

皮书系列为
"十二五""十三五""十四五"时期国家重点出版物出版专项规划项目

B

BLUE BOOK

智库成果出版与传播平台

北京市哲学社会科学研究基地智库报告系列丛书
中共北京市委党校（北京行政学院）学术文库系列丛书

北京人口蓝皮书

BLUE BOOK OF POPULATION IN BEIJING

北京人口发展研究报告（2022）

RESEARCH REPORT ON POPULATION DEVELOPMENT IN BEIJING (2022)

主　编／洪小良　尹德挺　胡玉萍　吴　军
副主编／于　倩　薛伟玲

社会科学文献出版社
SOCIAL SCIENCES ACADEMIC PRESS (CHINA)

图书在版编目（CIP）数据

北京人口发展研究报告.2022／洪小良等主编.--
北京：社会科学文献出版社，2022.11
（北京人口蓝皮书）
ISBN 978-7-5228-0957-1

Ⅰ.①北… Ⅱ.①洪… Ⅲ.①人口-研究报告-北京
-2022 Ⅳ.①C924.24

中国版本图书馆 CIP 数据核字（2022）第 195849 号

北京人口蓝皮书
北京人口发展研究报告（2022）

主　　编／洪小良　尹德挺　胡玉萍　吴　军
副 主 编／于　倩　薛伟玲

出 版 人／王利民
组稿编辑／恽　薇
责任编辑／孔庆梅
文稿编辑／王雅琪
责任印制／王京美

出　　版／社会科学文献出版社·经济与管理分社（010）59367226
　　　　　地址：北京市北三环中路甲 29 号院华龙大厦　邮编：100029
　　　　　网址：www.ssap.com.cn
发　　行／社会科学文献出版社（010）59367028
印　　装／天津千鹤文化传播有限公司

规　　格／开　本：787mm×1092mm　1/16
　　　　　印　张：15.75　字　数：235 千字
版　　次／2022 年 11 月第 1 版　2022 年 11 月第 1 次印刷
书　　号／ISBN 978-7-5228-0957-1
定　　价／158.00 元

读者服务电话：4008918866

　　本书为北京市社会科学基金研究重点项目"北京人口发展研究报告（2022）"（编号：Z1JCB124）的研究成果。

"北京人口蓝皮书"编委会

主　　编　洪小良　尹德挺　胡玉萍　吴　军

副 主 编　于　倩　薛伟玲

委　　员　洪小良　尹德挺　胡玉萍　吴　军　于　倩
　　　　　薛伟玲　嘎日达　李　兵　闫　萍　王雪梅
　　　　　杜　鹃　谈小燕　营立成　杨嘉莹　陈志光
　　　　　董亭月　昌　硕　张　越　刘帅顺

本 书 作 者　（按文序排列）
　　　　　洪小良　董亭月　杨嘉莹　赵　政　胡玉萍
　　　　　张　越　陈德云　于　倩　马小红　狄安翔
　　　　　彭舒婉　王雪梅　严彩萧　周剑洋　陈志光
　　　　　朱　赫　张征宇　许盈盈　张　凯　曾　巍
　　　　　杨晓昇　高　翔　王　瑨　王　霏　李明阳
　　　　　营立成

主要编撰者简介

洪小良（主编） 教授、硕士生导师。现任中共北京市委党校（北京行政学院）研究生部主任，北京市社会学学会副会长，北京社会建设研究会副会长。主要研究方向为社会治理、城市贫困与社会政策、流动人口及农民工问题。出版专著 1 部，合著多部，并在《中国人口科学》《中共中央党校学报》《北京社会科学》《北京行政学院学报》等期刊上发表论文 30 余篇。荣获 4 项省部级以上科研奖励，其中北京市哲学社会科学优秀成果奖二等奖 2 项、中国人口科学优秀成果奖二等奖 2 项。

尹德挺（主编） 享受国务院政府特殊津贴专家，入选"青年北京学者计划"、北京市重点人才计划，首批"中共北京市委党校（北京行政学院）名师"。毕业于北京大学人口研究所，获博士学位，现为中共北京市委党校（北京行政学院）科研处处长兼学报编辑部主任，北京市人口学会副会长，北京社会建设研究会秘书长，博士后合作导师。发表论文 100 余篇。荣获省部级科研奖励 10 余项，10 余篇咨询报告获中央及省部级领导的肯定性批示。所授课程入选中组部干部教育"全国好课程"。

胡玉萍（主编） 教授，现任中共北京市委党校（北京行政学院）社会学教研部（北京人口研究所）主任，硕士生导师。毕业于中央民族大学教育学院，获法学博士学位，美国乔治亚大学公共与国际事务学院访问学者（2017 年），北京市西城区第十六届、十七届人大代表。主要从事教育社会学、民生与社会建设的教学和研究工作。主持完成国家社科基金项目 2 项、北京市社科基金项目 4 项，主持和参与其他各级各类项目 20 余项。公开发表学术论文 60 余篇，出版学术著作 3 部。

吴　军（主编）　副教授，现任中共北京市委党校（北京行政学院）社会学教研部副主任，硕士生导师。毕业于中国人民大学社会学系，获博士学位；美国芝加哥大学访问留学。主要研究方向：城市社会学、城市政策、城市问题与治理等。主持国家社科基金项目 2 项、北京社科基金项目 3 项以及其他省部级课题 3 项。在《社会学评论》《城市发展研究》《中国青年研究》《国际城市规划》等核心期刊发表论文 80 余篇，6 篇论文被《新华文摘》、《中国社会科学文摘》、中国人民大学复印报刊资料全文或观点转载。专著《文化舒适物：地方质量如何影响城市发展》获得北京市第十六届哲学社会科学优秀成果二等奖。译著《场景：空间品质如何塑造社会生活》获得社会科学文献出版社 2019 年度"十大好书"。多篇决策咨询报告获得省部级及以上领导肯定性批示。

于　倩（副主编）　博士，中共北京市委党校（北京行政学院）社会学教研部讲师。主要研究方向：人口与经济等。主持或参与各级各类课题研究项目共计 20 余项，在《光明日报》、《学习时报》、《兰州大学学报》（社会科学版）等核心报刊上发表论文 10 余篇，参编著作 10 余部，其中译著 2 部。出版专著 1 部。

薛伟玲（副主编）　中共北京市委党校（北京行政学院）讲师。毕业于北京大学社会学系，获法学博士学位。主要研究方向：人口经济学、老年健康。在《人口研究》《宏观经济研究》等学术期刊上发表学术论文 30 余篇，被中国人民大学复印报刊资料转载 2 篇，被《中国社会科学文摘》转载 1 篇，出版专著 1 部，获省部级奖励 1 项，主持或参与多项课题研究项目。决策咨询报告获省部级领导肯定性批示。

摘　要

人口对地区经济社会发展具有基础性、全局性、战略性影响，党的十八大以来，习近平总书记多次视察北京，并在发表的重要讲话中多次提及人口问题。《北京市国民经济和社会发展第十四个五年规划和二〇三五年远景目标纲要》明确指出落实人口长期发展战略，积极应对人口老龄化，促进妇女、儿童、青年全面发展，推动人口与城市协调发展。

本报告立足北京"十四五"规划、京津冀协同发展、"四个中心"建设、"五子"联动，在高质量发展和减量发展的背景下，利用历年全国人口普查、《北京统计年鉴》、《北京市教育事业统计资料》以及抽样问卷调查的数据，采用定量与定性相结合等方法，不仅分析了北京人口规模、结构、素质、分布的现状和历时特征，并与全国平均水平进行比较，而且针对教育人口、劳动年龄人口、老年人口、育龄妇女的特征及变化进行了深入剖析。此外，本报告在流动人口集中的人口倒挂村，常住外来人口，新就业形态群体的现状、治理难点、社会融入等方面展开了专门探讨。

研究结果发现，北京人口发展现状呈现5个特征：常住人口规模连年小幅下降，户籍人口增幅明显；超低生育水平格局未变，低生育率趋势短期内难以改变；劳动年龄人口降幅扩大，人口总抚养比攀升；人口文化素质位居全国前列，高等教育人口占比显著提高；人口区域分布更趋合理，城市发展新区经济发展活力显现。同时，北京人口发展也面临以下问题和挑战：人口年龄结构不均衡，生育配套政策与老龄优化政策压力大；人口就业质量面临挑战，就业稳定性有待关注；人口资源环境矛盾依然突出，治理"大城市病"任务艰巨;围绕"七有"目标和市民"五性"需求,公共服务供给效能仍需提升;等等。建议进一步优化首都人口发展格局,完善积极生育支持政策体系,贯彻落实积极应对人口老龄化国家战略,稳定就业规模,挖掘人才红利,推进人口治理能力现代化。

北京各类人口群体的发展变化对城市可持续发展、城市活力有至关重要的影响,而城市规划和相关政策的制定也将影响各类人口群体的发展变化。本报告研究发现,北京小学在校生规模较大且持续增长,初中和普通高中在校生规模较小且分别呈先降后增和小幅下降趋势;各教育阶段的非京籍在校生规模呈现一致下降的趋势;城市功能拓展区成为各教育阶段在校生的主要分布区,初中和普通高中阶段在校生分布差异呈现减弱趋势。这些变化主要受京籍适龄人口的快速增长、人口及教育政策的调整、城市副中心的快速建设、优质教育资源的学龄人口聚集效应等因素的影响。劳动年龄人口占总人口比重2020年出现下降,年龄结构趋于年长化,但整体素质提高,且女性劳动年龄人口受教育水平更高、增量更多。不同年龄段劳动年龄人口集中分布区域存在较大差异,就业人口由中心到外围呈"三二一"逆序化的产业分布格局,可能给人口红利、经济发展活力造成一定影响,但也有望促进技术进步,提高人才培养质量和劳动生产率。建议加快经济增长从要素驱动向创新驱动转变,提高劳动年龄人口素质,提升劳动年龄人口服务管理水平,充分挖掘老年人力资源。常住老年人口规模增长迅速,户籍人口老龄化程度更为严重;老年人口分年龄组性别比呈持续下降趋势;低龄老年人口比重明显提高;老年人口受教育水平显著提高;大部分老年人口与配偶同居,以离退休金或养老金为主要生活来源;超过六成的老年人口身体状况健康。需建立多维度困境老年人口识别和监测机制,分层次、分类别开展服务,构建社会帮扶体系,推动养老服务均衡化,积极开发老龄人力资源。常住育龄妇女规模在2010~2020年呈递减趋势,并将在未来进一步缩减;年龄结构不断年长化;婚育年龄整体推迟,婚姻不稳定性增加,第1孩生育占比下降,需提供更为宽松的生育环境,进一步提升优生优育均等化服务水平,全面构建生育友好型社会。

流动人口、外来人口是北京常住人口的重要组成部分。本报告提出北京外来人口的服务管理措施要综合考量现实情况和各自意愿，对不同类型的外来人口采取不同的、有所侧重的市民化促进措施，分类、有序推进农业转移人口市民化。城乡接合部地区的人口倒挂村均是以劳动年龄人口为主的"年轻型社区"，经"疏整促"后村内可出租房屋普遍空置，且依然存在人口有序管理难、村内治安秩序管理难和村内平安建设难等问题。需在治理目标统合、资源整合、社会参与等方面进一步完善。

新就业形态群体现状备受社会关注。本报告在阐明新就业形态分类和特征的基础上，通过抽样调查推测出北京市新就业形态群体的现状，指出法律规范、制度运行和组织保障的缺失阻碍了新就业形态群体幸福感、获得感的提升。需以规范促发展、以改革促共享、以协同促共治，建议完善法律法规、制定行业标准、便捷异地参保、改善就业环境、加强组织依托、完善公共服务、优化社会救助。本报告进一步对北京市外卖骑手职业群体现状和海淀区快递小哥的社会整合、社会支持、社会参与进行分析，发现存在劳动权益保护、社会服务与保障机制、社会参与等方面的问题，需进一步完善劳动权益保护相关政策法规，重视职业培训和素质提升，建立健全社会保险制度，营造良好职业环境；把党建做强、把服务做细、把激励做实、把科技做优，在服务保障首都新就业群体健康稳定持续发展的同时，赋能首都城市治理现代化。

关键词： 劳动年龄人口 老年人口 育龄妇女 外来人口 北京

目 录 ↖⊱

皮书数据库阅读**使用指南**

总 报 告
General Report

B.1

北京人口形势分析报告（2022）

洪小良 董亭月 杨嘉莹 赵 政*

摘 要： 本报告主要采用定量研究方法，分析了北京人口规模、结构、素质、分布的现状和历时特征，总结出北京人口发展的5个特征，归纳出北京人口发展在年龄结构、就业质量、人口资源环境、公共服务4个方面面临的问题与挑战，并在此基础之上对新时代北京人口均衡发展提出了5项对策建议，即优化首都人口发展格局、完善积极生育支持政策体系、贯彻落实积极应对人口老龄化国家战略、稳定就业规模和挖掘人才红利、推进人口治理能力现代化。

关键词： 人口特征 人口挑战 人口政策 北京

---

* 洪小良，中共北京市委党校（北京行政学院）研究生部主任、教授、硕士生导师，研究方向为社会治理、城市贫困与社会政策、流动人口及农民工问题；董亭月，中共北京市委党校（北京行政学院）社会学教研部讲师，研究方向为老龄政策、社会治理；杨嘉莹，中共北京市委党校（北京行政学院）社会学教研部讲师，研究方向为基层治理、社区发展；赵政，中共北京市委党校（北京行政学院）社会学教研部硕士研究生，研究方向为人口社会学。

　　人口是影响经济社会发展的关键变量，作为经济社会发展的基础性、全局性、长期性和战略性要素，人口对经济社会发展产生长周期、全方位、系统性的影响，人口问题始终是我国面临的全局性、长期性、战略性问题。2022年是实施"十四五"规划的关键之年，是我国开启全面建设社会主义现代化国家、向第二个百年奋斗目标进军新征程的重要一年。2022年，北京市第十三次党代会报告明确指出，要深入落实首都城市战略定位，不断优化提升首都功能，推动人口资源环境同城市战略定位相协调。在此背景下，研究北京人口发展现状，分析北京人口发展的问题和挑战，提出相应的对策和建议，对促进新时代北京人口均衡发展意义深远。随着社会经济的发展，2022年，北京人口发展呈现常住人口规模连年小幅下降和户籍人口增幅明显、超低生育水平格局未变和低生育率趋势短期内难以改变、劳动年龄人口降幅扩大和人口总抚养比攀升、人口文化素质位居全国前列和高等教育人口占比显著提高、人口区域分布更趋合理和城市发展新区经济发展活力显现的态势。在新的人口发展态势下，要立足中国国情和北京市情，对北京人口发展形势形成准确判断，充分认识人口问题，稳妥适度调整人口政策，构建首都人口新发展格局。

一　北京人口发展现状

（一）常住人口规模连年小幅下降，户籍人口增幅明显

　　常住人口规模"五连降"。自2017年以来，北京人口规模呈现负增长的态势。2017~2021年的常住人口规模分别为2194.4万人、2191.7万人、2190.1万人、2189.0万人、2188.6万人。虽然北京人口规模在2017~2021年一直处于负增长状态，但是从2019年以来，北京人口规模的降速呈现逐渐放缓的态势，并延续至今。2019~2021年，各年常住人口规模与上年相比下降的幅度分别为0.07%、0.05%、0.02%。

　　常住外来人口规模"六连降"。自2016年以来，北京常住外来人口呈

现持续负增长的态势，2016～2021 年常住外来人口的规模分别为 858.8 万人、855.5 万人、848.2 万人、843.5 万人、839.6 万人、834.8 万人。2016～2021 年，各年常住外来人口规模与上年相比下降幅度分别为 0.43%、0.38%、0.85%、0.55%、0.46%、0.57%。

户籍人口规模增幅明显。自 2018 年以来，北京户籍人口规模呈现持续正增长的态势，2018～2021 年北京户籍人口规模分别为 1375.8 万人、1397.4 万人、1400.8 万人、1413.5 万人。2018～2021 年，各年户籍人口规模与上年相比上升幅度分别为 1.22%、1.57%、0.24%、0.91%（见表 1）。

表 1 2015～2021 年北京常住人口、常住外来人口、户籍人口规模

单位：万人

	2015 年	2016 年	2017 年	2018 年	2019 年	2020 年	2021 年
常住人口	2188.3	2195.4	2194.4	2191.7	2190.1	2189.0	2188.6
常住外来人口	862.5	858.8	855.5	848.2	843.5	839.6	834.8
户籍人口	1345.2	1362.9	1359.2	1375.8	1397.4	1400.8	1413.5

资料来源：2015～2020 年数据是根据《北京统计年鉴》（2015～2020 年）相关数据计算得出；2021 年数据来源于《北京市 2021 年国民经济和社会发展统计公报》，http://tjj.beijing.gov.cn/bwtt_31461/202203/t20220301_2618685.html。

（二）超低生育水平格局未变，低生育率趋势短期内难以改变

北京继续呈现超低生育水平格局。2021 年，北京常住人口出生率只有 6.35‰，显著低于全国 7.52‰的水平，较 2020 年的 6.98‰再次下降，从 2016 年的 9.23‰起，已连续下滑 5 个年份。第七次全国人口普查（以下简称"七普"）数据显示，北京的总和生育率仅为 0.87，大幅低于 2.1 的更替水平，与全国的 1.3 相比也有很大差距。

育龄妇女人数大幅减少和低结婚率使低生育率趋势短期内难以改变。育龄妇女特别是生育旺盛期育龄妇女人数减少，是北京出生人口减少的重要因素。全国人口普查数据显示，2010 年北京常住人口中 15～49 岁育

龄妇女为 613.9 万人，而 2020 年只有 560.0 万人，10 年内减少了 53.9 万人；从常住育龄妇女占全市常住人口的比重来看，2010 年常住育龄妇女占全市常住人口的比重为 31.3%，2020 年下降至近 40 年来最低点，只占 25.6%，下降了近 6 个百分点。户籍人口中的育龄妇女人数下降得更为明显，从 2011 年的 338.2 万人减少到 2020 年的 296.3 万人，减少 41.9 万人，降幅超 12%。"七普"数据显示，育龄妇女人数减少的趋势在未来若干年都难以改变，2020 年北京 15～24 岁的育龄妇女人数只有 92.3 万人，仅为 25～34 岁生育旺盛期育龄妇女人数（210.3 万人）的 44%，即使考虑人口流动的因素，未来 10 年育龄妇女人数大幅减少的趋势已不可改变。同时，北京结婚率连创新低，离婚率攀升。从 2016 年开始，北京结婚对数持续下降。2020 年，结婚对数只有 11.3 万对，仅占高点 2009 年 18.2 万对的 62%。结婚对数下降，离婚对数却波动上升。2020 年，北京的离婚结婚比①为 72.1，达到历史峰值。以上因素再加上普遍存在的低生育意愿，可以预见，在未来相当一段时间内，北京超低生育水平格局难以改变。

（三）劳动年龄人口降幅扩大，人口总抚养比攀升

劳动年龄人口降幅扩大，但仍然维持高于全国劳动年龄人口比重的水准。2021 年，北京 15～64 岁劳动年龄人口规模为 1612.3 万人，占北京常住人口的 73.7%，比全国劳动年龄人口比重高 6.5 个百分点。与北京劳动年龄人口的下降趋势相对应，近年来北京 0～14 岁少儿人口和 65 岁及以上老年人口呈现上升的态势。2021 年，北京 0～14 岁少儿人口规模为 265 万人，占北京常住人口的 12.1%。虽然北京 0～14 岁少儿人口的比重呈现不断提高的趋势，但相较于全国 0～14 岁少儿人口的比重，仍然处于较低的水平，比全国 0～14 岁少儿人口比重低 6.5 个百分点。近年来，北京和

---

① 离婚结婚比，指一定时期内（通常为 1 年）离婚对数与结婚对数之比，以每百名结婚对数相对应的离婚对数表示。离婚对数包括在民政部门登记的对数以及经法院调离和判离的对数。

全国65岁及以上的老年人口比重都呈现持续提高的态势，其中2021年北京65岁及以上的老年人口规模为312万人，比重为14.2%，与2021年全国比重一致（见表2）。

表2　2015~2021年全国和北京常住人口年龄结构

单位：万人，%

年份	北京						全国					
	0~14岁		15~64岁		65岁及以上		0~14岁		15~64岁		65岁及以上	
	规模	比重	规模	比重	规模	比重	规模	比重	规模	比重	规模	比重
2015	235	10.7	1712	78.3	241	11.0	22824	16.5	100978	73.0	14524	10.5
2016	244	11.1	1699	77.4	253	11.5	23252	16.7	100943	72.5	15037	10.8
2017	249	11.4	1681	76.6	265	12.1	23522	16.8	100528	71.8	15961	11.4
2018	252	11.5	1667	76	273	12.5	23751	16.9	100065	71.2	16724	11.9
2019	253	11.6	1656	75.6	280	12.8	23689	16.8	99552	70.6	17767	12.6
2020	259	11.8	1639	74.9	291	13.3	25277	17.9	96871	68.6	19064	13.5
2021	265	12.1	1612	73.7	312	14.2	26302	18.6	94902	67.2	20056	14.2

资料来源：2015~2020年数据根据《北京统计年鉴》（2015~2020年）相关数据计算得出；2021年数据来源于《北京市2021年国民经济和社会发展统计公报》，http://tjj.beijing.gov.cn/bwtt_31461/202203/t20220301_2618685.html；全国的2021年数据来源于《中华人民共和国2021年国民经济和社会发展统计公报》，http://www.stats.gov.cn/tjsj/zxfb/202202/t20220227_1827960.html。

人口总抚养比攀升，养老负担持续加重。在北京人口总抚养比攀升的大趋势下，2019~2021年北京常住人口总抚养比尤其呈现增幅扩大的状态。2019~2021年，各年常住人口总抚养比与上年相比增幅分别为0.7个百分点、1.4个百分点、2.1个百分点。与0~14岁的少儿抚养比相比，北京65岁及以上的老年抚养比一直处于较高的水平，同时，2019~2021年65岁及以上的老年抚养比的增速快于0~14岁的少儿抚养比的增速。2019~2021年，各年与上年相比，0~14岁的少儿抚养比的增幅分别为0.2个百分点、0.5个百分点、0.6个百分点；65岁及以上的老年抚养比的增幅分别为0.5个百分点、0.9个百分点、1.5个百分点（见表3）。因此，为落实积极应对人口老龄化国家战略，准确把握首都人口发展大趋势和老龄化规律，2021 年北京研究并出台了《北京市积极应对人口老龄化实施方案（2021 年—2025 年）》。

表 3 2015~2021 年北京常住人口总抚养比、65 岁及以上的老年抚养比和 0~14 岁的少儿抚养比变化趋势

单位：%

	2015 年	2016 年	2017 年	2018 年	2019 年	2020 年	2021 年
0~14 岁的少儿抚养比	13.7	14.3	14.8	15.1	15.3	15.8	16.4
65 岁及以上的老年抚养比	14.1	14.9	15.8	16.4	16.9	17.8	19.3
常住人口总抚养比	27.8	29.2	30.6	31.5	32.2	33.6	35.7

资料来源：2015~2020 年数据根据《北京统计年鉴》（2015~2020 年）相关数据计算得出；2021 年数据来源于《北京市 2021 年国民经济和社会发展统计公报》，http://tjj.beijing.gov.cn/bwtt_31461/202203/t20220301_2618685.html。

（四）人口文化素质位居全国前列，高等教育人口占比显著提高

人口文化素质位居全国前列。2021 年，北京 15 岁及以上常住人口中，受教育程度为高等教育的人口占比为 54.57%，位居全国前列。根据"七普"全国各地区 15 岁及以上常住人口的受教育程度数据，北京 15 岁及以上常住人口中高等教育人口规模为 919.07 万人，占比为 47.61%，位居全国各地区之首。表 4 列出了"七普"全国 15 岁及以上常住人口中高等教育人口占比前五的地区。

表 4 "七普"全国 15 岁及以上常住人口中高等教育人口占比前五的地区

单位：%，万人

地区	高等教育占比	大学专科占比	大学本科占比	硕士研究生占比	博士研究生占比	总规模
北京	47.61	15.17	24.72	6.54	1.18	919.07
上海	37.55	13.69	19.08	4.18	0.60	842.41
天津	31.13	12.68	16.25	1.95	0.25	373.54
陕西	22.25	11.64	9.45	0.99	0.17	727.08
江苏	22.00	11.39	9.47	1.01	0.13	1581.61
全国	18.78	9.71	8.14	0.82	0.11	21721.09

资料来源：《中国人口普查年鉴 2020》。

高等教育人口占比显著提高。2021 年，北京 15 岁及以上常住人口中受教育程度为高等教育的人口规模为 1050 万人，占北京 15 岁及以上常住人口的 54.6%。与 2020 年相比，2021 年北京高等教育人口规模大幅增长，占比大幅提升，提高了 7 个百分点。主要体现为受教育程度为大学专科和大学本科的北京 15 岁及以上常住人口规模的增长。2021 年，北京 15 岁及以上常住人口中受教育程度为大学专科的人口规模为 414.4 万人，占北京 15 岁及以上常住人口的 21.5%，相较 2020 年提高了 6.3 个百分点。2021 年，北京 15 岁及以上常住人口中受教育程度为大学本科的人口规模为 496.7 万人，占北京 15 岁及以上常住人口的 25.8%，相较 2020 年提高了 1.1 个百分点（见表 5）。

表 5   2020 和 2021 年北京 15 岁及以上常住人口分性别受教育程度

单位：万人，%

受教育程度	2020 年				2021 年			
	规模	占比	男	女	规模	占比	男	女
小学	128.2	6.6	5.6	7.7	105.3	5.5	4.3	6.6
初中	478.2	24.8	27.1	22.3	388.3	20.2	21.3	19.1
普通高中	384.3	19.9	20.3	19.5	345.8	18.0	18.6	17.3
大学专科	292.8	15.2	15.0	15.4	414.4	21.5	21.8	21.3
大学本科	477.1	24.7	23.9	25.6	496.7	25.8	25.6	26.1
硕士研究生	126.3	6.5	6.3	6.8	120.3	6.3	6.2	6.3
博士研究生	22.8	1.2	1.4	1.0	18.6	1.0	1.1	0.8

资料来源：2020 年数据根据《北京统计年鉴 2021》相关数据计算得出；2021 年数据来源于 2022 年北京市人口与就业统计资料，http：//tjj. beijing. gov. cn/tjsj_ 31433/tjbmfbjh/ndtjzl_ 31437/2022ndtjzl/202112/t20211231_ 2580225. html。

（五）人口区域分布更趋合理，城市发展新区经济发展活力显现

2015~2021 年，北京首都功能核心区和城市功能拓展区的人口规模持续下降，但是下降幅度趋缓。与此相对应的是，2015~2021 年，北京城市发展新区和生态涵养发展区的人口规模提升，且城市发展新区的人口增长幅度更大。城市发展新区人口规模的提升，一定程度上缓解了首都功能核心区和城市功能拓

展区的人口压力，推动了北京人口分布格局均衡化发展。总体而言，与 2020 年相比，2021 年北京各区域人口分布基本保持一致，波动幅度非常小（见表 6）。

表 6　2015~2021 年北京各区域人口分布情况

单位：万人，%

		2015 年	2016 年	2017 年	2018 年	2019 年	2020 年	2021 年
人口数	首都功能核心区	220	214	207	200	193	182	181
	城市功能拓展区	1063	1034	1002	966	931	917	916
	城市发展新区	697	730	761	782	821	874	875
	生态涵养发展区	191	195	201	204	209	217	217
占总人口比重	首都功能核心区	10.15	9.83	9.54	9.29	8.97	8.29	8.28
	城市功能拓展区	48.95	47.58	46.15	44.83	43.21	41.89	41.85
	城市发展新区	32.11	33.61	35.08	36.39	38.13	39.93	39.97
	生态涵养发展区	8.79	8.79	9.24	9.49	9.70	9.89	9.90

资料来源：北京市统计局发布的各年度北京市人口与就业统计资料。

在北京人口分布格局均衡化发展的过程中，北京城市发展新区经济发展活力被激发。近年来，北京城市发展新区的经济比重攀升，尤其是与其他区域相比，其经济人口系数更是增幅明显。对比 2020 年和 2021 年北京各区域人口和经济变动情况可以发现，首都功能核心区与城市功能拓展区的人口比重、经济比重和经济人口系数均呈总体下降趋势，生态涵养发展区经济人口系数基本持平，而城市发展新区完成了经济人口系数增长的逆转，充分激发了自身的增长活力，虽然仍然与首都功能核心区与城市功能拓展区有较大差距，但总体稳中向好（见表 7）。

表 7　2015 年~2021 年北京各区域人口和经济变动情况

单位：%

		2015 年	2016 年	2017 年	2018 年	2019 年	2020 年	2021 年
人口比重	首都功能核心区	10.15	9.83	9.54	9.29	8.97	8.29	8.28
	城市功能拓展区	48.95	47.58	46.15	44.83	43.21	41.89	41.85
	城市发展新区	32.11	33.61	35.08	36.39	38.13	39.93	39.97
	生态涵养发展区	8.79	8.79	9.24	9.49	9.70	9.89	9.90

		2015 年	2016 年	2017 年	2018 年	2019 年	2020 年	2021 年
经济比重	首都功能核心区	22.18	22.07	22.02	22.00	22.34	22.20	21.36
	城市功能拓展区	48.11	48.09	48.34	48.51	49.96	50.56	49.89
	城市发展新区	16.37	16.40	16.56	16.69	21.97	21.78	23.63
	生态涵养发展区	3.94	3.93	3.96	3.96	4.17	4.06	4.04
经济人口系数	首都功能核心区	2.19	2.24	2.31	2.37	2.49	2.68	2.58
	城市功能拓展区	0.98	1.01	1.05	1.08	1.16	1.21	1.19
	城市发展新区	0.51	0.49	0.47	0.46	0.58	0.55	0.59
	生态涵养发展区	0.45	0.44	0.43	0.42	0.43	0.41	0.41

注：经济比重＝各地区生产总值/全市地区生产总值；经济人口系数＝经济比重/人口比重，这一指标越高，表示单位人口的经济产出越高。

资料来源：北京市统计局、国家统计局北京调查总队编《北京区域统计年鉴》（2015～2021 年）。

二 北京人口发展面临的问题与挑战

党的十八大以来，北京围绕"建设一个什么样的首都、怎样建设首都"这一重大时代课题，认真贯彻新发展理念，牢牢把握首都城市战略定位，不断优化提升首都功能，有效治理"大城市病"，有力地推动了首都人口与经济、社会、生态的良性互动。当前，在我国开启全面建设社会主义现代化国家、向第二个百年奋斗目标进军新征程的背景下，北京人口年龄结构不平衡、人口资源环境矛盾依然突出、人口公共服务配套不均衡等问题将在一定时期内存在，新时期北京人口发展仍面临不少问题与挑战。

（一）人口年龄结构不均衡，生育配套政策与老龄优化政策压力大

生育水平持续低迷、劳动年龄人口降幅扩大、人口老龄化趋势显著，这是今后一段时期内北京人口发展面临的风险和挑战。当前，北京继续呈现超低生育水平格局，常住人口出生率连续 5 年下降，2021 年降至 6.35‰[①]。根

---

① 数据来源于《北京市 2021 年国民经济和社会发展统计公报》。

据《北京市 2021 年国民经济和社会发展统计公报》数据，2021 年末，北京常住人口中，0~14 岁人口占比达到 12.1%，虽然呈现逐年上升的态势，但相比全国来讲，依然处于较低水平。生育率持续降低与不断下降的结婚率和攀升的离婚率相关，也与家庭经济压力、子女教育压力以及女性就业压力等息息相关。在"三孩"政策背景下，进一步优化生育配套政策，鼓励和支持育龄妇女结婚生育，释放生育潜能，成为当前北京推动人口长期均衡发展的紧迫任务。

生育率的降低叠加劳动年龄人口数量的下降以及平均预期寿命的提升，导致北京人口年龄结构压力日益明显，人口老龄化形势日益严峻。据统计，近年来北京劳动年龄人口呈下降态势，65 岁及以上老年人口明显增长，北京已进入中度老龄化社会[①]。2017 年，北京常住人口中 15~59 岁劳动年龄人口为 1586.1 万人，占北京常住人口的 72.3%；65 岁及以上老年人口为 237.6 万人，占北京常住人口的 10.8%。2021 年，北京常住人口中 15~59 岁劳动年龄人口降到 1482.3 万人，占北京常住人口的 67.7%；65 岁及以上老年人口增加到 311.6 万人，占北京市常住人口 14.2%[②]。人口老龄化趋势还表现为劳动年龄人口年长化以及老年人口年长化两个趋势。一是劳动年龄人口年长化问题严峻。2017~2021 年，20~24 岁劳动年龄人口占常住人口的比重持续下降，分别为 7.6%、6.6%、6.4%、6.2% 和 5.8%；55~59 岁劳动年龄人口占常住人口的比重持续上升，分别为 6.7%、7.0%、7.0%、7.4% 和 7.8%[③]。劳动年龄人口数量持续下降，劳动年龄人口年长化，青壮年劳动力供给逐步减少，都势必会给北京经济社会长期发展带来劳动力缺口，对潜在经济增长率造成影响，同时也会加速经济结构的转型。二是老年人口

---

① 白歌、王瑶琦、张存：《北京已进入中度老龄化社会，您身边有哪些"为老"服务？》，"北京日报客户端"百家号，2022 年 9 月 5 日，https：//baijiahao.baidu.com/s？id＝1743109 563697409170&wfr＝spider&for＝pc。

② 数据来源于《北京市 2017 年国民经济和社会发展统计公报》《北京市 2021 年国民经济和社会发展统计公报》。

③ 数据来源于《北京统计年鉴 2018》《北京统计年鉴 2019》《北京统计年鉴 2020》《北京统计年鉴 2021》以及 2022 年北京市人口与就业统计资料。

年长化趋势明显，高龄老人占比上升。2017~2021 年，80 岁及以上老年人口占常住人口比重呈上升趋势，分别为 2.6%、2.7%、2.8%、2.9% 和 3.0%①。根据生命周期理论，人口年龄越大，有机体患病的风险就越高。伴随老年人口数量持续增加，高龄和失能失智老人数量不断提升，养老与医疗服务需求持续增长，对服务能力和质量提出更高要求。

（二）人口就业质量面临挑战，就业稳定性有待关注

就业是最大的民生工程，高质量就业意味着合理增长的劳动报酬、稳定的工作机会、良好的就业环境。公共卫生危机事件持续多年、经济社会风险加剧，导致人口就业环境面临较大的不确定性，增加了失业风险。《北京统计年鉴2021》发布的数据显示，2019 年北京城镇实有登记失业人员 9.35 万人，城镇登记失业率为 1.30%。受新冠肺炎疫情影响，2020 年北京城镇实有登记失业人员大幅增至 29.02 万人，城镇登记失业率为 2.56%，城镇新增就业人数为 26.10 万人，处于近年来低值（见表 8）。在疫情防控常态化背景下，一些市场主体倒闭导致的失业问题、裁员问题，以及大学生就业难等问题凸显，北京常住就业人口规模从 2020 年的 1164 万人降至 2021 年的 1158 万人②，常住就业人口规模呈下降趋势。在就业环境面临较大不确定性的同时，劳动报酬增长速度有所放缓。《北京市 2021 年国民经济和社会发展统计公报》发布的数据显示，2017~2021 年，北京居民人均可支配收入增长速度分别为 8.9%、9.0%、8.7%、2.5% 和 8.0%。虽然 2021 年北京居民人均可支配收入为 75002 元，比上年增长 8.0%，但是与 2020 年之前相比，增长速度有所放缓（见表 9）。公共卫生危机事件的影响使得就业人口的失业风险增加，阻碍了劳动力和人才的流动，不利于经济社会稳定发展。人口高质量就业成为当前和今后一段时期内北京需要重点面对的挑战。

---

① 数据来源于《北京统计年鉴 2018》《北京统计年鉴 2019》《北京统计年鉴 2020》《北京统计年鉴 2021》以及 2022 年北京市人口与就业统计资料。
② 数据来源于 2022 年北京市人口与就业统计资料。

表8 2017~2020年北京城镇实有登记失业人员、城镇登记失业率
和城镇新增就业人数

单位：万人，%

年份	城镇实有登记失业人员	城镇登记失业率	城镇新增就业人数
2017	9.22	1.43	42.20
2018	10.24	1.40	42.30
2019	9.35	1.30	35.10
2020	29.02	2.56	26.10

资料来源：《北京统计年鉴2021》。

表9 2017~2021年北京居民人均可支配收入及增长速度

单位：元，%

年份	居民人均可支配收入	比上年增长
2017	57230	8.9
2018	62361	9.0
2019	67756	8.7
2020	69434	2.5
2021	75002	8.0

资料来源：《北京市2021年国民经济和社会发展统计公报》。

（三）人口资源环境矛盾依然突出，治理"大城市病"任务艰巨

当前，北京绿色发展理念深入人心，绿色生产生活方式成为广泛自觉，能源资源利用效率大幅提高，主要污染物排放总量继续削减，基本消除重污染天气，"大城市病"治理取得明显成效。但是人口资源环境矛盾依然突出，与建设高品质宜居城市的要求还存在差距。主要表现为以下几方面。一是北京人均生活用能源规模整体呈递增的趋势。北京人均生活用能源总体规模从2010年的650.2千克标准煤增加到2020年的782.3千克标准煤；电力的人均生活用能源规模从2010年的729.1千瓦时增加到2020年的1277.9千瓦时；天然气的人均生活用能源规模从2010年的53.1立方米增加到2020年的72.4立方米；汽油的人均生活用能源规模从2010年的164.9升增加到

2020 年的 206.8 升（见表 10）。二是北京水资源依然较为紧张。2015~2020
年，北京人均水资源量分别为 122.8 立方米、160.0 立方米、135.6 立方米、
161.7 立方米、112.1 立方米和 117.6 立方米①，这期间人均水资源量虽有上
升，但是总体来看仍呈波动下降的态势。此外，北京用水总量也在上升，全
年用水总量从 2015 年的 38.2 亿立方米上升到 2020 年的 40.6 亿立方米②。
未来如何进一步转变城市能源发展方式，全面推进绿色低碳循环发展，建立
绿色发展的长效机制，仍需要进一步探索。三是超大城市宜居品质有待进一
步提高。北京是一座常住人口规模为 2188.6 万人③的超大型城市，2021 年
末全市机动车保有量 685.0 万辆，比上年末增加 28.0 万辆④，交通拥堵现象
严重，给就业人口通勤带来较大不便。2020 年北京住宅类商品房平均销售
价格达到每平方米 42684 元⑤，居全国首位，人口住房压力较大。公园绿地是
供人们休闲放松的场所，体现城市的宜居品质，2020 年北京人均公园绿地面积
为 16.59 平方米，处于全国第 6 名的水平，公园绿地建设能力还有待提升⑥。

表 10　2010~2020 年北京人均生活用能源规模

年份	合计 （千克标准煤）	煤炭 （千克）	电力 （千瓦时）	液化石油气 （千克）	天然气 （立方米）	汽油 （升）
2010	650.2	173.6	729.1	11.3	53.1	164.9
2011	662.4	166.9	726.3	10.6	52.6	167.4
2012	690.9	158.5	789.2	9.3	56.3	173.9
2013	684.4	147.0	747.3	9.8	56.8	179.9
2014	700.4	136.6	787.9	10.9	59.2	181.3
2015	689.5	125.3	801.8	11.5	63.1	192.7
2016	707.7	109.8	891.6	12.0	58.5	196.5
2017	753.0	82.4	993.4	11.8	74.7	205.1

① 数据来源于《北京统计年鉴 2021》。
② 数据来源于《北京统计年鉴 2021》。
③ 数据来源于《北京市 2021 年国民经济和社会发展统计公报》。
④ 数据来源于《北京市 2021 年国民经济和社会发展统计公报》。
⑤ 数据来源于《中国统计年鉴 2021》。
⑥ 数据来源于《中国统计年鉴 2021》，全国排名情况通过下载全国数据后在 Excel 软件中排序
　得出。

续表

年份	合计 （千克标准煤）	煤炭 （千克）	电力 （千瓦时）	液化石油气 （千克）	天然气 （立方米）	汽油 （升）
2018	771.7	34.7	1168.9	10.9	64.3	223.1
2019	772.0	22.2	1148.4	8.6	66.6	231.5
2020	782.3	16.4	1277.9	4.9	72.4	206.8

资料来源：《北京统计年鉴2021》。

（四）围绕"七有"目标和市民"五性"需求，公共服务供给效能仍需提升

北京紧扣"七有"目标和市民"五性"需求，加强普惠性、基础性、兜底性民生建设，深化接诉即办工作机制，扎实办好民生实事，持续提升公共服务供给能力和水平。但是立足人口发展与公共服务的良性互动，北京公共服务供给效能仍有提升空间。

一是公共服务供给与区域人口均衡发展不协调。虽然北京在推动公共服务均等化方面做出了长期的努力，取得了一定成效，但是因为人口分布不均衡，人口与教育、医疗、养老、住房保障等公共服务供给不协调的矛盾突出，影响了公共服务供给效能。以医疗和教育为例，《北京区域统计年鉴2021》数据表明，在每千常住人口执业（助理）医师数、每千常住人口注册护士数、每千常住人口医院床位数3个指标上，东城区与西城区明显优于其他区域，通州区在3个指标上均处于靠后的水平。整体来看，相比于近郊、远郊各区域，中心区域在3个指标上表现较好（见表11）。教育领域也呈现区域发展不均衡问题。根据《北京区域统计年鉴2021》《2020—2021学年度北京教育事业发展统计概况》数据，计算得出2020年北京每万常住0~14岁人口幼儿园数量、每万常住0~14岁人口小学数量、每万常住0~14岁人口普通中学数量3个指标，总体来看，大兴区处在靠后位置，3个指标分别为4.56所、3.50所、1.90所，西城区、海淀区等教育强区在这3个指标上的表现也相对较差（见表12），平衡好区域公共服务的质量和数量是北京需要继续解决的问题。

表 11 2019 年和 2020 年北京各区域医疗卫生机构人员与床位数

单位：人，张

区域	每千常住人口执业（助理）医师数		每千常住人口注册护士数		每千常住人口医院床位数	
	2020 年	2019 年	2020 年	2019 年	2020 年	2019 年
全市	5.41	5.38	6.15	6.10	5.45	5.55
东城区	14.74	12.90	15.60	13.52	14.18	12.28
西城区	12.84	12.28	16.04	15.38	15.60	15.27
朝阳区	6.56	6.39	7.14	7.05	6.85	6.73
丰台区	4.76	4.71	5.31	4.73	6.31	6.01
石景山区	5.65	5.63	6.76	6.51	8.58	8.44
海淀区	4.71	4.42	5.40	5.03	4.32	3.94
门头沟区	3.54	3.94	4.10	4.79	7.61	7.23
房山区	3.25	3.31	3.45	3.49	4.93	4.51
通州区	2.21	2.35	2.30	2.32	2.26	2.00
顺义区	3.03	3.19	2.59	2.78	3.34	2.50
昌平区	3.20	3.09	3.71	3.65	5.42	5.53
大兴区	2.59	2.69	2.77	2.87	3.81	3.60
怀柔区	3.76	4.01	3.08	3.15	4.62	4.19
平谷区	3.85	3.73	3.58	3.47	4.70	3.93
密云区	3.99	4.08	2.43	2.51	3.48	3.04
延庆区	3.57	3.34	3.11	2.95	3.24	2.46

注：本表全市数据除每千常住人口医院床位数外均包含驻京部队医院，分区数据均不包含驻京部队医院，所以分区数据相加不等于全市数据。

资料来源：北京市统计局、国家统计局北京调查总队编《北京区域统计年鉴2021》。

表 12 2020 年北京各区域幼儿园、中小学情况

单位：所

区域	幼儿园	每万常住 0~14 岁人口幼儿园数量	小学	每万常住 0~14 岁人口小学数量	普通中学	每万常住 0~14 岁人口普通中学数量
全市	1899	7.33	934	3.60	656	2.53
东城区	68	6.94	47	4.80	40	4.08
西城区	87	5.51	57	3.61	41	2.59
朝阳区	292	7.39	74	1.87	95	2.41

续表

区域	幼儿园	每万常住0~14岁人口幼儿园数量	小学	每万常住0~14岁人口小学数量	普通中学	每万常住0~14岁人口普通中学数量
丰台区	145	6.59	74	3.36	48	2.18
石景山区	46	7.08	25	3.85	22	3.38
海淀区	201	5.42	87	2.35	82	2.21
门头沟区	42	9.33	23	5.11	17	3.78
房山区	127	7.51	108	6.39	50	2.96
通州区	227	10.18	82	3.68	43	1.93
顺义区	106	6.84	50	3.23	34	2.19
昌平区	160	6.78	93	3.94	57	2.42
大兴区	108	4.56	83	3.50	45	1.90
怀柔区	78	15.00	18	3.46	19	3.65
平谷区	90	15.00	46	7.67	19	3.17
密云区	75	11.19	39	5.82	24	3.58
延庆区	47	11.75	28	7.00	20	5.00

注：每万常住0~14岁人口幼儿园数量、每万常住0~14岁人口小学数量、每万常住0~14岁人口普通中学数量3个指标均根据相应数值计算得出。其中，每万常住0~14岁人口幼儿园数量=区域幼儿园数量/区域0~14岁常住人口（万人）；每万常住0~14岁人口小学数量=区域小学数量/区域0~14岁常住人口（万人）；每万常住0~14岁人口普通中学数量=区域普通中学数量/区域0~14岁常住人口（万人）。

资料来源：北京市统计局、国家统计局北京调查总队编《北京区域统计年鉴2021》；北京市教育委员会编《2020—2021学年度北京教育事业发展统计概况》。

二是民生诉求量逐年增多，对社会治理提出更高要求。自2019年北京党建引领接诉即办改革实施以来，北京12345市民服务热线受理量逐年增加，2021年1月1日0时至2022年1月1日0时，北京12345市民服务热线共受理群众反映问题1485.8万件，其中诉求665.8万件，占比为44.81%；咨询820.0万件，占比为55.19%。与2020年相比，2021年受理群众反映问题总量上升了34.59%①。2021年群众反映前10类问题分别是疫情防控、市场管理、住房、社会秩序、城乡建设、教育、交通管理、公共服

---

① 北京市市民热线服务中心课题组编《2021年北京12345市民服务热线年度数据分析报告》，皮书网，2022年6月，https://www.pishu.com.cn/skwx_ps/literature/6361/13832749.html。

务、劳动和社会保障、农村管理。在群众反映的问题中，物业管理、公共安全、市政、市容环卫、供暖、垃圾分类等诉求占比较高，疫情防控、社会秩序、劳动和社会保障、金融财税等咨询占比较高①。作为人口超过 2000 万人的超大城市，北京人口规模大、利益诉求多元化、社会稳定风险长期存在，如何提升城市治理现代化水平，不断提升人民群众的获得感、幸福感和安全感，是北京社会治理面临的重大挑战。

三　新时代北京人口均衡发展对策建议

2022 年是我国开启全面建设社会主义现代化国家、向第二个百年奋斗目标进军新征程的重要一年。北京市第十三次党代会报告明确指出，要牢牢把握首都城市战略定位，处理好"都"与"城"、"舍"与"得"、疏解与提升、"一核"与"两翼"的辩证关系，做到人口资源环境同城市战略定位相协调。新时期首都人口工作要在优化格局、稳定规模、调整结构、提升素质、保障福利方面持续发力。

（一）优化首都人口发展格局

北京市第十三次党代会报告指出："新时代首都发展，本质上是首都功能的发展。全部要义就是加强'四个中心'功能建设，提高'四个服务'水平，更好服务党和国家工作大局，更好满足人民群众对美好生活需要。"牢牢把握"首都性"，积极推进北京人口资源环境同城市战略定位相协调，将优化首都人口发展格局融入新时代首都发展全过程，是贯彻落实新时代首都发展要义的关键举措。

一方面，坚持人口与经济社会及资源环境协调发展，实施积极前瞻的人口发展战略。首先，全力做好政治中心服务保障，严格落实首都功能核心区

---

① 北京市市民热线服务中心课题组编《2021 年北京 12345 市民服务热线年度数据分析报告》，皮书网，2022 年 6 月，https：//www.pishu.com.cn/skwx_ ps/literature/6361/13832749. html。

控规，深入实施北京城市总体规划，有效调控首都功能核心区人口密度，让首都功能核心区逐步"静"下来，营造安全、高效、有序的政务环境。其次，以促进人口与城市功能布局协调发展为主线，重点解决产业人才结构、公共服务配套等关键性问题，促进首都功能核心区的过度集聚人口向城市发展新区等人口重点集聚区转移，促成北京人口合理均衡分布。最后，做好中长期人口发展风险预警工作，尤其关注劳动力规模缩小、生育率下降等风险与挑战，积极应对人口发展新趋势。

另一方面，坚持人口与发展综合决策，将优化首都人口发展格局融入新时代首都发展全过程，通过协调人口要素和相关制度系统的关系而实现人口与发展的均衡。积极转变治理理念，从强调人口生产转为注重人口消费和福利、从强调劳动者义务转为更为尊重劳动者权益、从强调增长至上转为追求包容性发展。关注、保障和促进民生福利，强调人口对经济社会发展成果的分享，在更加重视"人的全面发展"的基础上实现人口与社会经济发展的动态均衡，以实现全体人民共同富裕的现代化。

（二）完善积极生育支持政策体系

全力稳妥推进积极生育支持政策体系优化，完善涵盖全生育周期的一揽子积极生育支持政策，构建"以妇女保障为基础，以儿童成长为主线，以家庭养育为主体，全社会共同负担"的生育友好型社会，积极构建生育成本合理分担机制，释放生育潜能，推动人口长期均衡发展。

从全生命周期的视角，抓住婚嫁、生育、幼儿养育、儿童教育重点环节，从住房、教育、医疗、就业、税收、社保、公共服务等多方着手，完善生育保障和儿童福利制度，消除影响家庭成长和生育的痛点，切实减轻家庭生育、养育、教育成本。在基本公共服务方面，坚持"房住不炒"定位，健全房地产市场平稳健康发展长效机制，加大保障性住房供给力度，完善租购并举的住房体系，多途径满足青年及新家庭的住房需求，重点满足新市民及新成长家庭的住房需求，使青年在安居乐业的环境下，乐于组建家庭、愿意生养子女。提升妇幼健康服务水平，强化妇幼健康服务体系建设，促进优质妇幼健康服务资源下沉，实现每区都有标准化建设的妇幼保健院。在生育环节，坚持男女平等基本国策，完善婚育休假和生育保险制度，保障女性就业合法权益，支持女性职业发展，鼓励男性参与子女照料，推动家庭工作平衡。在养育环节，要合理配置社会服务资源，大力发展普惠托育服务，建立多元化婴幼儿照护服务体系，为城乡居民提供质量有保障、价格可承受、方便可及的托育服务和养育指导。在教育环节，贯彻落实立德树人根本任务，深入推进义务教育阶段"双减"工作，着力提高校内教育教学质量，健全学校、家庭、社会协同育人机制，推进教育公平，增加优质教育资源供给，保障孩子"生得出、养得起、教得好"。

（三）贯彻落实积极应对人口老龄化国家战略

全面贯彻落实积极应对人口老龄化国家战略，把积极应对人口老龄化观念、健康老龄化理念融入新时代首都发展全局，加快推动新时代养老服务高质量发展，坚持老龄工作首善标准。

塑造养老、敬老、爱老的社会环境。持续开展人口老龄化国情教育、生命教育，大力弘扬中华民族孝亲敬老传统美德，宣传积极应对人口老龄化观念、健康老龄化理念，引导全社会科学认识老年阶段、老龄社会、长寿时代，推动形成养老、敬老、爱老的社会文化氛围。

积极开发老年人力资源。健全终身学习体系，建设学习型城市。稳妥实施渐进式延迟法定退休年龄，推动各领域、各行业适老化转型升级，打造老年宜居环境，构建数字包容型老龄社会，健全老年优待制度，积极支持老年人参与社会经济活动。

推进新时代养老服务高质量发展。完善"三边四级"养老服务体系，加强居家社区养老服务，健全基本养老服务体系，探索建立长期护理保险制度框架，统筹满足失能失智老年人照护服务需求。深入推进医养结合，整合优化基层医疗卫生和养老资源，充分发挥基层医疗卫生和养老资源对养老服务的支撑作用，增强老年人就医的便利性。加强适老化改造，推广"互联网+照护服务""社区+物业+养老服务"等创新模式。促进京津冀养老服务协同发展，鼓励有实力的养老服务机构输出服务品牌和管理经验，支持在张家口、承德、曹妃甸等周边地区建设养老服务基地，加速城市间生产要素流通、养老服务产业联动，为老年人提供京津冀区域内异地养老、旅居养老等特色服务。完善政府责任考核机制，建立社会监督评价机制，健全第三方评估机制，构建养老服务综合监管制度体系，推进新时代养老服务高质量发展。

壮大"银发经济"，开发老龄社会经济发展新动能。积极打造养老消费热点，激发新老群体消费潜力，有效牵引服务结构转型升级。培育养老服务产业新模式、新业态，优化养老消费环境，创新养老消费场景，满足老年人多样化、多层次的服务需求。

（四）稳定就业规模，挖掘人才红利

劳动力供需平衡对人口与经济、城市的协同发展具有重要意义。要以更加优质充裕的人才资源夯实创新驱动发展战略实施根基，把劳动年龄人口数量减少、人口年龄结构年长化等方面的劣势转化为劳动年龄人口素质提高的优势，释放新动力、激发新活力，不断推进科技进步，实现经济社会高质量发展。

稳定就业规模。北京劳动力供给不仅取决于本地人口自身发展规律，更受外部劳动力供给的影响。需坚持融合式发展，完善住房保障制度，以提升创业、宜居、文化等公共服务为核心，推进惠及常住人口的基本公共服务体系建设，以海纳百川的精神和行动集聚各类人才，提升人力资源储备水平。提升全社会劳动参与率，坚持就业优先导向，抓好高校毕业生等重点人群就业，完善就业帮扶服务，促使更多的劳动者进入劳动力市场。在延迟退休政策平稳实行的同时，重点提高45~64岁及以上劳动者的劳动参与率，适时启动大龄女性劳动力人力资源开发行动计划，促进50岁及以上女性劳动者保留在劳动力市场。

提升劳动力供给效率。加快产业发展与人口布局优化调整，引导人口、人才、资金、技术等市场要素资源向先进生产力集聚，带动规模效应，发挥

系统互补优势。完善职业教育和培训体系，深化产教融合，推行终身职业技能培训制度，构建纵向贯通、横向融通的现代职业教育体系，大力培养技术技能人才。强化供给侧与需求侧紧密对接的培训，促进职业培训市场化和社会化发展，强化职业培训供给能力。

积极应对经济转型升级过程中的劳动力市场波动。稳步提高劳动报酬在初次分配中的比重，健全工资合理增长机制，发挥再分配调节作用，加大对税收、社保、转移支付等的调节力度并提高精准性。多渠道促进农民和中低收入群体增收，逐步扩大中等收入群体规模。

加快建设高水平人才高地。强化党管人才工作格局，加强人才政治引领和服务保障，为首都事业发展集聚、培养、储备一批人才。全方位培养、引进、用好战略科学家、一流科技领军人才和创新团队、青年科技人才、卓越工程师，打造梯次合理的首都战略人才队伍。持续深化人才培养、使用、评价、激励等体制机制改革，不断优化人才服务体系，消除人才保障痛点，形成具有首都特点和国际竞争力的人才制度体系。

（五）推进人口治理能力现代化

将人口治理"嵌入"社会治理体系，调整政策理念从"以人口变动适应制度"向"以制度变革适应人口"转变，构成一个与社会治理体系"内协调、外适应"的新时代人口治理格局。

加快数字化赋能，构建全周期高效性实有人口治理模式。应对复杂动态的常态化人口流动形势，加快构建以身份证号码为唯一标识的实有人口服务管理大数据系统。探索构建以人口为核心的公共数据的共享机制，加快人口数据高效便捷应用，以信息流为主线加快构建包括人口信息获取、决策、公共服务供给等在内的全周期人口服务管理流程，推动组织结构的扁平化、高效化。广泛应用互联网、大数据、云计算、人工智能、区块链等新一代信息技术，大力研发人口服务管理新平台，整合数据资源、服务管理资源，提升人口服务管理的便利化、精准化水平，提高针对复杂动态人口体系的公共应急能力。

持续推动民生与人口良性互动，统筹社会治理体系现代化建设。深化接诉即办改革，积极回应群众多元化利益诉求。深化主动治理、未诉先办改革，用好接诉即办民生大数据，形成有效的、有针对性的城市"画像"，补短板、强弱项，持续增强人民群众的获得感、幸福感、安全感。全面推进健康北京建设，深化医药卫生体制改革，推动公立医院高质量发展，强化基层医疗卫生服务能力，广泛开展全民健身活动，提高全民健康素养。加强一刻钟便民生活圈建设，推动生活性服务业向高品质和多样化升级，持续提升公共服务水平。

分 报 告
Topic Reports

B.2
北京市义务教育阶段和高中阶段
教育人口研究报告

胡玉萍　张　越　陈德云*

摘　要：　本报告基于历年《北京统计年鉴》和《北京市教育事业统计资料》等相关数据，分析和总结首都义务教育阶段和高中阶段在校生规模的发展趋势和影响因素。数据显示，小学在校生规模较大且持续增长，初中和高中在校生规模较小且分别呈先降后增和小幅下降趋势；各教育阶段的非京籍在校生规模呈现一致下降的趋势；城市功能拓展区成为各教育阶段在校生的主要分布区，初中和普通高中在校生各区分布差异呈现减弱趋势。分析发现，京籍适龄人口的快速增长、人口及教育政策的调整、城市副中心的快速建设、优质教育资源的学龄人口聚集效应等是教育人口规模

* 胡玉萍，博士，中共北京市委党校（北京行政学院）社会学教研部主任、教授、硕士生导师，研究方向为教育社会学、人口社会学；张越，博士，中共北京市委党校（北京行政学院）社会学教研部讲师，研究方向为教育社会学；陈德云，中共北京市委党校（北京行政学院）社会学教研部硕士研究生，研究方向为社会政策。

及分布发生变化的重要影响因素。

关键词： 中小学生　义务教育　高中教育　教育资源配置　北京市

"十四五"时期是首都教育在率先实现教育现代化的基础上，全面建设高质量教育体系和推动高水平教育现代化的新阶段。《北京市"十四五"时期教育改革和发展规划（2021—2025年）》明确指出，"首都教育必须在满足市民更加充分、更高质量的教育需求上下功夫。要紧扣'七有'要求、'五性'需求，适应学龄人口规模快速增加和人口老龄化加速的趋势，优化教育资源配置，扩大教育资源供给，提升基本公共教育服务水平，持续增强人民群众的教育获得感和满意度"。在校生规模是国家每年进行基础教育事业发展统计时的必备指标，在校生规模的变动直接影响着各教育阶段的教师、经费、教育教学场地和设施等教育资源的有效配置。2014年以来，随着疏解非首都功能重要战略的实施及义务教育非京籍适龄儿童入学、加快发展现代职业教育等政策的调整，北京市义务教育阶段和高中阶段的在校生规模呈现新的变化趋势和发展特征。本报告基于2013~2020年北京市各区域数据，分析和总结首都义务教育阶段和高中阶段在校生规模的发展趋势和影响因素，为新时代首都教育工作提供有价值的政策参考，并进一步促进首都教育和人口协调发展。

一　北京市义务教育阶段在校生的规模、结构与分布

（一）小学在校生的规模、结构与分布

1. 在校生规模逐年扩大，非京籍比重下降明显

总体来看，北京市小学在校生规模呈现两大特点。一是小学在校生规模逐年扩大。2013年北京市小学在校生规模为78.9万人，之后呈逐年递增趋

势，2020 年北京市小学在校生规模为 99.5 万人，2013～2020 年小学在校生增长了 20.6 万人；二是非京籍小学在校生规模逐年递减。非京籍小学在校生由 2013 年的 37.0 万人下降至 2020 年的 25.4 万人，减少了 11.6 万人。2013 年，北京市非京籍小学在校生占小学在校生总数的 46.9%，即北京市小学在校生中约有一半是非京籍小学在校生；2020 年，北京市非京籍小学在校生占小学在校生总数的 25.5%，非京籍小学在校生规模和比重均明显下降（见图 1）。

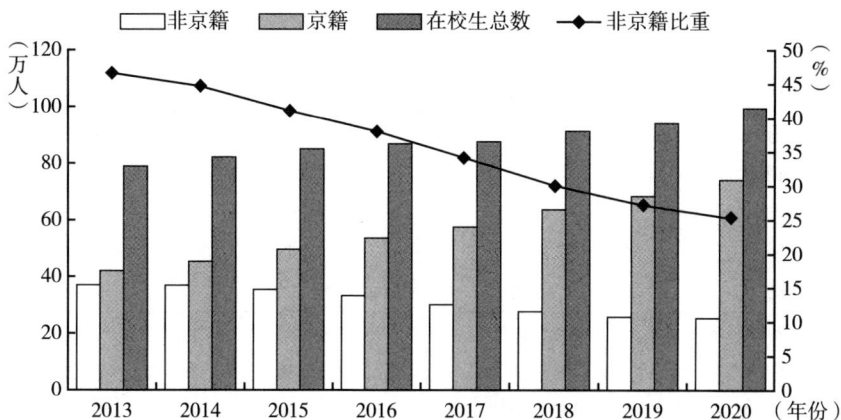

图 1　2013～2020 年北京市小学在校生规模

说明：非京籍比重请参照右侧刻度；京籍数据为本市户籍学生数，非京籍数据为非本市户籍学生数。

资料来源：相关年份《北京统计年鉴》；2014～2021 年《北京市教育事业统计资料》。

2. 各区域在校生规模普遍上升，区域发展差异较大，但比重变动较小

从 4 个城市功能区来看，2020 年，城市功能拓展区的小学在校生占比最高，为 42.82%，其中海淀和朝阳区占比分别为 18.05% 和 15.65%；其次是城市发展新区，占比为 31.83%；再次是首都功能核心区，占比为 16.55%；最后是生态涵养区，占比为 8.79%。2020 年，超过四成的北京市小学在校生集中在城市功能拓展区，超过三成的北京市小学在校生集中在城市发展新区，生态涵养区小学在校生的比重不足 9%。从变化来看，2020 年北京市 4 个城市功能区的小学在校生占全市小学在校生总数的比重与 2013 年相比差异不大，其中，除首都功能核心区小学在校生占比提高以外，其他

3 个城市功能区的小学在校生占比均有不同程度的下降，但变动幅度均保持在 2 个百分点以内（见表 1）。

表 1　2013 年和 2020 年北京市各区域小学在校生分布及变化

单位：%，个

	2013 年	2020 年	增减百分点
全市	100	100	0
首都功能核心区	13.91	16.55	2.64
东城区	6.22	6.58	0.36
西城区	7.69	9.97	2.28
城市功能拓展区	44.59	42.82	-1.77
朝阳区	15.05	15.65	0.60
丰台区	8.72	6.69	-2.03
石景山区	2.90	2.43	-0.47
海淀区	17.92	18.05	0.13
城市发展新区	31.93	31.83	-0.10
房山区	5.67	5.80	0.13
通州区	7.53	7.53	0
顺义区	4.83	5.40	0.57
昌平区	6.80	6.11	-0.69
大兴区	7.10	7.00	-0.10
生态涵养区	9.57	8.79	-0.78
门头沟区	1.41	1.39	-0.02
怀柔区	2.05	1.77	-0.28
平谷区	2.03	2.02	-0.01
密云区	2.59	2.29	-0.30
延庆区	1.50	1.32	-0.18

注：密云区、延庆区在 2015 年 11 月撤县设区之前为密云县、延庆县。

资料来源：相关年份《北京统计年鉴》；2014 年和 2021 年《北京市教育事业统计资料》。

与 2013 年相比，2020 年北京市 4 个城市功能区小学在校生规模均有不同程度的增长。其中，首都功能核心区增幅最大，城市发展新区次之，之后是城市功能拓展区和生态涵养区。具体来看，与 2013 年相比，2020 年首都功能核心区的小学在校生增加了约 5.5 万人，增幅达到 50.06%；城市功能拓展区和城市发展新区的小学在校生增幅均在 20% 以上；增幅最小的是生态涵养区，为 15.86%。分区域来看，2020 年，小学在校生规模最大的为海淀区，约为 18 万人；其次是朝阳区和西城区，分别约为 15.6 万人和 9.9 万人；小学在校生规模最小的为延庆区，约为 1.3 万人。与 2013 年相比，2020 年小学在校生规模增长幅度最大的是西城区，增加了约 3.9 万人，增幅达到了 63.50%；其次是顺义区、东城区、朝阳区，增幅均超过了 30%；丰台区的小学在校生减少了 2240 人，丰台区是唯一小学在校生规模下降的区域（见表 2）。

从 4 个城市功能区小学平均在校生人数来看，与 2013 年相比，2020 年北京市 4 个城市功能区小学平均在校生人数都有所增长，其中增长人数最多的为首都功能核心区，增长了 700 多人；增长人数最少的为生态涵养区，仅增长 100 多人。在各区域中，朝阳区的小学平均在校生人数激增，从 2013 年的 886 人增长到 2020 年的 2105 人；海淀区 2020 年小学平均在校生人数也达到 2064 人；2020 年小学平均在校生人数最少的为平谷区，为 437 人，平谷区也是小学平均在校生人数增长最少的区域（见表 2）。

表 2　2013 年和 2020 年北京市各区域小学在校生规模及变化

单位：人，%

	2013 年	2020 年	增减数量	增减比例	2013 年小学平均在校生人数	2020 年小学平均在校生人数
全市	789276	995046	205770	26.07	722	1065
首都功能核心区	109776	164729	54953	50.06	807	1584
东城区	49091	65508	16417	33.44	767	1394
西城区	60685	99221	38536	63.50	843	1741
城市功能拓展区	351952	426068	74116	21.06	986	1639
朝阳区	118780	155758	36978	31.13	886	2105
丰台区	68840	66600	-2240	-3.25	820	900
石景山区	22903	24131	1228	5.36	739	965
海淀区	141429	179579	38150	26.97	1310	2064

续表

	2013 年	2020 年	增减数量	增减比例	2013 年小学平均在校生人数	2020 年小学平均在校生人数
城市发展新区	252025	316747	64722	25.68	587	761
房山区	44787	57695	12908	28.82	411	534
通州区	59413	74881	15468	26.03	725	913
顺义区	38146	53743	15597	40.89	908	1075
昌平区	53649	60768	7119	13.27	536	653
大兴区	56030	69660	13630	24.33	584	839
生态涵养区	75523	87502	11979	15.86	442	568
门头沟区	11100	13841	2741	24.69	383	602
怀柔区	16143	17569	1426	8.83	646	976
平谷区	16037	20109	4072	25.39	373	437
密云区	20436	22801	2365	11.57	511	585
延庆区	11807	13182	1375	11.65	347	471

资料来源：相关年份《北京统计年鉴》；2014 年和 2021 年《北京市教育事业统计资料》。

（二）初中在校生的规模、结构与分布

1. 在校生规模先降后增，非京籍比重逐年下降

2013~2020 年，北京市初中在校生规模经历了先降后增的发展过程。其中，2013~2017 年，初中在校生规模逐年下降，由 2013 年的 31.1 万人降至 2017 年的 26.6 万人；2018 年起，初中在校生规模止跌回升，连续 3 年呈递增趋势，2020 年初中在校生规模约为 33.0 万人。非京籍初中在校生规模逐年递减，由 2013 年的 10.3 万人减少至 2020 年的 5.9 万人；非京籍初中在校生占初中在校生总规模的比重从 2013 年的 33.1% 下降至 2020 年的 17.9%。2013~2020 年京籍初中在校生规模先降后增，与初中在校生总规模的变化趋势基本一致（见图 2）。

2. 初中在校生区域分布差异较大，海淀区比重超过 1/5

从 4 个城市功能区初中在校生分布来看，2020 年，4 个城市功能区初中

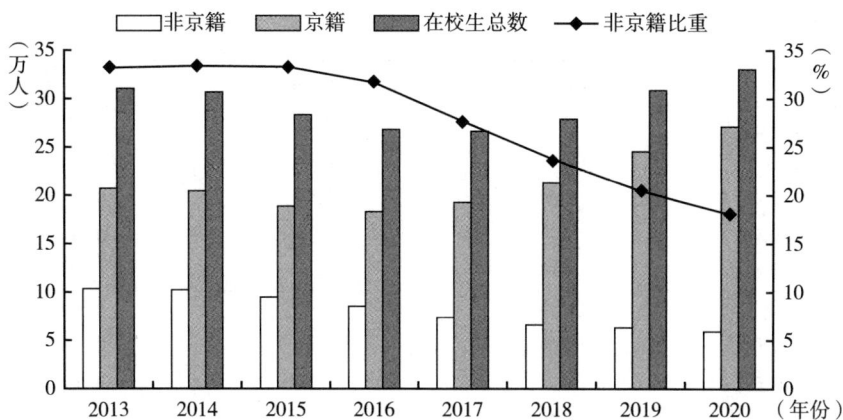

图 2　2013～2020 年北京市初中在校生规模

说明：非京籍比重请参照右侧刻度；京籍数据为本市户籍学生数，非京籍数据为非本市户籍学生数。

资料来源：相关年份《北京统计年鉴》；2014～2021 年《北京市教育事业统计资料》。

在校生在全市初中在校生中的占比差异较大，城市功能拓展区占比最高，超过全市的四成；其次是城市发展新区、首都功能核心区和生态涵养区。与2013 年相比，2020 年 4 个城市功能区的初中在校生分布变化不大，变动幅度均在 3 个百分点以内。其中，首都功能核心区和城市功能拓展区的占比均有所上升，生态涵养区和城市发展新区的占比均有所下降。2020 年，在各区域中，初中在校生占比最高的依然是海淀区，为 21.11%，与2013 年相比有所上升；其次为朝阳区和西城区，占比分别为 14.05%和 10.52%；门头沟区和延庆区的占比较低，均不足 2.00%（见表 3）。

表 3　2013 年和 2020 年北京市各区域初中在校生分布及变化

单位：%，个

	2013 年	2020 年	增减百分点
全市	100	100	0
首都功能核心区	17.15	17.77	0.62
东城区	7.83	7.24	-0.59
西城区	9.32	10.52	1.20

续表

	2013 年	2020 年	增减百分点
城市功能拓展区	42.73	43.45	0.72
朝阳区	13.00	14.05	1.05
丰台区	6.64	5.76	-0.88
石景山区	3.24	2.54	-0.70
海淀区	19.85	21.11	1.26
城市发展新区	28.49	28.35	-0.14
房山区	6.05	5.75	-0.30
通州区	5.71	6.28	0.57
顺义区	5.36	5.39	0.03
昌平区	5.42	5.20	-0.22
大兴区	5.95	5.73	-0.22
生态涵养区	11.63	8.73	-2.90
门头沟区	1.54	1.43	-0.11
怀柔区	2.25	2.04	-0.21
平谷区	2.28	2.21	-0.07
密云区	3.19	3.05	-0.14
延庆区	2.37	1.70	-0.67

资料来源：相关年份《北京统计年鉴》；2014 年和 2021 年《北京市教育事业统计资料》。

从各区域初中在校生规模及变化来看，2020 年，在 4 个城市功能区中，除生态涵养区的初中在校生规模有所下降外，其他 3 个城市功能区的初中在校生规模相比 2013 年均有所上升。其中，减幅最大的是生态涵养区，减少了 7000 多人，减幅达 20.12%；增幅最大的是首都功能核心区，增加了 5000 多人，增幅达 10.25%；初中在校生增加最多的是城市功能拓展区，增加了约 1.1 万人。在各区域中，初中在校生规模增减幅度不一，相比于 2013 年，增幅最大的为西城区，增加了 5825 人，增幅为 20.12%，其次是通州区、朝阳区、海淀区，增幅分别为 17.12%、14.96% 和 13.16%；减幅最大的是延庆区，减少了 1749 人，减幅为 23.73%，其次是石景山区，减幅为 16.48%。总体看来，北京市各区域初中在校生规模的增减比例均在 24.00% 以内，但不同区域之间的增减比例差异较为明显（见表 4）。

表4　2013年和2020年北京市各区域初中在校生规模及变化

单位：人，%

	2013年	2020年	增减数量	增减比例
全市	310568	330478	19910	6.41
首都功能核心区	53264	58724	5460	10.25
东城区	24308	23943	-365	-1.50
西城区	28956	34781	5825	20.12
城市功能拓展区	132692	143596	10904	8.22
朝阳区	40382	46424	6042	14.96
丰台区	20624	19032	-1592	-7.72
石景山区	10048	8392	-1656	-16.48
海淀区	61638	69748	8110	13.16
城市发展新区	88480	93697	5217	5.90
房山区	18800	19014	214	1.14
通州区	17727	20761	3034	17.12
顺义区	16656	17817	1161	6.97
昌平区	16828	17171	343	2.04
大兴区	18469	18934	465	2.52
生态涵养区	36132	28862	-7270	-20.12
门头沟区	4794	4732	-62	-1.29
怀柔区	6995	6728	-267	-3.82
平谷区	7075	7288	213	3.01
密云区	9897	10091	194	1.96
延庆区	7371	5622	-1749	-23.73

资料来源：相关年份《北京统计年鉴》；2014年和2021年《北京市教育事业统计资料》。

二　北京市高中阶段在校生的规模、结构与分布

（一）普通高中在校生的规模、结构与分布

1. 在校生规模整体有小幅下降，非京籍比重较小

2013~2020年，北京市普通高中在校生规模虽有波动，但整体有小幅下

降，从 2013 年的 18.8 万人下降到 2020 年的 16.0 万人，减少了 2.8 万人。
2013~2016 年下降比较明显，2019 年为最低值（15.3 万人），2020 年有所回
升。其中，非京籍普通高中在校生规模从 2013 年的 2.1 万人下降至 2020 年的
1.1 万人，所占比重由 11.2% 降至 6.9%。2013~2016 年非京籍普通高中在校
生比重下降明显，由 2013 年的 11.2% 降至 2020 年的 7.2%；2016 年以后，非
京籍普通高中在校生比重稳定在 7.0% 左右。2013~2020 年京籍普通高中在校
生占普通高中在校生的大多数，其规模变化趋势与普通高中在校生总规模变
化趋势基本一致（见图 3）。

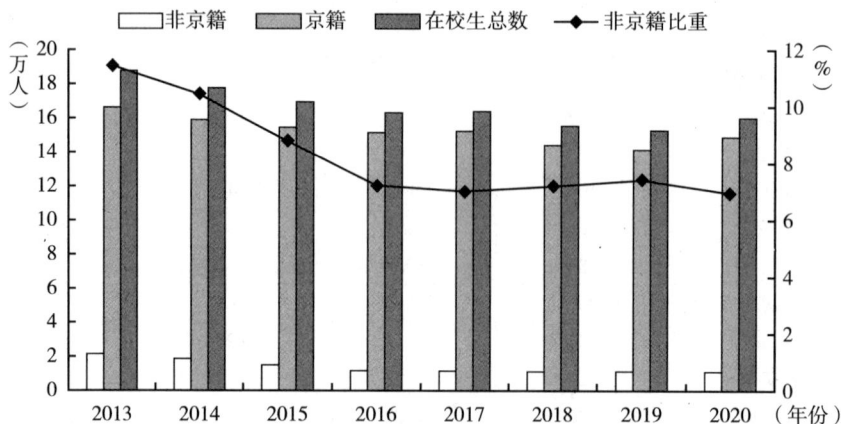

图 3   2013~2020 年北京市普通高中在校生规模

说明：非京籍比重请参照右侧刻度；京籍数据为本市户籍学生数，非京籍数据为非本
市户籍学生数。

资料来源：相关年份《北京统计年鉴》；2014~2021 年《北京市教育事业统计资料》。

2. 普通高中在校生区域分布差异较大，海淀区占1/4

从普通高中在校生区域分布来看，2020 年，在 4 个城市功能区中，城
市功能拓展区占比最高，超过四成；其次是城市发展新区和首都功能核心
区，占比均超过了 20%；占比最低的是生态涵养区。相比 2013 年，2020 年 4
个城市功能区普通高中在校生分布的变化幅度不大，均在 3 个百分点以内。其
中，城市功能拓展区是唯一比重上升的区域，比重由 2013 年的 38.66% 上升至
2020 年的 41.13%；城市发展新区的比重由 2013 年的 27.00% 降至 2020 年的

24.70%；首都功能核心区的比重略有下降；生态涵养区的比重无变化。相比 2013 年，2020 年各区域普通高中在校生占全市普通高中在校生的比重增减不一，但幅度都比较小。增幅最大的是海淀区，其比重由 22.45% 上升至25.16%。其余区域变化不大（见表5）。

表5　2013 年和 2020 年北京市各区域普通高中在校生分布及变化

单位：%，个

	2013 年	2020 年	增减百分点
全市	100	100	0
首都功能核心区	21.97	21.79	−0.18
东城区	9.56	9.50	−0.06
西城区	12.40	12.29	−0.11
城市功能拓展区	38.66	41.13	2.47
朝阳区	8.51	8.60	0.09
丰台区	4.95	5.09	0.14
石景山区	2.76	2.28	−0.48
海淀区	22.45	25.16	2.71
城市发展新区	27.00	24.70	−2.30
房山区	4.94	5.30	0.36
通州区	5.62	5.42	−0.20
顺义区	6.31	5.70	−0.61
昌平区	4.76	3.73	−1.03
大兴区	5.37	4.54	−0.83
生态涵养区	12.38	12.38	0
门头沟区	1.33	1.65	0.32
怀柔区	2.49	2.28	−0.21
平谷区	2.97	2.72	−0.25
密云区	3.37	3.63	0.26
延庆区	2.21	2.10	−0.11

资料来源：相关年份《北京统计年鉴》；2014 年和 2021 年《北京市教育事业统计资料》。

从各区域普通高中在校生规模变化来看，相比 2013 年，2020 年北京市各区域普通高中在校生规模普遍下降。在 4 个城市功能区中，减幅最大的是城市发展新区，减少约 1.1 万人，减幅为 21.90%，其次是首都功能核心区和生态涵养区，减幅分别为 15.31% 和 14.62%；减幅最小的是城市功能拓展区，减少了 6641 人，减幅为 9.16%。在各区域中，除门头沟区的普通高中在校生规模有 6.10% 的增幅外，其余区域均呈现下降趋势。其中，减幅最大的是昌平区，普通高中在校生规模由 2013 年的 8934 人减少至 2020 年的 5972 人，减幅达到了 33.15%；其次是石景山区和大兴区，减幅均为近30.00%，普通高中在校生规模显著下降；减幅最小的是海淀区，减少约2000 人，减幅为 4.30%，2020 年海淀区普通高中在校生仍有 4 万多人（见表 6）。

表 6　2013 年和 2020 年北京市各区域普通高中在校生规模及变化

单位：人，%

	2013 年	2020 年	增减数量	增减比例
全市	187586	160152	-27434	-14.62
首都功能核心区	41206	34897	-6309	-15.31
东城区	17940	15208	-2732	-15.23
西城区	23266	19689	-3577	-15.37
城市功能拓展区	72514	65873	-6641	-9.16
朝阳区	15955	13768	-2187	-13.71
丰台区	9279	8148	-1131	-12.19
石景山区	5169	3655	-1514	-29.29
海淀区	42111	40302	-1809	-4.30
城市发展新区	50644	39555	-11089	-21.90
房山区	9269	8489	-780	-8.42
通州区	10535	8687	-1848	-17.54
顺义区	11828	9130	-2698	-22.81
昌平区	8934	5972	-2962	-33.15
大兴区	10078	7277	-2801	-27.79
生态涵养区	23222	19827	-3395	-14.62
门头沟区	2490	2642	152	6.10
怀柔区	4674	3644	-1030	-22.04
平谷区	5578	4358	-1220	-21.87
密云区	6329	5818	-511	-8.07
延庆区	4151	3365	-786	-18.94

资料来源：相关年份《北京统计年鉴》；2014 年和 2021 年《北京市教育事业统计资料》。

（二）中等职业教育在校生的规模、结构与分布

1. 在校生规模锐减，非京籍数量逐年递减

2013~2020 年，北京市中等职业教育在校生规模呈现明显的下降趋势，2020 年北京市中等职业教育在校生规模为 4.6 万人，与 2013 年相比减少了 11.9 万人。其中，2013~2015 年，中等职业教育在校生规模锐减，减少了 6.9 万人。北京市非京籍中等职业教育在校生规模的变化趋势总体上与中等职业教育在校生总数的变化趋势一致，均呈现下降趋势，2013~2020 年减少了 6.2 万人，其中仅在 2013~2015 年就减少了 3.6 万人，2015 年以后下降趋势趋于平缓（见图 4）。

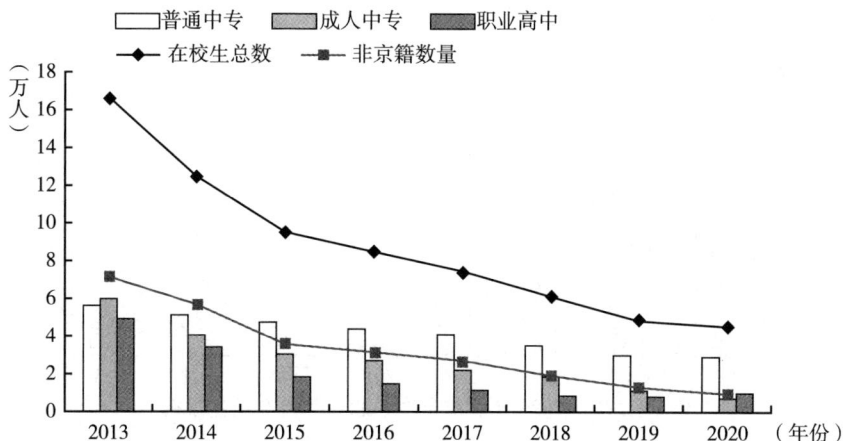

图 4　2013~2020 年北京市中等职业教育在校生规模

注：京籍数据为本市户籍学生数，非京籍数据为非本市户籍学生数。

资料来源：相关年份《北京统计年鉴》，2014~2021 年《北京市教育事业统计资料》。

2. 内部占比差异较大，普通中专在校生比重上升明显

从中等职业教育在校生规模看，2013~2020 年，中等职业教育在校生从 16.5 万人下降至 4.6 万人，其中，普通中专在校生从 5.6 万人下降至 2.9 万人；成人中专在校生从 6.0 万人下降至 0.7 万人；职业高中在校生从 4.9 万人下降至 1.0 万人。从普通中专、成人中专以及职业高中 3 种不同教育类型的在

校生规模所占比重来看，2013~2020 年，中等职业教育在校生规模以及 3 种不同教育类型的在校生规模均出现下降，伴随规模的下降，内部分化的趋势明显。2013 年，3 种不同教育类型的在校生规模相差不大，成人中专在校生规模占中等职业教育在校生总规模的比重为 36.2%，普通中专在校生为34.0%，职业高中在校生为 29.8%。但从 2014 年开始，三者比重分化明显。普通中专在校生比重持续升高，成人中专在校生比重相对平稳并在 2018 年后明显下降，职业高中在校生比重在 2013~2015 年快速下降后趋于平稳。2020 年，普通中专在校生比重上升至 62.8%，成人中专和职业高中的在校生比重分别下降至 15.7% 和 6.0%（见图 5）。

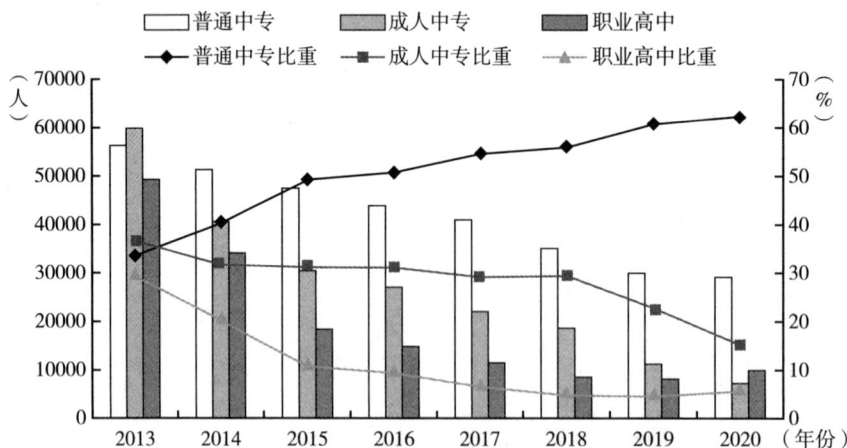

图 5　2013~2020 年北京市中等职业教育在校生规模

资料来源：2014~2021 年《北京市教育事业统计资料》。

三　思考与建议

随着北京市社会公共服务水平的进一步提高，教育等社会公共服务与人口发展之间的互动关系日益紧密和复杂。分析各教育阶段在校生规模、结构与分布特征及其影响因素，对于优化教育资源配置、促进教育和人口协调发展具有十分重要的参考意义。

（一）各教育阶段教育人口发展变化的影响因素

1. 京籍适龄人口的快速增长带来小学在校生规模的逐年增长

2013～2020 年，小学在校生规模在非京籍在校生规模大幅下降的背景下，整体依然保持逐年增长的态势，京籍适龄人口的快速增长是一个重要原因。由于缺乏小学适龄（6～12 岁）人口的统计数据，采用 5～14 岁人口统计数据作为参考。如图 6 所示，2013～2020 年，北京市 5～14 岁京籍适龄人口规模增长趋势非常明显，增长了 47.2 万人，增幅达 61.1%；与此同时，5～14 岁非京籍适龄人口规模总体呈下降趋势，减少了 4.6 万人，降幅达 12.2%。5～14 岁京籍适龄人口的增长规模和幅度均远大于 5～14 岁非京籍适龄人口的下降规模和幅度，从而使小学在校生规模能够持续增长。

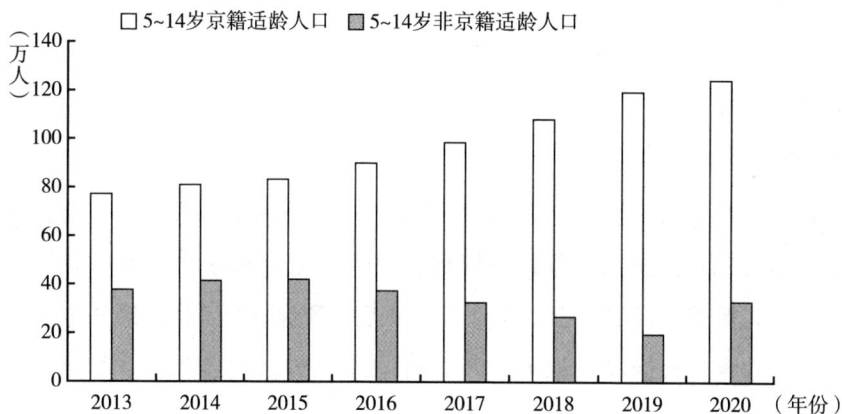

图 6　2013～2020 年北京市 5～14 岁人口分布

资料来源：相关年份《北京统计年鉴》。

值得注意的是，小学在校生规模在全市基础教育阶段[①]在校生规模当中一直占有较大的比重，由 2013 年的 33.0% 增至 2020 年的 48.4%[②]，即

[①]　基础教育阶段包括幼儿园、小学、初中及高中阶段。

[②]　资料来源于相关年份《北京统计年鉴》。

2020 年全市基础教育阶段在校生有近一半都是小学在校生。这势必会给未来一定时期初中和高中阶段的学位带来一定压力，需要教育部门提前规划，合理布局教育资源。

2. 相关政策的调整促使义务教育阶段非京籍在校生规模持续下降

2014 年之后，随着国家层面审议通过了《京津冀协同发展战略规划纲要》，北京市出台《北京市国民经济和社会发展第十三个五年规划纲要》并重新修订了《北京城市总体规划（2016 年—2035 年）》，开始以疏解非首都功能为"牛鼻子"推动京津冀协同发展，通过产业疏解以及城市综合整治等一系列行动控制人口增量、减少存量，形成了新时期的人口调控政策新格局①。自 2015 年以来，北京市常住外来人口规模持续下降，从 2015 年的862.5 万人下降至 2020 年的 839.6 万人，常住外来人口占常住人口的比重从 39.4%降至 38.4%②。同样，由于缺乏专门针对义务教育阶段适龄（6~15 岁）人口的统计数据，依然以 5~14 岁人口统计数据作为参考。如图 6 所示，5~14 岁非京籍适龄人口从 2013 年的 37.7 万人下降至2019 年的 19.7 万人，降幅达 47.7%；2020 年有所回升，增长了 13.4万人。

作为人口流入比较集中的地区，北京市贯彻落实党中央精神，依法保障非京籍适龄儿童接受义务教育的权利。2014 年后，根据北京市疏解非首都功能及人口调控工作的要求，北京市对义务教育阶段非京籍适龄儿童入学政策进行了调整，根据政策规定，非京籍适龄儿童入学需要由乡镇（街道）审核"五证"，这一政策调整直接影响到义务教育阶段非京籍在校生的规模与比重。

3. 城市副中心的快速建设带来基础教育阶段在校生规模的快速增长

规划建设北京城市副中心，与雄安新区形成北京"新的两翼"，是以习

---

① 童玉芬、阳圆、张欣欣：《我国特大城市人口调控政策的量化研究——以北京市为例》，《人口与经济》2021 年第 1 期，第 27 页。

② 尹德挺等：《北京人口形势分析报告（2021）》，载尹德挺、胡玉萍、吴军主编《北京市人口发展研究报告（2021）》，社会科学文献出版社，2021，第 3 页。

近平同志为核心的党中央作出的重大决策部署，是千年大计、国家大事。推动城市副中心高质量发展的原则之一是承接疏解、错位发展，即牢牢抓住疏解非首都功能这个"牛鼻子"，有序承接符合城市副中心发展定位的非首都功能疏解和人口转移，提升服务保障能力，实现以副辅主、主副共兴，与雄安新区各有分工、互为促进，有效解决北京"大城市病"。主要目标为到2025年，北京市级党政机关和市属行政事业单位搬迁基本完成，城市副中心承接北京非首都功能疏解和人口转移取得显著成效①。在这一重大决策的推动下，近几年通州区常住人口持续增长。如图7所示，2013~2020年，通州区常住人口数从132.6万人增至184.0万人，增幅为38.8%，其中常住外来人口数从53.6万人大幅增至90.4万人，增幅为68.7%；常住外来人口占常住人口的比重整体呈现增长态势，从2013年的40.4%增长至2020年的49.1%。上述趋势充分体现了城市副中心建设对北京非首都功能疏解和人口转移所发挥的重要作用。

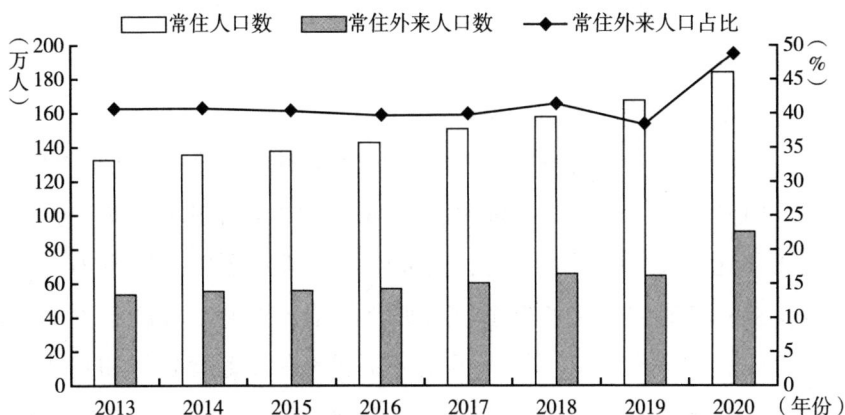

图7　2013~2020年通州区常住人口分布

资料来源：相关年份《北京统计年鉴》。

---

① 《国务院关于支持北京城市副中心高质量发展的意见》，北京市人民政府网站，2021年11月26日，http://www.beijing.gov.cn/zhengce/zhengcefagui/202111/t20211126_2545634.html。

通州区教育人口也呈现与常住人口相一致的变化趋势。2013~2020年，通州区初中在校生规模呈现持续增长的态势，增幅为17.12%，超越朝阳区和海淀区，位居第二，仅次于西城区；同时，通州区初中在校生规模占全市初中在校生规模的比重增长了0.57个百分点，仅次于海淀区、西城区和朝阳区，位居第四，通州区成为为数不多的初中在校生比重正增长的行政区之一。这都表明了通州区作为城市副中心，充分发挥了非首都功能疏解和人口转移的示范作用。为适应此变化，"十三五"时期，通州区加快基础教育设施建设，通过新建、改扩建、接收小区配套、审批转化等方式，新增幼儿园学位4.8万余个、中小学学位2.6万余个。市、区两级共同发力，东城区的北京二中、北京五中、景山学校、北京一幼海晟实验园、北京五幼，西城区的黄城根小学、北海幼儿园，海淀区的人大附中、首师大附中、北理工附中，市教委直属的北京学校、北京第一实验学校、北京第一实验中学等一大批优质中小学密集落户城市副中心，实现了优质教育资源的迅速扩充，大力提升了通州区教育资源的承载力，为中小学在校生规模的大幅增长奠定了基础①。

4. 优质教育资源的学龄人口聚集效应仍然明显

深入推进义务教育均衡发展，全面提高义务教育办学质量，对于进一步提升国民素质、建设人力资源强国都具有重大的现实意义和深远的历史意义。近年来，按照党中央、国务院的决策部署，北京市委、市政府高度重视、统筹推进义务教育领域综合改革，不断加大改革力度，取得了显著成效。"十三五"期间，通过不断扩充优质教育资源和规范入学办法，在"资源优质"和"机会公平"上同时发力，小学、初中的就近入学比例均为99%以上，老百姓在家门口就能上好学校，有效解决择校难题；中考中招选择机会更为丰富，高考高招录取率保持在90%以上，

---

① 《北京城市副中心（通州区）"十四五"时期教育事业发展规划》，北京市人民政府网站，2022年2月14日，http://www.beijing.gov.cn/zhengce/zhengcefagui/qtwj/202202/t20220226_2617211.html。

群众满意度不断提高①。然而，全市区域之间、城乡之间、学校之间办学水平和教育质量差距问题依旧凸显，优质教育资源分布不均问题仍需进一步解决。

由于历史、现实等情况，北京市优质教育资源更多地集聚在首都功能核心区和城市功能拓展区，其中东城区、西城区、海淀区和朝阳区最为突出，优质教育资源吸引了大量的教育人口。2020年，城市功能拓展区小学在校生占比为42.82%，超过四成。其中，海淀区占比为18.05%，朝阳区占比为15.65%。此外，西城区的占比也达到9.97%，高出生态涵养区1.18个百分点。

5. 非首都功能疏解对中等职业教育在校生规模的影响显著

2015年，北京市人民政府印发《关于加快发展现代职业教育的实施意见》，其中明确指出要牢牢把握首都城市战略定位，按照有序疏解非首都功能、加快构建高精尖经济结构的要求，调整优化职业教育结构，逐步压缩中等职业教育规模，将全市中等职业院校调整到60所左右，稳定专科层次职业教育规模，积极发展本科层次职业教育，到2020年时，北京市中等职业教育规模将压缩近一半，在校学生将控制在6万人左右。与此政策相对应，2013~2020年，北京市中等职业教育在校生规模呈现大幅下降的态势，由2013年的16.5万人减至2020年的4.6万人。对比2014年，2020年各区域职业高中在校生规模均大幅下降，16个区域中只有平谷区出现了小幅增长（见图8）。

（二）思考与展望

"十四五"时期是首都教育全面落实《北京城市总体规划（2016年—2035年）》《首都教育现代化2035》，向实现高水平教育现代化迈进的重要时期。未来一段时间内，北京市义务教育阶段和高中阶段工作需继续在优化

---

① 《北京市"十四五"时期教育改革和发展规划（2021—2025年）》，北京市人民政府网站，2021年9月30日，http://www.beijing.gov.cn/zhengce/zhengcefagui/202110/t20211008_2507725.html。

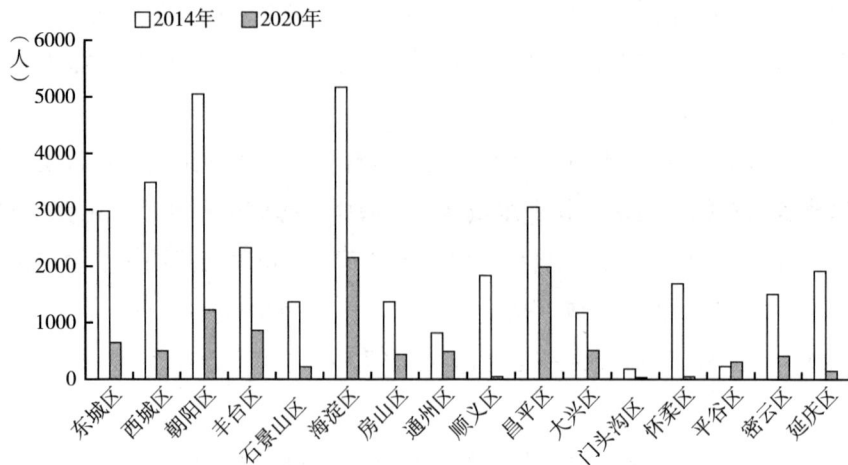

图 8　2014 年和 2020 年北京各区职业高中在校生规模

资料来源：2015 年和 2021 年《北京市教育事业统计资料》。

配置、调整结构、提高质量等方面重点发力。

1. 科学把握教育人口变动趋势，优化各级各类教育资源供给

教育人口变动对教育资源配置发挥基础性、全局性的重要作用。首先，如上文所述，2020 年，全市小学在校生规模激增，占基础教育阶段在校生规模的比重接近一半，而中等职业教育在校生规模较小且下降趋势明显，按照教育人口年龄惯性后移规律，未来一段时期，这种情况势必会给初中和高中学位带来一定的压力。其次，北京"三孩"政策及配套支持政策的实施和完善可能带来的出生人口的变化，对科学预测和评估生育政策变化对学龄人口规模和分布的影响以及规划和配置教育资源提出了更高的要求。此外，北京流动人口依然保持较大的规模，人口跨省市及跨区域流动会引起全市及各区域学龄人口空间分布的变动，对全市及各区域教育资源承载状况的变动分析也显得尤为重要。

第一，进一步加强各教育阶段学龄人口监测和发展战略研究。依托大数据平台，实现教育、公安、民政、统计、卫生健康、医保、人力资源、社会保障等部门人口相关信息融合共享、动态更新；健全覆盖全人群、全生命周期的人口监测体系，监测生育形势和人口变动趋势；开展人口形势分析和人口规律研究，重点把握各教育阶段学龄人口的发展特点和趋势，科学研判各教育阶段学龄人口的数量拐点。第二，进一步优化各级各类教育资源供给。在准确把握各教育阶段学龄人口及在校人口发展特点和趋势的基础上，科学合理地进行各级各类教育资源供给侧结构性改革，优化各级各类教育资源供给，有效平衡各级各类教育资源的存量和增量，保持各级各类教育资源的适度规模和发展弹性，最大限度避免各级各类教育资源的短缺或浪费问题。

2. 立足首都城市发展规划布局，优化流动人口随迁子女教育政策的统筹设计

流动人口既是经济社会发展的推动力量，也是社会公共服务共享与基层社会治理的难点所在。流动人口随迁子女教育成为影响北京市教育资源配置优化和教育公共服务供给的重要问题。北京市结合首都功能定位和经济、资源特点，调整了非京籍适龄儿童接受义务教育的入学政策，在教育资源相对紧张的前提下依法保障了流动人口随迁子女公平接受义务教育的权利。在相对严格的入学政策、异地中考和高考政策、人口疏解政策等因素的影响下，近年来北京市义务教育阶段及高中阶段非京籍在校生在规模上呈现一致下降的趋势，在空间分布上呈现向城市功能拓展区和城市发展新区等外围区域集中的"离心化"趋势①。结合上述发展趋势，在立足首都城市发展规划布局的前提下，应不断优化流动人口随迁子女教育政策的统筹设计。

第一，促进流动人口随迁子女教育的区域协调发展。尽管义务教育阶段和高中阶段非京籍在校生规模出现下降趋势，但占比依然较高（2020 年小学阶段非京籍在校生占比约 1/4，初中阶段非京籍在校生占比接近 1/5），反映了非京籍适龄儿童对义务教育资源公共服务的规模化需求，这同时给城市功能拓展区、城市发展新区和生态涵养区等区域的教育资源带来较大压力。因此，需要将常住外来人口纳入全市及各区域教育发展规划，以常住人口口

---

① 尹德挺、胡玉萍、郝妩阳：《首都教育资源配置与人口发展态势的互动》，《人口与经济》2016 年第 4 期，第 67～68 页。

径统筹教育资源配置；重点推进城市功能拓展区、城市发展新区和生态涵养区的教育资源建设，加强对上述城市功能区教育资源、人口与环境发展状况的综合评估，加大政策扶持和经费投入力度；借助京津冀区域的多中心化发展，建立京津冀教育协同发展长效机制，在一定程度上缓解北京市的人口及教育资源压力。

第二，提升流动人口随迁子女教育政策的包容性。有研究指出，通过提高流动人口随迁子女入学门槛来疏解人口未必有效，但会显著减少流动人口子女随迁的可能性，带来更多的留守儿童并产生一系列社会问题①。由于小学入学政策的调整和中高考政策的限制，非京籍适龄儿童规模和占比随教育阶段的升高均有所下降，在一定程度上反映了这一影响。需要在立足首都城市发展大局和功能定位的前提下，按照尽力而为、量力而行的原则进一步完善流动人口随迁子女升学考试的方案，提升流动人口随迁子女教育政策包容性，为流动人口随迁子女的学业适应和心理健康提供专门化、体系化的指导和支持。

3.完善优质教育资源共享机制，推动义务教育优质均衡发展

近年来，北京市深入推进城乡义务教育一体化改革发展，不断加强城乡义务教育一体化学校建设，加大城区优质教育资源向郊区的辐射力度，通过大力推动中小学集团化办学等方式，有效缓解了优质教育资源分配不均的矛盾。但是，面对市民更公平、更高质量的教育需求，还需进一步提升基本公共教育服务水平，增加优质教育资源的有效供给，推动义务教育优质均衡发展。

第一，加强优质教育资源市级统筹，推动优质教育集群发展。通过"市建共管"或"市建区办"方式，统筹全市优质教育资源，支持学校建设；充分发挥优质教育资源的示范、辐射和带动作用，进一步深化和完善集团化办学、教育联盟、校际联盟等的改革工作，以强带弱，丰富和延伸优质

---

① 杨娟、宁静馨：《以教控人是否有效——基于北京、上海两地抬高随迁子女入学门槛政策的比较分析》，《教育与经济》2019年第1期，第73页。

教育资源。

第二，锚定城市总体规划确定的目标和任务，分区域优化教育资源配置，促进中小学教育资源在区域之间和区域内部均衡配置。合理控制核心区入学规模，发挥核心区优质教育资源引领带动作用；促进中心城区优质教育资源均衡配置，补充中小学办学资源，补齐教育设施短板；加强城市副中心教育配套保障，统筹中心城区优质学校与城市副中心学校精准帮扶协作；提升区域教育资源承载力，根据区域功能定位和人口变化，合理规划开发一批中小学教育资源；突出生态涵养区的办学特色，均衡学校布局，努力打造一批时代特色鲜明的美丽乡村学校。

第三，依托信息化手段扩大优质教育资源覆盖面。进一步完善数字学校建设，充分借助"互联网+教育"的技术优势，加大市、区、学校各级各类教育信息平台的整合力度，推进信息资源和师资资源共享。

4. 丰富郊区优质高中阶段教育资源，推进普职教育均衡发展

《北京市"十四五"时期教育改革和发展规划（2021—2025年）》明确指出，要不断丰富优质高中阶段教育资源，形成一批特色优势明显、质量水平上乘、辐射带动力强的高品质学校，全面形成普通高中多样化和特色化发展的教育生态；同时，普通高中与中等职业教育要实现均衡发展，显著强化学生自主学习和发展的能力。当前，北京市高中阶段依然面临普职教育发展不平衡、区域发展不平衡、学校发展不平衡等问题。如前文所述，2020年，海淀区普通高中在校生约占全市普通高中在校生的1/4，高于首都功能核心区、城市发展新区和生态涵养区这3个城市功能区各自的占比；西城区超越朝阳区成为第二大普通高中在校生聚集区，西城区普通高中在校生的比重超过12%。此外，在普通高中在校生规模基本维持不变的情况下，中等职业教育在校生规模的大幅压缩也会给一部分初中毕业生的升学带来较大压力，造成更激烈的升学竞争。因此，如何更好地实现普职教育均衡发展，推进普职教育结构、规模和质量的有机统一显得十分重要。

第一，完善市级优质高中阶段教育资源统筹机制，推动城区优质高中阶段教育资源向郊区辐射。根据首都城市空间布局、人口分布特点和学龄人口变化趋势，加大资源统筹配置力度，优先关注重点区域，填补结构性缺口。深化集团化办学下优质高中阶段教育资源的合理配置与有效应用，发挥优质高中阶段教育资源的辐射和带动作用，用信息化手段促进优质高中阶段教育资源在更大范围内共享。

第二，优化普职教育结构，推进普职教育均衡发展。合理的教育结构可以满足不同学生的差异化发展需要，对完善人才培养结构、稳定就业、改善民生有重要作用。要结合北京市城市发展规划及产业结构调整的要求，遵循高中阶段的内在发展规律，优化普职教育结构。完善普通高中和中等职业学校合作机制，推进课程互选、学分互认、资源互通。重视普职教育的渗透、融合和贯通，不论是普通高中教育还是中等职业教育，都要进一步将学术教育与职业教育进行整合，使之成为学生学习与发展的必要内容，为学生提供更多样的知识和更丰富的选择机会①。

---

① 朱益明：《论普及高中阶段教育的意义与策略》，《上海教育科研》2017 年第 5 期，第 27 页。

B.3
北京市劳动年龄人口研究报告

于 倩*

摘 要： 劳动年龄人口变化将对经济社会发展产生深远影响，本报告利用 1982~2020 年历次全国人口普查数据，对北京市劳动年龄人口总量、结构、质量、分布特征进行具体分析，结果发现：北京市劳动年龄人口占总人口比重 2020 年出现下降，年龄结构趋于年长化，但整体素质提高，且女性劳动年龄人口受教育水平更高，增量更多。不同年龄段劳动年龄人口集中分布区域存在较大差异，就业人口由中心到外围呈"三二一"逆序化的产业分布格局。可能给人口红利、经济发展活力造成一定影响，但也有望促进技术进步，提高人才培养质量和劳动生产率。基于此，本报告提出加快经济增长从要素驱动向创新驱动转变，提高劳动年龄人口素质，提升劳动年龄人口服务管理水平，充分挖掘老年人力资源等对策建议。

关键词： 劳动年龄人口 人才红利 北京市

人口是国家发展的基础性、全局性、长期性和战略性要素，人口问题是"国之大者"。党的十八大以来，习近平总书记多次视察北京并发表重要讲话，多次提及人口问题，这为首都人口发展提供了根本遵循。随着北京市平均预期寿命的延长和生育率的下降，"老龄化"与"少子化"将伴随北京市经济发展长期存在，加之"十三五"时期以来疏解非首都功能、减量发展

---

* 于倩，博士，中共北京市委党校（北京行政学院）社会学教研部讲师，研究方向为人口与经济。

带来的人口迁移，使北京市劳动年龄人口无论从数量上还是结构上都发生了很大改变。研究发现，近年来北京市人才主要流向长三角和珠三角地区，2017~2019年北京市人才净流入占比分别为-2.3%、-2.7%、-3.9%；2020年起，北京市才实现人才净流入；2021年，上海市成为北京市人才流出第一目标城市，北京市9.1%的流出人才流向上海市。为此，2021年7月，北京市发布《北京市引进毕业生管理办法》，调整了应届生年龄、身份认定政策，增加了计划单列。《北京市"十四五"时期优化营商环境规划》等政策的出台也都显示出北京市为加大年轻高素质人才引进力度、保障人口老龄化社会下劳动力市场平稳运行所做出的改革和努力。在这样的政策和现实背景下，本报告以北京市15~64岁劳动年龄人口①为研究对象，利用第二次至第七次全国人口普查数据，从总量、结构、质量、分布等几个方面对北京市劳动年龄人口特征进行具体分析，并讨论北京市面临的风险和机遇，有针对性地提出了相应的对策建议，期望为政府相关部门决策提供有力参考。

一 北京市劳动年龄人口变迁及特征

（一）总量特征

1. 劳动年龄人口增速减缓

根据1964年以来的全国人口普查数据，从劳动年龄人口总量来看，北京市15~64岁劳动年龄人口总量持续增长，但增幅在2010~2020年大幅缩小。1964年，北京市劳动年龄人口总量为411.91万人，1982年增加到664.34万人，增加了252.43万人，年均增长约14.02万人；1982~1990年，劳动年龄人口年均增长约16.35万人；2000年，劳动年龄人口总量为1000

---

① 本报告参照国家统计局关于劳动年龄人口的规定，所研究的劳动年龄人口是指15~64岁这一年龄区间的人口。

万人以上，比 1990 年增加了 263.11 万人，年均增长约 26.31 万人，约为 1982~1990 年年均增长的 1.6 倍。2000~2010 年是北京市劳动年龄人口激增的 10 年，10 年间增加了 563.35 万人，2010 年达到了 1621.61 万人，年均增长约 56.34 万人，是 1990~2020 年年均增长的 2 倍多。而之后的 10 年间，北京市劳动年龄人口仅增加了 17.34 万人，到 2020 年为 1638.95 万人（见图 1）。

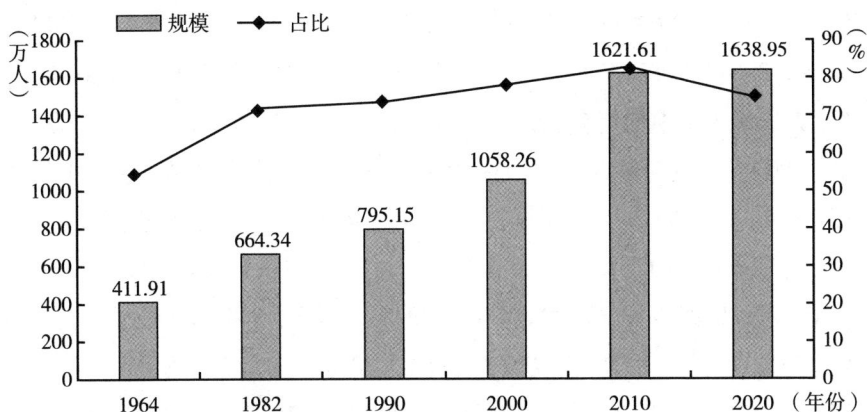

图 1　1964~2020 年北京市劳动年龄人口规模及占比

资料来源：根据历次全国人口普查数据计算整理。

2. 劳动年龄人口占总人口比重降低

北京市 15~64 岁劳动年龄人口占总人口比重整体呈上升趋势，2020 年出现下降。1982 年的劳动年龄人口占比相比 1964 年有较大提升，从 1964 年的 54.40% 上升到 1982 年的 71.96%，上升了约 18 个百分点，此后一直到 2010 年均保持平稳增长，2020 年占比从 2010 年的 82.68% 下降到 74.86%，下降约 8 个百分点。尽管如此，劳动年龄人口占全市总人口比重仍超七成，整体规模仍然较大，劳动力资源依然充足①。

---

① 姜慧梓：《北京市统计局副局长：北京老龄化程度加深　劳动力资源依然充足》，"新浪财经" 百家号，2021 年 5 月 21 日，https：//baijiahao.baidu.com/s？id＝1700326117416395690&wfr＝spider&for＝pc。

（二）结构特征

1. 劳动年龄人口年龄结构趋于年长化

从年龄结构来看，1964~2020年，在各年龄段劳动年龄人口占总人口比重上，15~24岁人口占比呈波动下降趋势，其他年龄段均呈波动上升趋势。2020年，15~24岁、25~34岁、35~44岁、45~54岁、55~64岁劳动年龄人口占比分别为9.06%、20.13%、17.11%、14.79%、13.77%，比1964年分别增加-5.08、3.64、6.47、7.29、8.14个百分点。整体上看，1964~2020年，劳动年龄人口最为集中的年龄段是25~34岁，1982年劳动年龄人口集中在15~24岁，2000年劳动年龄人口集中在35~44岁。值得注意的是，和2010年相比，2020年只有55~64岁劳动年龄人口占比上升，其他年龄段劳动年龄人口占比均呈不同程度的下降趋势，其中15~24岁人口占比呈断崖式下降趋势，从2010年的18.89%下降到2020年的9.06%，下降了9.83个百分点，10年间减少了172.1万人；而55~64岁人口占比从2010年的9.97%上升到2020年的13.77%，上升了约4个百分点，涨幅达38.11%，10年间增加了105.8万人（见表1）。可见，随着人口老龄化程度不断加深，北京市大龄劳动年龄人口占比不断上升，劳动年龄人口年长化程度也不断加深。

表1 1964~2020年北京市劳动年龄人口分年龄段占总人口比重

单位：万人，%

年份	劳动年龄人口总量	占总人口比重	15~24岁	25~34岁	35~44岁	45~54岁	55~64岁
1964	411.91	54.40	14.14	16.49	10.64	7.50	5.63
1982	664.34	71.96	22.30	19.14	11.62	12.09	6.81
1990	795.15	75.75	17.21	22.39	14.95	12.32	8.88
2000	1058.30	77.98	18.38	19.08	19.54	13.14	7.84
2010	1621.61	82.68	18.89	21.43	17.22	15.17	9.97
2020	1638.95	74.86	9.06	20.13	17.11	14.79	13.77

资料来源：根据历次全国人口普查数据计算整理。

2. 性别结构进一步均衡，女性劳动年龄人口增量超过男性

从性别结构来看，在2010年和2020年北京市劳动年龄人口分性别数量上，

男性劳动年龄人口均超过女性劳动年龄人口。2010 年，男性劳动年龄人口和女性劳动年龄人口数量分别为 843.09 万人、778.52 万人；2020 年，男性劳动年龄人口和女性劳动年龄人口数量分别为 850.32 万人、788.63 万人，但男性劳动年龄人口比女性劳动年龄人口多出的数量从 2010 年的 64.57 万人减少到 2020 年的 61.69 万人，男性劳动年龄人口、女性劳动年龄人口各自占比从 2010 年的 51.99%、48.01%变化为 2020 年的 51.90%、48.10%，劳动年龄人口男女性别结构进一步均衡。在劳动年龄人口增量方面，2020 年比 2010 年增加了 17.34 万人（见表 2）。

表 2　2010 年和 2020 年北京市劳动年龄人口分性别数量、占比及变化

单位：万人，%

	总计	男	占比	女	占比
2010 年	1621.61	843.09	51.99	778.52	48.01
2020 年	1638.95	850.32	51.90	788.63	48.10
2020 年比 2010 年增加	17.34	7.23	—	10.11	—

资料来源：根据《中国人口和就业统计年鉴 2021》《中国人口和就业统计年鉴 2011》数据计算整理。

（三）质量特征

1. 受教育水平大幅提升

劳动年龄人口和就业人口是两个不同的概念，前者只要处于 15～64 岁即可，后者主要关注就业状态。就业人口中，绝大部分是劳动年龄人口，而劳动年龄人口中的大部分是就业人口，两者有很大的交叉。受限于劳动年龄人口受教育程度相关资料的可得性，本报告采用就业人口受教育程度来整体衡量北京市 2010 年和 2020 年劳动年龄人口受教育水平。从图 2 可以看出，与 2010 年相比，2020 年北京市就业人口受教育水平显著提高，受过大学专科及以上高等教育的就业人口比重从 2010 年的 38.98%提高到 2020 年的 63.00%，其中大学本科就业人口比重更是从 2010 年的 19.20%提高到 2020 年的 33.50%，提高了 14.30 个百分点，大学本科就业人口成为 2020 年就业人口中占比最高的学历人群，而 2010 年占比最高的学历人群还是初中就业人口。相比 2010 年，2020 年研究生就业人口比重的涨幅也超过了 100%。

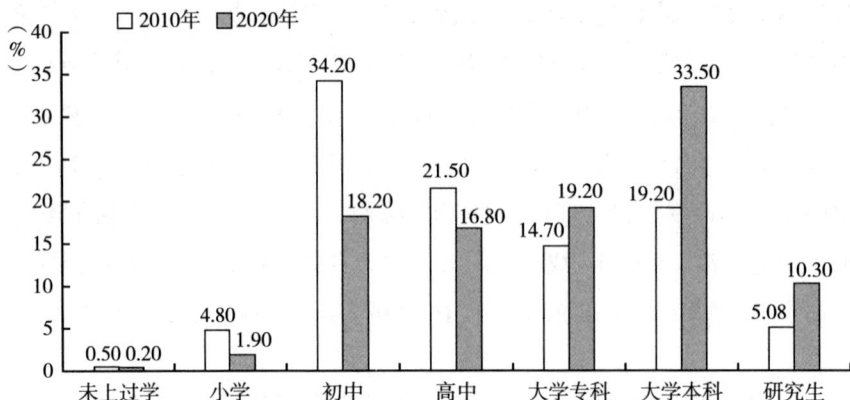

图2 2010年和2020年北京市就业人口受教育程度构成

资料来源：根据《中国人口和就业统计年鉴2021》《中国人口和就业统计年鉴2011》数据计算整理。

2. 受过高等教育的女性就业人口占比高于男性就业人口

从图3可以看出，2020年北京市就业人口中，大学本科及以上学历的女性明显超过男性。女性大学本科就业人口占女性总就业人口的38.0%，女性研究生就业人口占女性总就业人口的11.3%；而这两项上男性就业人口分别占29.8%、9.4%。大学本科以下学历的就业人口中，男性就业人口占比高于女性就业人口。

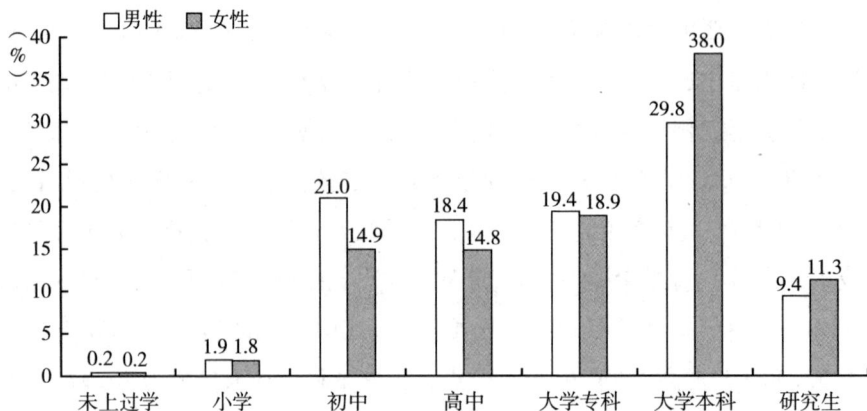

图3 2020年北京市就业人口受教育程度男女对比

资料来源：根据《中国人口和就业统计年鉴2021》数据计算整理。

（四）分布特征

1. 不同年龄段劳动年龄人口在各区分布差异明显

2020 年，15~24 岁劳动年龄人口占比最高的前 3 个区依次是海淀区（18.7%）、昌平区（15.1%）、大兴区（12.7%）；25~34 岁劳动年龄人口占比最高的前 3 个区依次是昌平区（32.7%）、通州区（29.8%）、大兴区（29.6%）；昌平区、海淀区、大兴区、通州区 34 岁及以下劳动年龄人口比重均超过 40%，分别为 47.8%、43.9%、42.3%、40.9%。35~44 岁劳动年龄人口占比最高的前 3 个区依次是西城区（27.9%）、东城区（27.0%）、通州区（23.9%）；45~54 岁劳动年龄人口占比最高的前 3 个区依次是延庆区（25.9%）、密云区（24.7%）、怀柔区（24.5%）；55~64 岁劳动年龄人口占比最高的前 3 个区依次是密云区（24.6%）、东城区（24.0%）、门头沟区（23.7%）。朝阳区、海淀区、通州区、顺义区、昌平区、大兴区 45 岁及以上劳动年龄人口占比均低于 40%，这 6 个区的劳动年龄人口相对年轻。东城区和西城区 35 岁及以上劳动年龄人口占比均超过 70%，东城区和西城区是劳动年龄人口年龄最大的两个区（见表 3）。可见，北京市中心城区劳动年龄人口年长化更为严重，生育成本、生活成本相对更低的地方更具人口活力。

对比 2010 年和 2020 年各区劳动年龄人口分年龄段占比及变化，朝阳区、丰台区、石景山区、海淀区、通州区、昌平区、密云区劳动年龄人口占比最高的年龄段均没有发生变化，前 6 个区劳动年龄人口占比最高的年龄段始终是25~34 岁，密云区始终是 45~54 岁，这也在某种程度上反映了前 6 个区有新的年轻劳动年龄人口注入，因为随着时间的推移，2010 年占比最高的 25~34 岁劳动年龄人口到 2020 年已经成为 35~44 岁劳动年龄人口。东城区、西城区、顺义区、大兴区、怀柔区、延庆区劳动年龄人口均呈现年长化趋势，其中，东城区和西城区劳动年龄人口占比最高的年龄段从 2010 年的 25~34 岁变化到了 2020 年的 35~44 岁；顺义区和大兴区从 15~24 岁变化到了 25~34岁；怀柔区和延庆区从 35~44 岁变化到了 45~54 岁（见表 3）。

表3 2010年和2020年北京市及各区劳动年龄人口分年龄段占比及变化

单位：%

地区	15~24岁		25~34岁		35~44岁		45~54岁		55~64岁	
	2010年	2020年	2010年	2020年	2010年	2020年	2010年	2020年	2010年	2020年
全市	22.8	12.1	25.9	26.9	20.8	22.9	18.4	19.8	12.1	18.4
东城区	19.1	8.4	23.8	20.6	18.5	27.0	23.4	19.9	15.2	24.0
西城区	19.8	8.6	24.0	20.0	18.8	27.9	22.6	20.5	14.8	23.0
朝阳区	21.1	10.2	29.2	27.7	21.7	24.9	17.0	19.2	11.0	18.0
丰台区	18.6	8.7	27.6	25.8	21.2	23.1	20.0	19.9	12.7	22.4
石景山区	18.8	10.9	25.9	23.9	21.1	22.9	20.6	19.8	13.6	22.5
海淀区	30.8	18.7	26.5	25.2	18.9	21.7	14.8	18.5	9.1	15.8
门头沟区	15.1	8.9	20.5	24.2	22.6	20.7	25.5	22.5	16.3	23.7
房山区	20.0	11.6	20.7	25.2	22.6	22.2	21.3	21.2	15.4	19.8
通州区	20.8	11.1	27.2	29.8	20.8	23.9	17.3	19.0	13.8	16.2
顺义区	23.4	10.0	22.9	29.3	21.4	22.3	19.3	21.3	13.0	17.1
昌平区	26.2	15.1	29.0	32.7	20.2	20.6	14.8	17.0	9.9	14.6
大兴区	25.9	12.7	25.6	29.6	22.2	22.4	16.2	19.6	10.2	15.6
怀柔区	18.4	12.2	21.0	22.3	24.7	20.1	22.7	24.5	13.1	20.9
平谷区	20.3	8.4	18.4	24.7	21.5	20.1	23.0	23.1	16.8	23.5
密云区	17.6	9.3	18.5	21.3	23.6	20.1	24.8	24.7	15.4	24.6
延庆区	22.9	11.7	17.5	20.7	22.9	18.8	21.6	25.9	15.0	22.9

资料来源：根据第六次、第七次全国人口普查数据计算整理。

2. 就业人口由中心到外围呈现"三二一"逆序化的产业分布格局①

从产业分布的整体布局来看，2020年北京市就业人口由中心到外围呈现"三二一"逆序化的产业分布格局。也就是说，第一、第二产业在北京

---

① 本报告主要通过计算区位熵来衡量产业就业人口集聚水平和空间布局，区位熵通常用来衡量某个地区要素的专业化程度。本报告用其测算各城市群细分行业的专业化集聚程度，（转下页注）

市外围集中布局，在外围分布的还包括第三产业中的交通运输、仓储和邮政业以及水利、环境和公共设施管理业。第三产业主要集中在北京市中心，而批发和零售业，住宿和餐饮业，居民服务、修理和其他服务业3个产业依托人口在全市范围内均衡布局（见表4~7）。

从就业人口集聚的变化趋势来看，制造业、建筑业进一步向外围集聚。相比2010年，2020年制造业在生态涵养区中的怀柔区、平谷区、密云区集聚水平增幅较大。2020年，制造业区位熵大于1的前5个区按照区位熵从大到小排列依次为怀柔区、顺义区、大兴区、平谷区和密云区。2020年，建筑业，交通运输、仓储和邮政业均在顺义区高度集聚，这2个产业在顺义区的区位熵均居全市首位（见表4~5）。第三产业中的信息传输、软件和信息技术服务业逐渐从首都核心功能区的东城区和西城区转移，进一步在昌平区和朝阳区集聚。依赖于高精尖人才与面对面沟通的金融业仍然呈现在中心城区集聚的态势，并进一步向石景山区、丰台区、朝阳区、海淀区集聚（见表5）。通州区的建筑业，交通运输、仓储和邮政业，租赁和商务服务业，批发和零售业，文化、体育和娱乐业，水利、环境和公共设施管理业均实现了从非专业化集聚（区位熵小于1）到专业化集聚（区位熵大于1）的转变（见表5~7）。可见，通州区城市副中心建设在产业就业人口的集中和疏解上收到了一定成效；但是综上也不难发现，文化、体育和娱乐业，教育等产业在各区的分布并不均衡。

（接上页注①）公式如下：

$$LQ = \frac{q_{ij} / q_i}{q_j / q}$$

其中，q_{ij}表示i区j行业的就业人口，q_i表示i区总就业人口，q_j表示全市j行业就业人口，q表示全市总就业人口。一个区的某个行业区位熵大于1，说明该行业在该区的行业就业人口较为集中，就业比重超过全市平均水平，专业化程度较高，相较于其他行业具有一定的比较优势，超出全市平均的部分能够满足该区以外的需求。区位熵大于1的行业被视为基础行业；区位熵大于1.5的行业被视为强优势专业化行业。

表4 2010年和2020年北京市各区产业区位熵（一）

地区	农、林、牧、渔业		采矿业		制造业		电力、热力、燃气及水生产和供应业		建筑业	
	2010年	2020年	2010年	2020年	2010年	2020年	2010年	2020年	2010年	2020年
东城区	0.0129	0.0152	0.8049	1.2857	0.5430	0.4603	1.3268	0.9574	0.4661	0.4717
西城区	0.0153	0.0227	0.4076	1.5000	0.4391	0.5018	1.5073	1.4787	0.4769	0.4542
朝阳区	0.0512	0.0682	0.4528	1.7143	0.6976	0.5336	0.9583	0.8298	1.2341	0.7736
丰台区	0.0841	0.1667	0.0833	0.6429	0.8011	0.7656	1.1301	1.1383	0.8461	0.8598
石景山区	0.0486	0.0909	3.1228	1.2143	1.0845	0.7204	2.4807	1.6170	1.0917	0.9784
海淀区	0.1432	0.1970	0.5713	0.7143	0.4859	0.6252	0.7155	0.6489	0.7160	0.6523
门头沟区	0.6224	0.6515	16.2795	3.2857	0.8647	0.7314	1.6991	2.0426	0.9001	1.1186
房山区	1.6143	1.5682	5.4102	0.9286	1.1604	1.3651	1.5270	1.6170	1.5292	1.2291
通州区	1.8892	1.0152	0.0854	0.3571	1.9002	1.3333	0.7595	0.9255	0.9589	1.1240
顺义区	1.6251	1.5000	0.2453	0.2143	1.8602	1.7692	0.8659	0.8511	1.4276	1.7062
昌平区	0.6017	0.5985	0.5381	0.5714	1.0925	1.0061	0.6388	0.7553	1.0874	0.9919
大兴区	2.7494	1.3258	0.2142	0.3571	2.1204	1.7179	0.7243	0.9255	1.0310	1.4919
怀柔区	2.3195	1.2955	0.2107	0.0714	1.4530	2.1868	1.1294	1.2660	1.5293	1.6779
平谷区	5.9217	11.7803	0.2549	0.4286	1.1985	1.5165	0.8014	0.4894	1.1452	0.9933
密云区	5.3426	6.3485	5.7365	6.4286	1.0647	1.4493	0.9202	1.5000	1.1865	1.2682
延庆区	5.3517	4.7197	0.1987	0.0714	0.4667	0.6337	1.0004	1.3723	0.8025	1.6765

表5 2010年和2020年北京市各区产业区位熵（二）

地区	交通运输、仓储和邮政业		信息传输、软件和信息技术服务业		金融业		租赁和商务服务业		科学研究和技术服务业	
	2010年	2020年	2010年	2020年	2010年	2020年	2010年	2020年	2010年	2020年
东城区	1.0242	0.6908	1.0693	0.7983	1.9751	1.9022	1.5671	1.2878	0.9661	0.9167
西城区	0.7985	0.5983	1.2190	0.8408	2.1863	2.3978	1.5920	1.1193	1.6406	1.1488
朝阳区	0.9606	0.7983	1.1106	1.1359	1.1848	1.2933	1.3824	1.3616	1.0062	1.0521
丰台区	1.1588	0.9412	0.8463	0.8885	1.2057	1.3156	1.0060	1.1415	1.2099	0.9881
石景山区	0.9673	0.8269	1.1625	1.0913	1.1498	1.4333	1.0819	0.9877	1.2926	1.1830
海淀区	0.5218	0.4723	1.8444	1.4352	1.1548	1.0133	1.1880	1.1107	2.1570	1.7292
门头沟区	1.7899	1.4874	0.4841	0.6242	0.7538	0.8044	0.6495	0.7306	0.3518	0.7545
房山区	1.5796	1.3462	0.3231	0.5892	0.5084	0.6178	0.5996	0.8081	0.5270	0.8229
通州区	0.9842	1.2387	0.5921	0.7420	0.6638	0.7844	0.8645	1.0578	0.2872	0.7574
顺义区	1.7468	2.2874	0.2558	0.5191	0.4074	0.4956	0.4764	0.7503	0.2418	0.5387
昌平区	0.7707	0.7345	1.7282	1.9544	0.7109	0.6244	0.8855	0.7934	0.8353	1.0506
大兴区	0.9682	1.1429	0.3355	0.6115	0.4150	0.6689	0.5479	0.8155	0.2808	0.8571
怀柔区	1.2102	1.1210	0.2002	0.2197	0.4845	0.3956	0.3364	0.6113	0.2088	0.4241
平谷区	1.4648	1.6319	0.1951	0.2569	0.4197	0.5311	0.1550	0.4613	0.1253	0.3646
密云区	1.2822	1.4908	0.1636	0.2686	0.3971	0.5889	0.4016	0.5031	0.1944	0.2693
延庆区	1.3917	1.2689	0.1949	0.1783	0.5054	0.4578	0.2687	0.7159	0.2289	0.3140

表6 2010年和2020年北京市各区产业区位熵（三）

地区	房地产业		批发和零售业		住宿和餐饮业		居民服务、修理和其他服务业		文化、体育和娱乐业	
	2010年	2020年	2010年	2020年	2010年	2020年	2010年	2020年	2010年	2020年
东城区	1.3944	1.3224	0.8902	0.9817	1.6041	1.5973	0.9673	0.8414	1.9447	1.6429
西城区	1.2450	1.2494	0.9257	0.7887	1.7019	1.4899	1.1452	0.8244	1.7607	1.6039
朝阳区	1.3752	1.1647	1.1956	1.1321	1.1233	1.0291	1.2802	1.1898	1.4368	1.6331
丰台区	1.0784	1.1012	1.4361	1.2450	0.9213	0.8546	0.9836	0.9292	1.0724	1.1006
石景山区	1.0723	1.0047	0.9098	0.8811	0.8067	0.7383	0.9974	0.8272	1.3570	1.2760
海淀区	1.1241	1.1012	1.1445	0.7689	1.3993	1.1857	1.0760	0.9830	1.1878	0.9870
门头沟区	0.9342	1.1929	0.7531	0.9281	0.7887	0.8523	0.6328	0.9235	0.4914	0.6364
房山区	0.6481	0.8376	0.7477	1.0205	0.7145	0.7830	0.9398	0.9887	0.3763	0.5649
通州区	0.8506	0.9694	0.8628	1.1798	0.4826	0.7830	0.8634	0.9093	0.7522	1.1948
顺义区	0.7733	0.8329	0.6265	0.8716	0.7131	0.9866	1.1049	1.2040	0.3832	0.5227
昌平区	1.0631	0.8471	1.1407	1.0205	0.8788	0.9754	0.8963	1.0453	0.7459	0.7078
大兴区	0.4761	0.9224	0.7101	1.1431	0.4949	0.7405	0.7267	0.9518	0.4389	0.6494
怀柔区	0.3856	0.6235	0.6030	0.7506	1.0562	1.2349	0.7789	0.9575	0.3980	0.4740
平谷区	0.1712	0.5129	0.4567	0.7425	0.5035	0.7875	0.6253	0.7960	0.1175	0.2468
密云区	0.4077	0.6965	0.4638	0.8452	0.6531	1.0157	0.7236	0.9008	0.1434	0.3442
延庆区	0.2842	0.6141	0.4232	0.7073	0.7252	1.2215	0.4099	0.8017	0.2848	0.2760

表7 2010年和2020年北京市各区产业区位熵（四）

地区	教育		卫生和社会工作		水利、环境和公共设施管理业		公共管理、社会保障和社会组织		国际组织	
	2010年	2020年	2010年	2020年	2010年	2020年	2010年	2020年	2010年	2020年
东城区	0.8764	0.8054	1.6034	1.4062	1.1291	0.7500	1.5983	1.3997	2.4124	2.0000
西城区	1.0045	0.8929	1.5170	1.3697	0.8420	0.6860	1.3805	1.4436	1.2486	1.5000
朝阳区	0.8232	0.8914	0.8834	0.8403	0.9285	0.6453	0.8366	0.7978	2.5654	3.0000
丰台区	0.7534	0.8356	1.1753	1.2633	1.1314	0.8547	0.9316	1.0157	0.7206	1.5000
石景山区	1.1035	1.0618	1.4479	1.3754	0.8953	0.9012	0.8476	1.1661	0.5827	0.5000
海淀区	1.7882	1.5128	1.1268	1.0672	0.8526	0.7267	0.8853	0.8527	0.9030	0.5000
门头沟区	1.1605	1.0980	1.4214	1.4230	1.0020	1.1802	2.3176	1.8762	0.0000	0.5000
房山区	0.9187	1.0377	1.1467	1.1653	0.5534	1.2791	1.5160	1.2649	0.0000	0.5000
通州区	0.6866	0.8703	0.6604	0.8403	0.6854	1.4302	0.6053	0.7947	0.6479	0.5000
顺义区	0.7036	0.7195	0.7052	0.6611	0.7781	1.0000	0.9021	0.7915	0.1725	0.5000
昌平区	1.1548	1.1961	0.8429	0.8179	0.9486	0.8081	0.9105	0.5846	0.5104	0.0000
大兴区	0.6940	0.7888	0.6483	0.8347	0.8308	1.1105	0.6449	0.9295	0.2288	0.0000
怀柔区	0.8697	0.9548	0.8167	0.9188	1.1459	1.3779	1.7724	2.0643	0.0000	0.0000
平谷区	0.7539	0.8778	0.7401	1.2325	0.9011	1.6453	1.1269	1.5737	0.0000	0.0000
密云区	0.7078	0.7722	0.7431	1.1429	1.1735	2.5233	1.2130	1.7696	0.0000	0.0000
延庆区	1.0019	0.9517	0.9372	1.0504	6.6360	4.0698	2.1988	2.6912	0.0000	0.5000

注：由于2010年和2020年卫生和社会工作、公共管理、社会保障和社会组织统计口径不同，此处不做比较分析。

资料来源：根据第六次、第七次全国人口普查数据计算整理。

二 北京市劳动年龄人口变动带来的风险和机遇

（一）人口红利或将逐渐消失

北京市人口总抚养比上升，劳动年龄人口抚养负担加重。通常用人口总抚养比来衡量人口红利，当人口总抚养比较低时，可为经济社会发展创造有利的人口条件。具体而言，人口总抚养比由少儿抚养比、老年抚养比构成。人口总抚养比为总人口中非劳动年龄人口数量与劳动年龄人口数量之比，少儿抚养比为 0~14 岁非劳动年龄人口数量与 15~64 岁劳动年龄人口数量之比，老年抚养比为 65 岁及以上非劳动年龄人口数量与 15~64 岁劳动年龄人口数量之比[①]。从图 4 可以明显看出，2020 年北京市 15~64 岁劳动年龄人口比重相比 2010 年降低，相应地，0~14 岁和 65 岁及以上非劳动年龄人口比重提高，人口总抚养比随之上升。

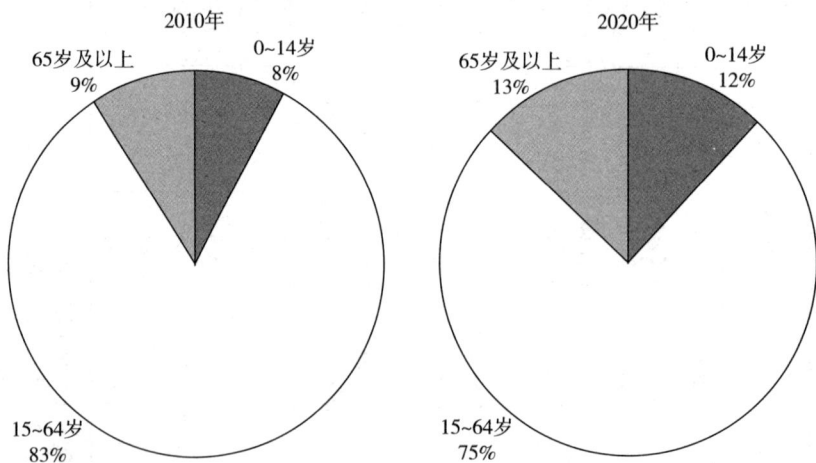

图 4　2010 年和 2020 年北京市常住人口年龄构成

资料来源：根据第六次、第七次全国人口普查数据计算整理。

[①] 人口总抚养比、少儿抚养比、老年抚养比计算公式来源于国家统计局网站，http://www.stats.gov.cn/tjsj/zbjs/201912/t20191202_ 1713059.html。

通过计算 2010 年和 2020 年人口总抚养比，发现北京市劳动年龄人口抚养压力增大。2020 年，北京市人口总抚养比为 33.58%，比 2010 年的 20.95% 提高约 13 个百分点，其中少儿抚养比为 15.81%，老年抚养比为 17.77%，比 2010 年分别提高 5.40、7.23 个百分点。也就是说，每 100 名劳动年龄人口要负担的老年人数量从 2010 年的 10.54 人增加到 2020 年的 17.77 人；每 100 名劳动年龄人口要负担的少儿数量从 2010 年的 10.41 人增加到 2020 年的 15.81 人（见图 5）。老年抚养比略高于少儿抚养比，也反映了北京市低生育率和老龄化的社会现实。

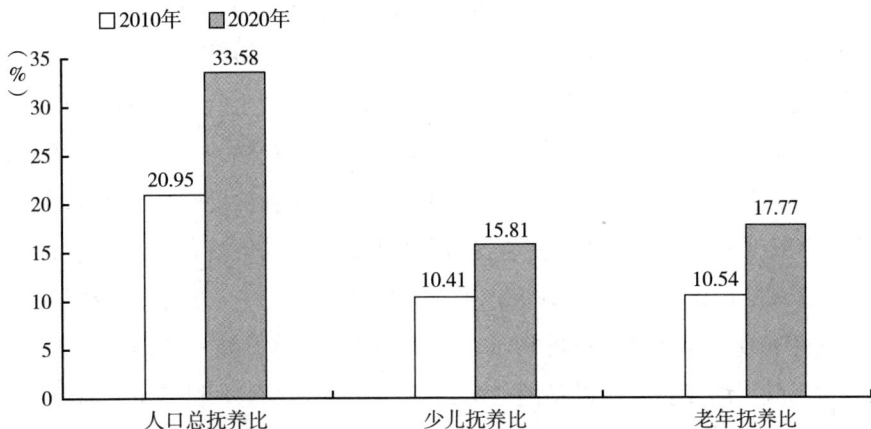

图 5　2010 年和 2020 年北京市抚养比情况

资料来源：根据第六次、第七次全国人口普查数据计算整理。

劳动力供需平衡将面临较大挑战。尽管北京市劳动年龄人口占总人口比重降低，但北京市劳动力市场相对开放，流动、迁移人口比重较大，2020 年北京市就业人口中常住外来人口比重已超过 50%[①]。地区间经济社会发展和工资水平存在差距，也使北京市到 2035 年都能有较充足的劳动力供给，但是这种较充足的劳动力供给能否实现，还受到当地发展规划和目标的影响，以及其他城市的"抢人"政策影响。在需求方面，受新冠肺炎疫情、减量发展的影

①　齐明珠、王亚：《北京劳动力供需变动趋势研究：2021—2035》，《人口与经济》2022 年第 2 期，第 44 页。

响，北京市经济增速放缓，给就业岗位数量的增长带来一定的不利影响。另外，北京市建设全球数字经济标杆城市、人工智能等新一代科技发展迅速，均深刻改变着产业发展和经济增长方式，就业岗位数量的增加或减少，会因经济发展阶段不同、行业不同和群体不同，产生不同的结果。这都给北京市劳动力供给和需求带来不确定性，寻求劳动力供需平衡将存在很大困难。

（二）经济发展活力将受到一定影响

北京市15~44岁劳动年龄人口占总人口比重从2010年的57.54%下降到2020年的46.30%，45岁及以上劳动年龄人口占总人口的比重从2010年的25.14%上升到2020年的28.56%，而且有研究预测，到2035年，中青年劳动年龄人口比重将持续下降，大龄劳动年龄人口比重将持续上升。一方面，虽然大龄劳动年龄人口工作经验和人脉资源丰富，工作技能娴熟，是企业发展的重要人力资本，但随着年龄增长，大龄劳动年龄人口身体各项机能会自然减弱，思维能力和接受新知识、新技能的速度都不如中青年劳动年龄人口，将直接影响劳动生产率的提高、技术的进步和产业结构的升级[1]。另一方面，劳动年龄人口结构年长化会抑制储蓄率的增长，进而拉低投资率。新增劳动年龄人口的减少也降低了新设施、新设备的投资，对经济增长产生不利影响，而经济增长放缓又会进一步影响投资需求，在劳动年龄人口减少的背景下，需要增加投资需求才能促进经济增长。此外，大龄劳动年龄人口的消费需求要远低于中青年劳动年龄人口，大龄劳动年龄人口的占比不断提高势必会对全社会经济增长带来消极影响[2]。综上，劳动年龄人口年龄结构趋于年长化将抑制北京市经济发展活力。

（三）倒逼技术进步且更注重人才培养

北京市拥有雄厚的科研创新力量，2018~2021年，北京市连续4年位居全

---

[1] 童玉芬、刘志丽、宫倩楠：《从七普数据看中国劳动力人口的变动》，《人口研究》2021年第3期，第70页。

[2] 李长安、李艳：《我国劳动力结构的演变及其影响研究》，《中国劳动关系学院学报》2021年第5期，第8页。

国"自然指数—科研城市"榜首,为全市乃至全国的技术创新提供了坚实的保障,正努力朝着成为世界主要创新中心和创新高地的目标迈进。在劳动年龄人口增速减缓、结构性矛盾加剧的情况下,机器人广泛使用、数字科技与传统产业深度融合等将成为经济实体的现实选择,为了实现低成本、高收益,这种技术创新以及与传统产业融合的步伐也会加快。而为了让劳动年龄人口最大限度地创造价值,北京市会更加重视对各类人才的专业技能培养,提高他们的技术熟练度和与岗位的适配性,劳动生产率也将会大大提高。

三 对策建议

通过前文分析,笔者发现北京市劳动年龄人口在总量上增速减缓,占总人口比重降低。年龄结构趋于年长化,但整体素质提高,女性劳动年龄人口受教育水平更高,增量更多。朝阳区、海淀区、通州区、顺义区、昌平区、大兴区中青年劳动年龄人口相对集中,东城区和西城区大龄劳动年龄人口最为集中,2010~2020年朝阳区、丰台区、石景山区、海淀区、通州区、昌平区中青年劳动年龄人口较为集中。就业人口由中心到外围呈现"三二一"逆序化的产业分布格局。生产性服务业基本在中心分布,第一、第二产业在外围分布,文化、体育和娱乐业,教育等产业各区分布并不均衡。第二产业中的建筑业和制造业进一步向外围集聚,第三产业中的信息传输、软件和信息技术服务业进一步在昌平区和朝阳区集聚,金融业进一步向石景山区、丰台区、朝阳区、海淀区集聚。这些特征及变化虽使北京市人口红利、经济发展活力受到不利影响,但也蕴含从数量向质量转变的无限机遇,如促进技术进步,提高人才培养质量、劳动生产率等。综上,本报告提出以下几点对策建议。

(一)加快经济增长从要素驱动向创新驱动转变,降低劳动年龄人口需求

依托北京市强有力的科研创新基础,加大科技创新力度,加快创新成果落地转化,实现经济增长方式转变、产业结构优化升级,提高全要素生产

率。利用人工智能等数字科技为传统产业赋能，实现生产制造的数字化、智能化，让智能机器承担标准化、流水线式的体力劳动。通过对一部分低技能甚至高技能劳动年龄人口的就业替代，降低劳动年龄人口需求，同时预防因就业替代产生的失业风险。积极培养复合型人才和与人工智能等新技术相关的专业人才，提高劳动力与新技术的协同性，促进劳动力供需结构优化。促进劳动力市场一体化，运用数字时代万物互联优势，打破劳动年龄人口工作区域的局限，让北京市在全国范围内统筹劳动力资源，缓解劳动年龄人口规模缩小的压力。

（二）提高劳动年龄人口素质，推动人口红利向人才红利转变

未来，北京市经济增长将更多依靠技术的进步和劳动年龄人口素质的提高，因此要加大教育投入力度，提高财政性教育经费支出，提高教育普及水平，全面提高劳动年龄人口素质。加强学校教育，动态调整办学模式与人才培养计划，提升劳动力供给的效率和质量，增强与劳动力市场和用人主体需求的适配性，实现劳动要素供需均衡。创新职业教育模式，深化学校企业合作、产业教学融合，支持、鼓励企业参与办学，打造社会多元主体办学格局，持续完善职业教育培训体系。注重培养兼具职业化和国际化素养的复合型人才。持续提高劳动力资源的技能水平，有效发挥劳动力资源的智力优势。善于发现人才、培育人才、凝聚人才，形成"识才、爱才、敬才、用才"之风，加速各类人才集聚。优化人才结构，打造高水平的人才梯队，推动人口红利向人才红利转变。

（三）稳步推行延迟退休等就业政策，充分挖掘老年人力资源

北京市的平均预期寿命高于全国，居民的身体健康状况也有了很大改善，可以将工作年限适度延长，而且女性劳动年龄人口的受教育水平更高，但女性退休年龄要低于男性。因此，应结合个体身体状况、家庭需求和价值追求，渐进式、弹性化统筹兼顾政策性与灵活性，分类推进法定退休年龄的延迟，促进老年人力资源的充分挖掘和利用，包括对大龄女性劳动力资源以

及老年专业技能型人才资源的充分挖掘和利用。发挥老年专业技能型人才资源的经验、技术优势，采用"师带徒""传帮带"方式，将经验、技术传授给年轻劳动力，与年轻劳动力形成优势互补，不仅有利于劳动生产率的提高，还能提升老年劳动年龄人口的价值感和幸福感。利用新业态准入门槛低的特点，鼓励老年劳动年龄人口加入"大众创业、万众创新"的队伍，化解劳动力结构年长化的风险。

（四）提高劳动年龄人口服务管理水平，提升人才吸引力

实施灵活的落户政策，降低生活成本，为劳动年龄人口提供更好的住房、交通、就医、子女教育和个人所得税等社会化服务，健全高端人才、创新人才、国际人才引进机制并完善配套服务，打造一大批拥有高水平人才的创新团队，激发科技领军人才、战略科学家、青年科学家等科研人才的创新创造活力，实现产业发展、科技创新、人才成长良性循环。

参考文献

尹德挺、张洪玉、原晓晓：《北京人口红利的结构性分析和形势预判》，《北京社会科学》2014 年第 1 期。

齐明珠、王亚：《人口老龄化对北京市未来劳动力市场均衡影响研究》，载尹德挺、胡玉萍、吴军主编《北京人口发展研究报告（2021）》，社会科学文献出版社，2021。

B.4
北京市老年人口研究报告[*]

马小红　狄安翔[**]

摘　要： 人口老龄化是北京市现代化建设进程中面临的重要人口形势，本报告利用第七次全国人口普查数据，对北京市老年人口规模、结构和经济社会特征进行了描述分析。研究发现，北京市60岁及以上常住老年人口规模增长迅速，截至2020年已超过429万人，其中外来老年人口约占1/6，80岁及以上高龄老年人口占比近15%；60~69岁低龄老年人占比明显上升，体现了2010~2020年北京市人口的快速老龄化特征；老年人口受教育程度集中在初中及以下，大学专科及以上占比超1/8，为老龄人力资源开发提供了良好基础；丧偶老年人口比重降低，靠家庭和社会供养的老年人口占1/10左右。政府和社会应给予高度重视，构建基于需求的多层次多样化社会帮扶体系。

关键词： 老年人口　人口老龄化　北京市

中国已进入人口老龄化加速发展阶段，北京市作为国家首都和大型城市，早在20世纪90年代就已进入老龄化社会。2021年底，北京市常住人口中60岁及以上老年人口为441.6万人，占全部常住人口的20.2%；65岁

---

　*　本报告写作得到北京大学人口所乔晓春教授、武继磊副教授，中共北京市委党校（北京行政学院）社会学教研部闫萍教授、崔书锦同学、彭舒婉同学的大力帮助，在此表示感谢。

**　马小红，博士，中共北京市委党校（北京行政学院）北京市情研究中心主任、北京人口与社会发展研究中心教授，研究方向为人口与社会发展、北京人口；狄安翔，西安交通大学数学与统计学院硕士研究生，研究方向为大数据分析。

及以上老年人口为 311.6 万人，占全部常住人口的 14.2%①，两个指标均表明北京市已正式进入老龄社会，或者说北京市常住人口年龄结构呈现中度老龄化②。人口老龄化是人口长期均衡发展面临的重要挑战。党的十九届五中全会通过的《中共中央关于制定国民经济和社会发展第十四个五年规划和二○三五年远景目标的建议》中提出了"实施积极应对人口老龄化国家战略"，这是首次在党的全会文件中把积极应对人口老龄化上升为国家战略。党的十九大以来，北京市准确把握新时代养老服务发展新格局，强化基本公共服务保障，探索建立了符合首都发展要求的"三边四级"养老服务体系。但养老设施空间配置不均、养老服务供给"旱涝分化"等问题制约养老服务能力的进一步提升，如何科学合理地布局养老设施、提高养老设施供给的效率，成为当前亟待解决的现实议题。在这样的政策背景下，结合第七次全国人口普查（以下简称"七普"）的统计结果，对北京市老年人口的现状和发展趋势进行分析，对养老服务供给和需求进行判断，对政府相关部门进行科学决策具有重要意义。

一　北京市老年人口规模现状及变化

（一）常住老年人口规模增长迅速

1982 年以来的全国人口普查数据显示，北京市常住老年人口规模持续增长，且增长速度不断加快。1982 年 60 岁及以上常住老年人口为 79.1 万人，1990 年突破 100 万人，2000 年达到 170.2 万人，2010 年突破 240 万人，2020 年为 429.9 万人。从规模增长速度来看，1982~1990 年平均每年增长 3.8 万人；1990~2000 年平均每年增长约 6.1 万人；2000~2010 年平均每年增长约

---

① 数据来源于《北京市 2021 年国民经济和社会发展统计公报》；本报告除特别说明，人口数据均为常住人口数据。

② 世界卫生组织把老龄化的社会细分为"老龄化社会""老龄社会""超老龄社会"，分别是 65 岁及以上人口占比达到 7%，14% 和 20% 的社会。也有研究将老龄化分为 3 个阶段：轻度老龄化，即 60 岁及以上人口占全部人口的比重在 10%~20%；中度老龄化，即 60 岁及以上人口占全部人口的比重在 20%~30%；重度老龄化，即 60 岁及以上人口占全部人口的比重超过 30%。

7.6 万人；2010~2020 年平均每年增长约 18.4 万人。北京市常住老年人口规模增长速度不断加快，其中 2010~2020 年平均每年增长人数远超其他年份，反映出 2010~2020 年北京市常住老年人口规模的快速增长（见表 1）。

表 1　1982~2020 年北京市常住老年人口规模及比重

单位：万人，%

	60 岁及以上老年人口规模	65 岁及以上老年人口规模	60 岁及以上老年人口比重	65 岁及以上老年人口比重
1982 年	79.1	52.1	8.56	5.65
1990 年	109.4	68.7	11.93	6.35
2000 年	170.2	114.3	12.55	8.42
2010 年	246.0	170.9	12.42	8.59
2020 年	429.9	291.2	19.63	13.30

资料来源：第三次至第七次全国人口普查数据。

从占常住人口比重来看，北京市 60 岁及以上老年人口比重整体呈现上升趋势，其中 2010~2020 年上升幅度最大，2000~2010 年有小幅下降。60 岁及以上老年人口比重从 1982 年的 8.56% 上升至 1990 年的 11.93%，随后于 2000 年上升至 12.55%，2010 年小幅回落至 12.42%，又在 2020 年迅速上升至 19.63%（见表 1、图 1）。

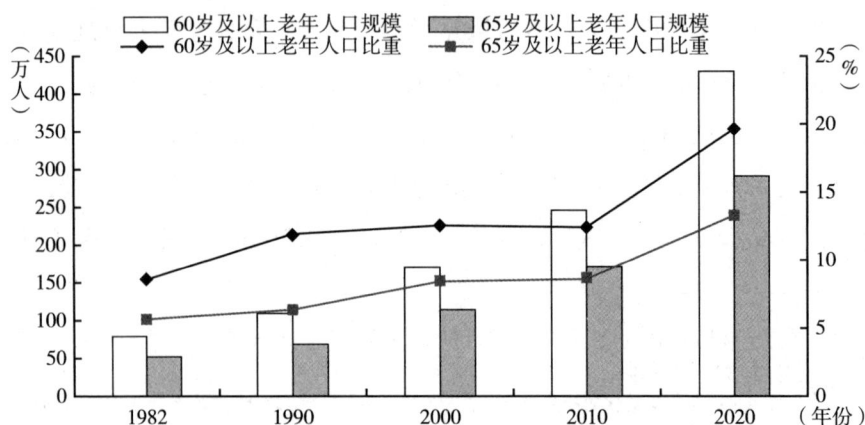

图 1　1982~2020 年北京市老年人口规模及比重

资料来源：第三次至第七次全国人口普查数据。

（二）户籍人口老龄化程度更为严重

北京市 2021 年 60 岁及以上户籍老年人口达到了 378.8 万人，占北京市全部户籍人口的 26.8%，接近重度老龄化水平（见表 2）。相比于北京市常住人口，北京市户籍人口老龄化程度更为严重。北京市作为国家首都和大型城市，是流动人口尤其是年轻流动人口的迁入地，他们的迁入减轻了北京市人口的老龄化程度。但流动人口的流动性和老年人口的弱流动性并存，使得北京市常住人口的年龄结构存在一定的不稳定性，目前的养老政策大都只覆盖户籍老年人口，因此户籍老年人口的规模和结构对政策制定有着更为重要的意义。

表 2　2021 年北京市 60 岁及以上常住人口与户籍人口比较

单位：万人，%

	常住人口	户籍人口
总量	2188.6	1413.5
60 岁及以上老年人口数量	441.6	378.8
60 岁及以上老年人口占比	20.2	26.8

资料来源：《北京统计年鉴 2021》。

（三）外来老年人口规模已近70万人，约占常住老年人口的1/6

"七普"数据显示，2020 年北京市 60 岁及以上外来老年人口达 68.73 万人，占全部外来人口的 8.2%，占常住老年人口的 16.0%。在外来老年人口中，80 岁及以上高龄老年人口已达 4.06 万人（见表 3）。外来老年人口成为不容忽视的群体。

表 3　2020 年北京市 60 岁及以上外来老年人口规模及比重

单位：万人，%

	60~64 岁	65~69 岁	70~74 岁	75~79 岁	80~84 岁	85 岁及以上	合计
规模	28.22	22.20	9.80	4.45	2.56	1.50	68.73
比重	41.06	32.30	14.25	6.48	3.73	2.19	100

资料来源："七普"数据。

（四）老年抚养比快速上升

从常住人口抚养比来看，2020 年北京市常住人口总抚养比为 33.6%，其中少儿抚养比为 15.8%，老年（65 岁及以上）抚养比为 17.8%。相比 2010 年，2020 年总抚养比提高 12.7 个百分点，少儿抚养比提高 5.4 个百分点，老年抚养比提高 7.3 个百分点。如果按我国老年人口标准（60 岁及以上）计算，2020 年北京市总抚养比为 45.8%，老年（60 岁及以上）抚养比达到 28.6%，比 2010 年提高了 12.8 个百分点，接近 3 名劳动力抚养 1 名老年人（见表4）。

"七普"数据显示，全国老年（65 岁及以上）抚养比为 16.7%，北京市老年抚养比高于全国。大量年轻流动人口和户籍迁移人口进入北京市学习、工作和生活，为改善北京市人口老龄化形势起到重要作用，这些人口也是北京市高质量发展的基础。

表4 2010 年和 2020 年北京市常住人口抚养比

单位：%

年份	占总人口比重			抚养比		
	0~14 岁	15~64 岁	65 岁及以上	总抚养比	少儿抚养比	老年抚养比
2010	8.6	82.7	8.7	20.9	10.4	10.5
2020	11.8	74.9	13.3	33.6	15.8	17.8
年份	占总人口比重			抚养比		
	0~14 岁	15~59 岁	60 岁及以上	总抚养比	少儿抚养比	老年抚养比
2010	8.6	78.9	12.5	26.6	10.8	15.8
2020	11.8	68.5	19.6	45.8	17.2	28.6

资料来源：2010 年数据为第六次全国人口普查*数据，2020 年数据为"七普"数据。

---

* 以下简称"六普"。

二 北京市老年人口人口学特征

（一）性别结构

1. 女性老年人口占老年人口的六成以上，随年龄上升性别比持续下降

根据"七普"数据，60 岁及以上老年人口中，男性为 202.2 万人，占 47.0%；女性为 227.7 万人，占 53.0%，老年人口性别比为 88.8。随着年龄的增长，老年男性人口占比逐步下降，老年女性人口占比逐步上升。60~69 岁的低龄老年人口中，男性占 48.2%；70~79 岁的中龄老年人口中，男性占 46.1%；80 岁及以上的高龄老年人口中，男性占 43.7%。相反，老年女性人口随着年龄的增长，占比越来越高（见表 5）。

表 5 "七普"北京市分年龄组分性别老年人口数量

单位：万人，%

年龄组	数量			比重		性别比
	合计	男	女	男	女	（女=100）
60~64 岁	138.7	67.7	71.0	48.8	51.2	95.4
65~69 岁	119.5	56.8	62.6	47.5	52.4	90.8
70~74 岁	66.9	31.5	35.4	47.1	52.9	89.0
75~79 岁	41.5	18.5	23.1	44.6	55.7	80.1
80~84 岁	34.9	15.2	19.7	43.6	56.4	77.3
85~89 岁	20.2	8.9	11.3	44.1	55.9	79.4
90~94 岁	6.6	2.9	3.8	43.9	57.6	76.0
95~99 岁	1.4	0.6	0.8	42.9	57.1	68.3
100 岁及以上	0.3	0.1	0.2	39.3	60.7	65.3
总计	429.9	202.2	227.7	47.0	53.0	88.8

资料来源：根据"七普"短表数据统计。

2. 和"六普"相比,"七普"老年人口分年龄组性别比仍呈现持续下降趋势,但随年龄增长变化趋于平缓

根据"六普"数据,女性老年人口为 128.7 万人,比男性老年人口(117.3 万人)多出 11.4 万人,性别比为 91.14。而在"七普"中,女性和男性老年人口数量差为 25.5 万人,性别比为 88.8。整体的性别比虽然进一步下降,但是分年龄组分析发现,"七普"性别比随年龄增长变化更为平缓,在 65.27 ~ 97.69 波动,最大落差为 32.42;而"六普"性别比则在 35.96 ~ 98.38 波动,最大落差 62.42。说明男性老年人口分年龄组死亡概率降低,健康状况有所改善;从曲线上来看,"七普"高龄老人的性别比相比"六普"有明显升高,也说明男性高龄老人的健康状况有所改善(见图2)。

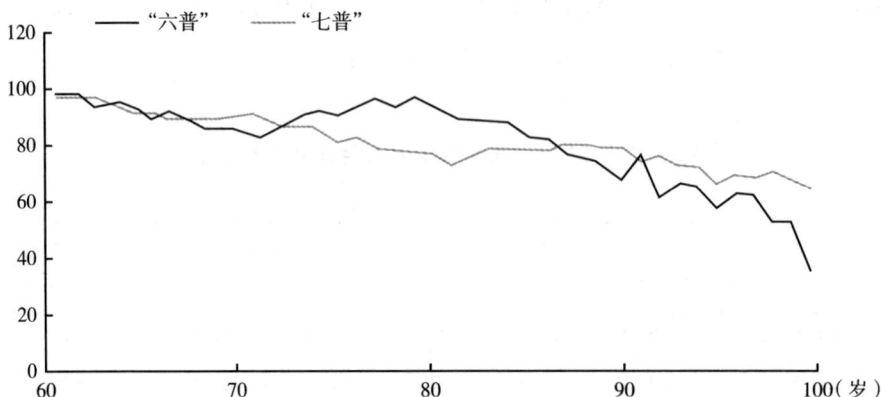

图 2 "六普""七普"北京市 60 岁及以上老年人口性别比随年龄变化趋势
资料来源:"六普""七普"数据。

(二)年龄结构

1. 低龄老人占比六成,高龄老人占比近15%

"七普"数据显示,2020 年,北京市常住人口(2189.0 万人)中,60 岁及以上老年人口为 429.9 万人,占常住人口的比重为 19.6%;65 岁及以上老年人口为 291.2 万人,占常住人口的比重为 13.3%。在 60 岁及以上老

年人口中，60~69岁的低龄老年人口为258.2万人，占60岁及以上老年人口的60.1%；70~79岁的中龄老年人口为108.4万人，占60岁及以上老年人口的25.2%；80岁及以上的高龄老年人口为63.4万人，占常住人口的比重为2.9%，占60岁及以上老年人口的比重为14.7%（见表6）。

表6 "七普"北京市分年龄组老年人口数量和比重

单位：万人，%

年龄组	人数	占常住人口比重	占60岁及以上老年人口比重
60~64岁	138.7	6.3	32.3
65~69岁	119.5	5.5	27.8
70~74岁	66.9	3.1	15.6
75~79岁	41.5	1.9	9.7
80~84岁	34.9	1.6	8.1
85~89岁	20.2	0.9	4.7
90~94岁	6.6	0.3	1.5
95~99岁	1.4	0.1	0.3
100岁及以上	0.3	0.01	0.1
总计	429.9	19.6	100

资料来源：根据"七普"短表数据统计。

2. 和"六普"相比，"七普"低龄老年人口占常住人口比重明显提高

在"六普"中，60~69岁老年人口为126.7万人，占常住人口的比重为6.4%；而在"七普"中，60~69岁老年人口为258.2万人，占常住人口的比重为11.8%，人口数量上升了1倍，比重也上升了近1倍。而在70~79岁年龄组，"七普"这两个数据与"六普"差距较小（见图3和表7），这一现象反映了20世纪50年代出生高峰期人口队列开始进入老年阶段的现实，北京市人口呈现快速老龄化的态势，同时也提醒人们要预见到"十四五"和"十五五"时期将是中国人口史上出生最高峰的人口队列——20世纪60年代出生的人口队列进入老年阶段的时期，老龄化将进入最快车道。

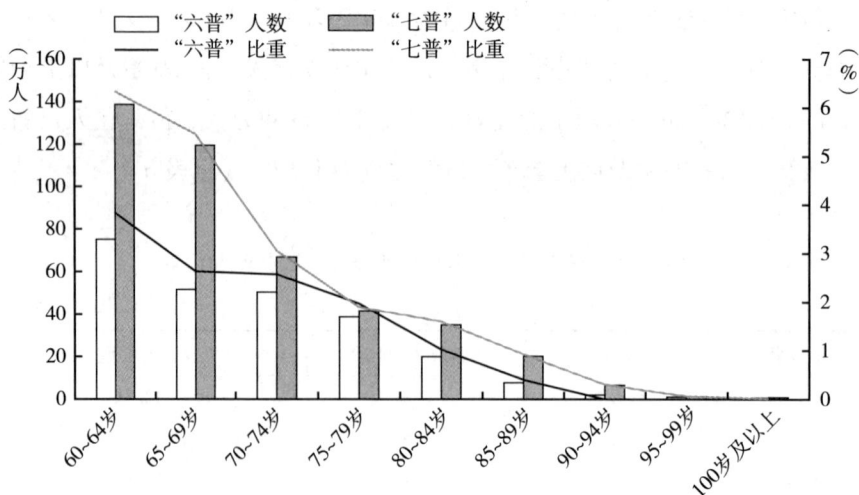

图3 "六普""七普"北京市60岁及以上老年人口数量和占常住人口比重

资料来源:"六普""七普"数据。

表7 "六普""七普"北京市60岁及以上老年人口数量和占常住人口比重

单位:万人,%

年龄组	"六普"人数	"六普"比重	"七普"人数	"七普"比重
60~64岁	75.1	3.8	138.7	6.3
65~69岁	51.6	2.6	119.5	5.5
70~74岁	50.4	2.6	66.9	3.1
75~79岁	38.6	2.0	41.5	1.9
80~84岁	20.0	1.0	34.9	1.6
85~89岁	7.8	0.4	20.2	0.9
90岁及以上	2.5	0	8.3	0.4

资料来源:"六普""七普"数据。

从北京市2020年"七普"人口性别年龄金字塔可以看出,该金字塔呈现上面尖、下面小、中间大的特征(见图4)。中间大的特征表明北京市常住劳动年龄人口占有相当大的比重,劳动力资源相对丰富,北京市仍在人口红利期。但80岁及以上的老年人口占全部老年人口的比重较大,因此要重点关注高龄老年人口的养老问题。

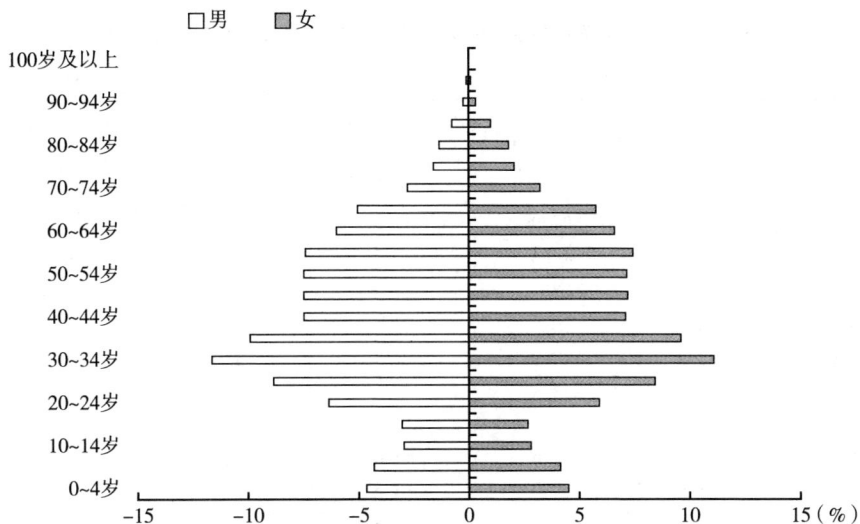

图4 北京市2020年"七普"人口性别年龄金字塔

资料来源:根据"七普"数据绘制。

(三)空间结构

1. 各区老年人口比重存在较大差异

"七普"数据显示,各区的老龄化程度存在差异,大部分区60岁及以上老年人口占比超过20%,东城区的老龄化程度最高,60岁及以上老年人口占比为26.5%;昌平区60岁及以上老年人口占比为14.9%,占比最低。2020年,北京市16个区60岁及以上老年人口占比均超过14%,大多数区60岁及以上老年人口占比超过20%。首都功能核心区仍是老龄化程度最高的区,东城区、西城区60岁及以上老年人口占比分别为26.5%、25.9%,65岁及以上老年人口占比均为18.2%;中心城区除了海淀区(18.4%),其他5区60岁及以上老年人口占比均超过20%。生态涵养区除了怀柔区(19.5%),门头沟区、平谷区、密云区和延庆区60岁及以上老年人口占比也均突破20%,65岁及以上老年人口占比均在14%~17%。城市发展新区人口老龄化程度相对较低(见表8和图5)。

表 8 "七普"北京市各区 60 岁及以上和 65 岁及以上老年人口分布

单位：万人，%

地区	常住人口	60 岁及以上老年人口数量	60 岁及以上老年人口占常住人口比重	65 岁及以上老年人口数量	65 岁及以上老年人口占常住人口比重
北京市	2189.3	429.9	19.6	291.2	13.3
东城区	70.9	18.8	26.5	12.9	18.2
西城区	110.6	28.7	25.9	20.1	18.2
朝阳区	345.2	70.9	20.5	49.3	14.2
丰台区	211.0	47.9	22.7	32.0	15.8
石景山区	56.8	13.8	24.3	9.3	16.4
海淀区	313.3	57.8	18.4	40.9	13.1
门头沟区	39.3	8.9	22.6	5.8	14.8
房山区	131.3	26.0	19.8	17.3	13.2
通州区	184.0	31.6	17.2	21.2	11.5
顺义区	132.4	21.9	16.5	14.4	10.8
昌平区	226.9	33.9	14.9	22.1	9.7
大兴区	199.4	29.9	15.0	19.4	9.7
怀柔区	44.1	8.6	19.5	5.6	12.8
平谷区	45.7	11.0	24.1	7.5	16.4
密云区	52.8	12.2	23.1	8.0	15.2
延庆区	34.6	8.0	23.1	5.4	15.7

资料来源："七普"数据。

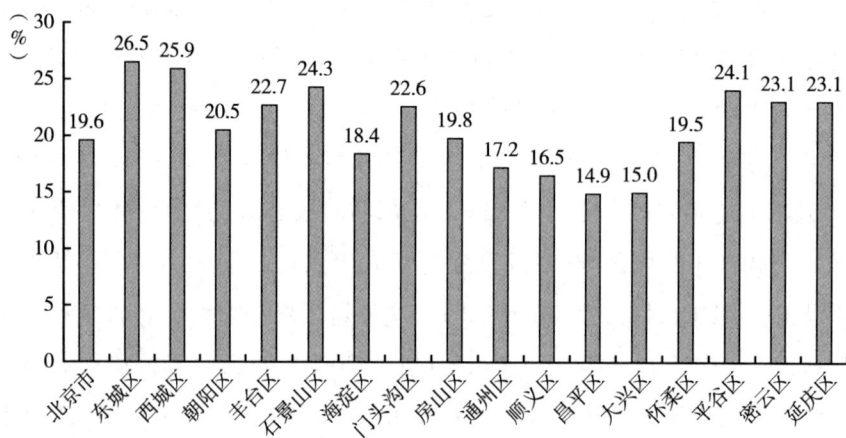

图 5 "七普"北京市各区 60 岁及以上老年人口占常住人口比重

资料来源："七普"数据。

2. 老年人口城镇化率低于全部常住人口

超过 85% 的老年人口居住在城镇。"七普"将城乡区域结构做了细分，共 7 类。城乡包括城镇和乡村，城镇分为城区（包括主城区和城乡接合部）和镇区（包括镇中心区、镇乡接合区和特殊区域），乡村则分为乡中心区和村庄。根据数据可知，60 岁及以上的城镇常住老年人口共计 367.3 万人，占全部常住老年人口的 85.4%；60 岁及以上的乡村常住老年人口为 62.3 万人，占 14.5%，其中主城区的常住老年人口最多，有 324.0 万人，占 75.4%；其次是村庄的常住老年人口，共有 61.8 万人，占 14.4%；乡中心区常住老年人口最少，只有 0.5 万人，占 0.1%（见表 9 和图 6）。

"七普"数据显示，北京市全部常住人口中，城镇人口占比为 87.5%，乡村人口占比为 12.5%，比较而言，60 岁及以上常住老年人口的城镇化率低于全部常住人口 2 个百分点左右。

表 9　"七普"北京市 60 岁及以上常住老年人口城乡分布人数及比重

单位：万人，%

年龄组	总人数	城镇					乡村	
		主城区	城乡接合部	镇中心区	镇乡接合区	特殊区域	乡中心区	村庄
60~64 岁	138.7	103.5	7.1	3.9	2.6	1.5	0.2	19.8
65~69 岁	119.5	89.9	5.6	3.2	2.2	1.2	0.1	17.2
70~74 岁	66.9	49.0	3.2	1.8	1.3	0.7	0.1	10.8
75~79 岁	41.5	30.9	1.9	1.0	0.7	0.4	0.1	6.5
80~84 岁	34.9	27.9	1.2	0.7	0.5	0.4	0	4.1
85~89 岁	20.2	16.2	0.7	0.4	0.3	0.2	0	2.4
90~94 岁	6.6	5.3	0.2	0.1	0.1	0.1	0	0.8
95~99 岁	1.4	1.1	0.1	0	0	0	0	0.2
100 岁及以上	0.3	0.2	0	0	0	0	0	0
总计	429.9	324.0	20.0	11.1	7.7	4.5	0.5	61.8
占比	100	75.4	4.6	2.6	1.8	1.1	0.1	14.4

资料来源："七普"数据。

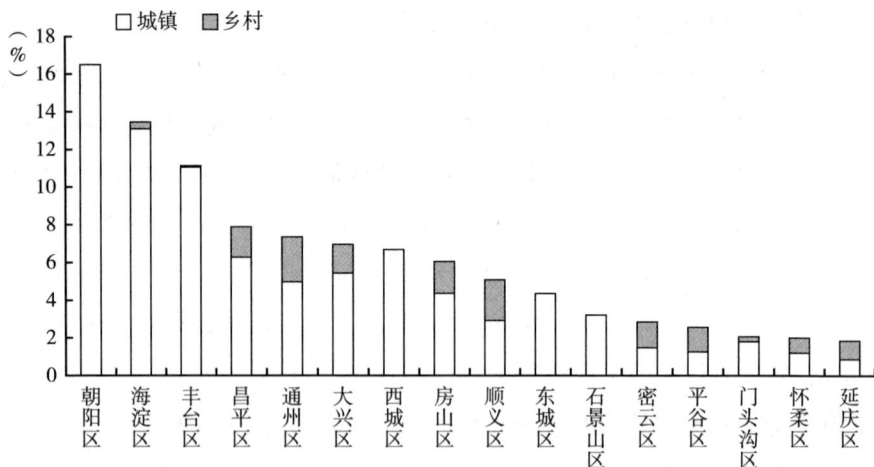

图6 "七普"北京市各区60岁及以上常住老年人口分布

资料来源:"七普"数据。

三 老年人口经济社会特征

(一)婚姻结构

1. 接近八成的老年人口有配偶,不到两成的老年人口丧偶

根据"七普"数据,北京市接近八成的老年人口有配偶,比重达到79.77%;其次是丧偶老年人口,比重为15.52%;未婚和离婚的老年人口比重则均较低,分别只有1.84%和2.87%。这主要是因为随着年龄的增长,老年人口结婚的可能性会增大,而离婚的可能性在减小。其中,有配偶的女性老年人口比重低于男性老年人口,丧偶的女性老年人口比重高于男性老年人口,呈现明显的性别差异。有配偶的女性老年人口比重为72.86%,相比于男性老年人口的87.63%,低了14.77个百分点。丧偶的女性老年人口比重高达21.99%,相比男性老年人口的8.16%,高了13.83个百分点。这主要受到男女平均预期寿命的影响,男性平均预期寿命更低,导致女性丧偶概率更大(见表10)。

表 10 "七普"北京市分性别 60 岁及以上老年人口婚姻状况

单位：%

性别	未婚	有配偶	离婚	丧偶	总计
男	1.57	87.63	2.64	8.16	100
女	2.08	72.86	3.07	21.99	100

资料来源："七普"数据。

2.和"六普"相比，婚姻状况变化较小

"七普"数据显示，北京市 60 岁及以上老年人口中，丧偶老年人口的比重略有下降，从"六普"的 21.66%下降到了"七普"的 15.52%，其余则略有上升。这主要是由于新增的低龄老年人口丧偶可能性相对较小，摊分到全体老年人口上，降低了丧偶老年人口的比重（见图 7 和表 11）。

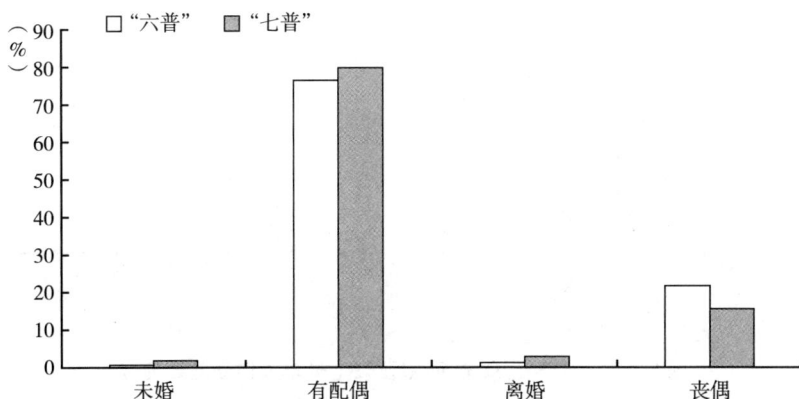

图 7 "六普""七普"北京市 60 岁及以上老年人口婚姻状况

资料来源："六普""七普"数据。

表 11 "六普""七普"北京市 60 岁及以上老年人口婚姻状况

单位：%

	未婚	有配偶	离婚	丧偶	合计
"六普"	0.66	76.42	1.26	21.66	100
"七普"	1.84	79.77	2.87	15.52	100

资料来源："六普""七普"数据。

（二）受教育程度

1. 近七成老年人口受教育程度为初中及以下，大学专科及以上占比超1/8

根据"七普"数据，北京市60岁及以上老年人口的受教育程度主要集中在初中及以下，其中，未上过学的60岁及以上老年人口占比达到3.46%，受教育程度为学前教育的60岁及以上老年人口占比接近1/4，为24.60%；小学的占比为15.70%；初中的占比超过1/4，达到25.97%。值得注意的是，北京市60岁及以上老年人口中，受教育程度为高中的占比达到了17.82%；大学专科及以上的占比为12.51%（见图8和表12）。

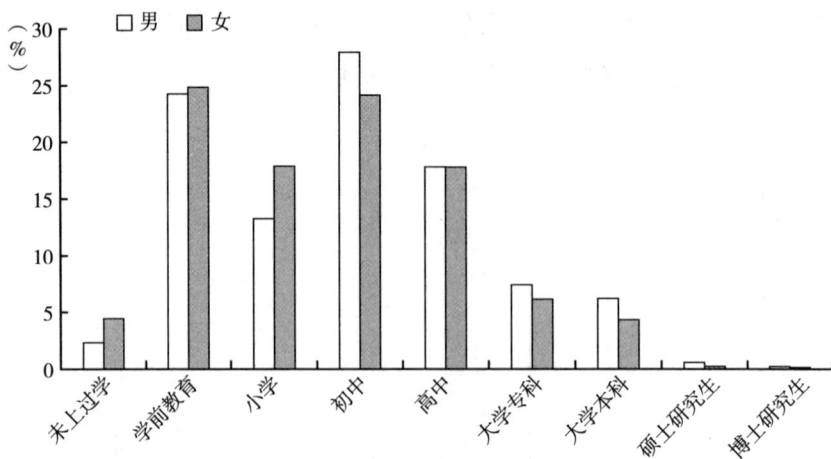

图8　"七普"北京市60岁及以上老年人口受教育程度

资料来源："七普"数据。

表12　"七普"北京市60岁及以上老年人口受教育程度

单位：%

性别	未上过学	学前教育	小学	初中	高中	大学专科	大学本科	研究生及以上
男性	2.34	24.29	13.27	27.96	17.83	7.41	6.22	0.68
女性	4.46	24.89	17.90	24.18	17.81	6.15	4.35	0.27
全市	3.46	24.60	15.70	25.97	17.82	6.75	5.23	0.53

资料来源："七普"数据。

2. 男性老年人口受教育程度高于女性老年人口

男性老年人口受教育程度略高于女性老年人口。受小学及以下教育的女性老年人口占比为 47.25%，而男性老年人口为 39.90%，相比于女性老年人口低 7.35 个百分点，而受大学专科及以上教育的男性老年人口占比为 14.31%，相比于女性老年人口的 10.77% 高出 3.54 个百分点。

（三）老年人口主要生活来源

1. 老年人口主要生活来源为离退休金或养老金

"七普"数据显示，老年人口主要生活来源为离退休金或养老金，占全部老年人口主要生活来源的 83.7%；其次是家庭其他成员供养，占全部老年人口主要生活来源的 8.4%。以财产性收入和最低生活保障作为主要生活来源的老年人口占比均较低，分别为 0.4% 和 1.3%（见图9）。

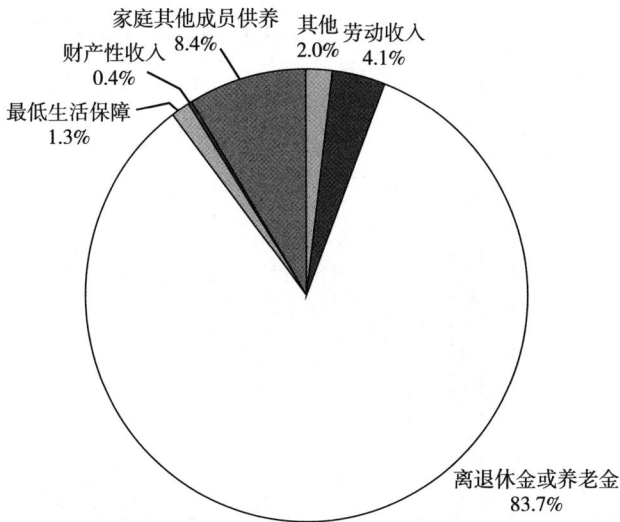

图 9 "七普"北京市 60 岁及以上老年人口主要生活来源分布

资料来源："七普"数据。

2. 靠家庭和社会供养的老年人口占1/10左右

"七普"数据显示，主要生活来源为家庭其他成员供养的老年人口比重为8.4%，主要生活来源为最低生活保障的老年人口比重为1.3%，二者合计为9.7%，占到1/10左右，推断北京市有将近42万名老年人靠家庭和社会供养（见表13），老年人口应是政府高度关注的一个群体。

表13 "七普"北京市60岁及以上老年人口主要生活来源分布推断数

单位：%，万人

	合计	劳动收入	离退休金或养老金	最低生活保障	财产性收入	家庭其他成员供养	其他
比重	100	4.1	83.7	1.3	0.4	8.4	2.0
推断数	429.9	17.8	359.8	5.8	1.8	36.1	8.6

资料来源：比重来源于"七普"长表数据统计，推断数根据比重进行推断。

3. 由家庭其他成员供养的老年女性占比显著高于老年男性

10.99%的老年女性以家庭其他成员供养作为主要生活来源，而此项上老年男性比重几乎减半，仅为5.48%。这表明，老年女性相较于老年男性更依赖于家庭其他成员供养（见图10）。

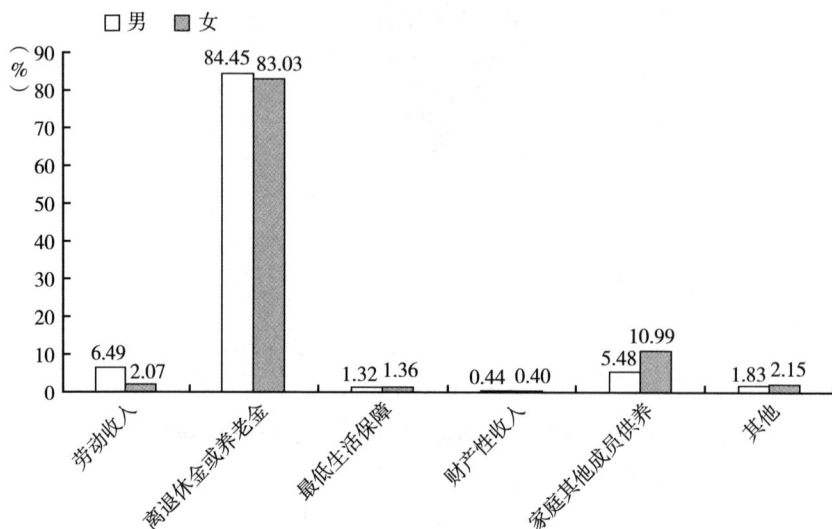

图10 "七普"北京市分性别老年人口主要生活来源分布

资料来源："七普"数据。

4. 有相当比重的低龄老年人口有劳动收入，以离退休金或养老金为主要生活来源的老年人口比重随年龄增长逐步提高

"七普"数据显示，有7.7%的60~64岁老年人口以及3.8%的65~69岁老年人口有劳动收入，推断全市有15.3万名60~69岁的低龄老年人处于工作状态，也显示了社会需要老年人口作为重要人力资源来源；依靠家庭和社会供养老人的比重较为恒定，依靠家庭其他成员供养的老年人口占比在7.8%~10.3%，依靠最低生活保障的老年人口占比在1.2%~1.7%，各年龄组比重接近；各年龄组都以离退休金或养老金为主要生活来源，随着年龄的增长，依靠离退休金或养老金的老年人口比重逐步提高，在80~84岁年龄组达到高峰，占88.9%（见表14）。

表14 "七普"北京市分年龄组60岁及以上老年人口主要生活来源分布

单位：%

年龄组	合计	劳动收入	离退休金或养老金	最低生活保障	财产性收入	家庭其他成员供养	其他
60~64岁	100	7.7	80.9	1.2	0.5	7.8	2.0
65~69岁	100	3.8	84.2	1.3	0.5	8.2	2.0
70~74岁	100	1.5	85.4	1.6	0.4	9.0	2.1
75~79岁	100	0.5	86.5	1.7	0.3	9.0	1.9
80~84岁	100	0.2	88.9	1.3	0.2	7.9	1.5
85岁及以上	100	0.1	86.3	1.4	0.1	10.3	1.9

资料来源："七普"数据。

四 北京市老年人口居住状况与健康状况

（一）居住状况

1. 接近八成的老年人口与配偶同居，与子女同居的女性老年人口比重显著高于男性

根据"七普"数据，北京市与配偶和子女同居的老年人口、与配偶同居

的老年人口合计占老年总人口的 77.42%，接近八成，其中与配偶和子女同居的老年人口比重（37.78%）和与配偶同居的老年人口比重（39.64%）不相上下，均接近四成。与子女同居的老年人口占 11.83%，其中男性占 3.34%，女性占 8.49%，女性占比是男性占比的约 2.5 倍（见图 11 和表 15）。

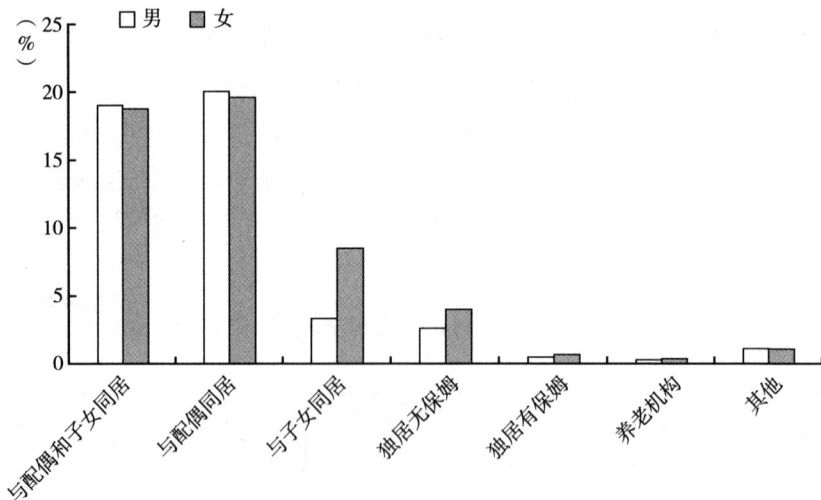

图 11　"七普"北京市 60 岁及以上老年人口居住状况

资料来源："七普"数据。

表 15　"七普"北京市 60 岁及以上老年人口居住状况

单位：%

居住状况	男	女	合计
与配偶和子女同居	19.02	18.76	37.78
与配偶同居	20.04	19.60	39.64
与子女同居	3.34	8.49	11.83
独居无保姆	2.63	4.00	6.63
独居有保姆	0.50	0.69	1.19
养老机构	0.30	0.39	0.69
其他	1.13	1.10	2.23

资料来源："七普"数据。

2. 年龄越大,与子女同居的老年人口占比越高,与配偶同居的老年人口占比越低

根据"七普"数据,年龄越大,与配偶和子女同居或与配偶同居的老年人口占比越低,而与子女同居和独居有保姆的老年人口占比越高。具体来说,在60~64岁的老年人口中,与配偶和子女同居的老年人口占比高达44.51%,之后占比随着年龄的增大不断下降,在85~89岁年龄组中只占19.63%;同样地,与配偶同居的老年人口在60~64岁年龄组中占比为38.99%,随后呈现先升后降的趋势,在85~89岁年龄组中只占30.65%。与之对应的是,与子女同居的老年人口在60~64岁年龄组中仅占7.42%,但是在85~89岁年龄组中占比达到了28.62%。一方面,随着年龄的增长,老年人口丧偶的可能性不断增加,导致其与配偶同居的占比降低;另一方面,当出现丧偶情况时,子女出于担忧、义务与父母同住,提高了老年人口与子女同居的占比(见图12和表16)。

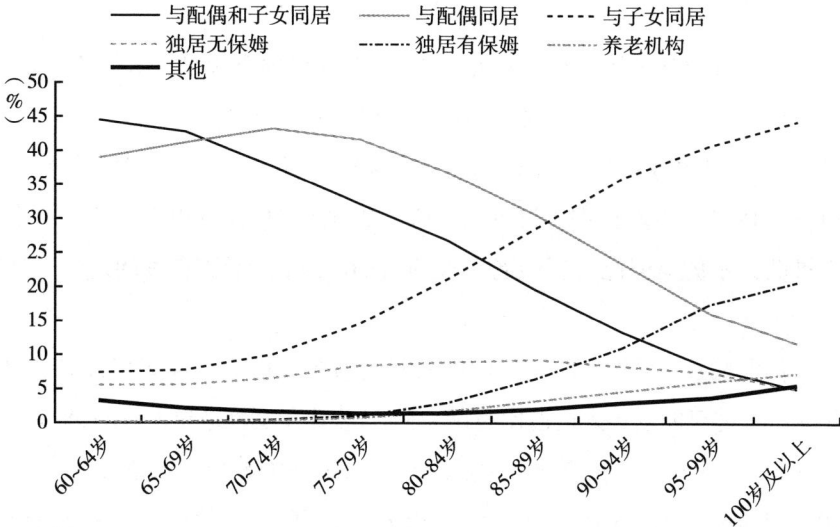

图12 "七普"北京市60岁及以上老年人口居住状况占比随年龄变化趋势

资料来源:"七普"数据。

表 16 "七普"北京市 60 岁及以上老年人口居住状况分年龄组占比

单位:%

年龄组	与配偶和子女同居	与配偶同居	与子女同居	独居无保姆	独居有保姆	养老机构	其他	合计
60~64 岁	44.51	38.99	7.42	5.57	0.15	0.13	3.23	100
65~69 岁	42.78	41.21	7.78	5.64	0.20	0.21	2.19	100
70~74 岁	37.71	43.21	10.01	6.57	0.43	0.38	1.69	100
75~79 岁	32.13	41.66	14.59	8.40	1.00	0.79	1.42	100
80~84 岁	26.82	36.83	21.22	8.91	3.01	1.71	1.50	100
85~89 岁	19.63	30.65	28.62	9.32	6.50	3.23	2.05	100
90~94 岁	13.38	23.44	36.04	8.36	11.07	4.68	3.03	100
95~99 岁	8.13	16.20	40.80	7.49	17.50	6.13	3.74	100
100 岁及以上	5.06	11.80	44.38	5.06	20.79	7.30	5.62	100

资料来源:"七普"数据。

(二)健康状况

1. 老年人口健康状况不容乐观,男性老年人口健康状况整体上好于女性

根据"七普"长表数据,2020 年北京市老年人口中,健康人口占 60.70%,超过六成;基本健康人口占 29.40%,接近三成;不健康但能自理人口占 7.00%,不能自理人口占 2.90%。按全市 60 岁及以上 429.9 万名老年人推断,不健康但能自理的老年人约有 30 万人,不能自理的老年人约有 12.5 万人。

分性别来看,男性老年人口的健康状况整体上好于女性老年人口。男性老年人口中健康的老年人口占比为 62.65%,相比于女性老年人口的 58.97%高出了 3.68 个百分点。相应地,男性老年人口中基本健康、不健康但能自理、不能自理的老年人口占比分别为 27.79%、6.84%、2.72%,分别比女性老年人口低了 3.03、0.33、0.33 个百分点。虽然女性老年人口的平均预期寿命更长,但是女性老年人口的健康状况并不如男性,需要对女性老年人口的健康给予更多支持与关注(见图 13 和表 17)。

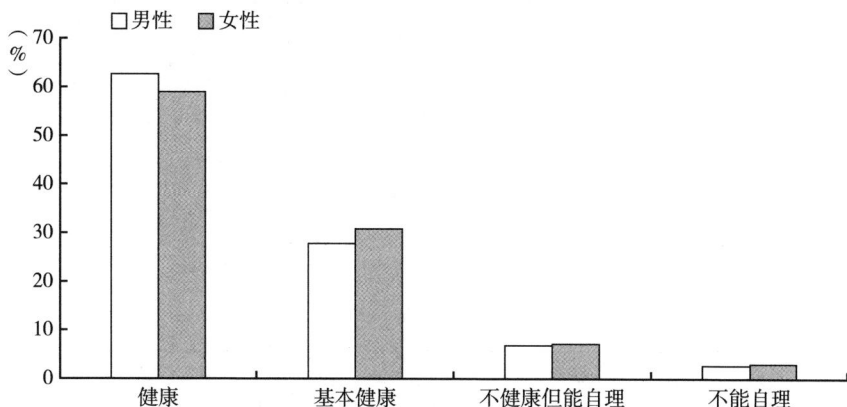

图 13　"七普"北京市 60 岁及以上老年人口健康状况

资料来源："七普"数据。

表 17　"七普"北京市 60 岁及以上老年人口健康状况分性别占比

单位：万人，%

性别	健康	基本健康	不健康但能自理	不能自理
男性	62. 65	27. 79	6. 84	2. 72
女性	58. 97	30. 82	7. 17	3. 05
全市	60. 70	29. 40	7. 00	2. 90

资料来源："七普"数据。

2. 年龄越大，老年人口的健康状况越差

从不同年龄组中老年人口健康状况来看，年龄越大，老年人口中健康老年人口的占比越低，而不能自理的老年人口占比越高。具体而言，在 60～64 岁年龄组中，健康老年人口的占比为 74.22%，接近 3/4；而不能自理的老年人口仅占 0.77%，不到 1/100。在 85～89 岁年龄组中，健康老年人口占比为 27.23%，略高于 1/4；不能自理的老年人口占比为 13.13%，超过 1/8（见图 14 和表 18）。

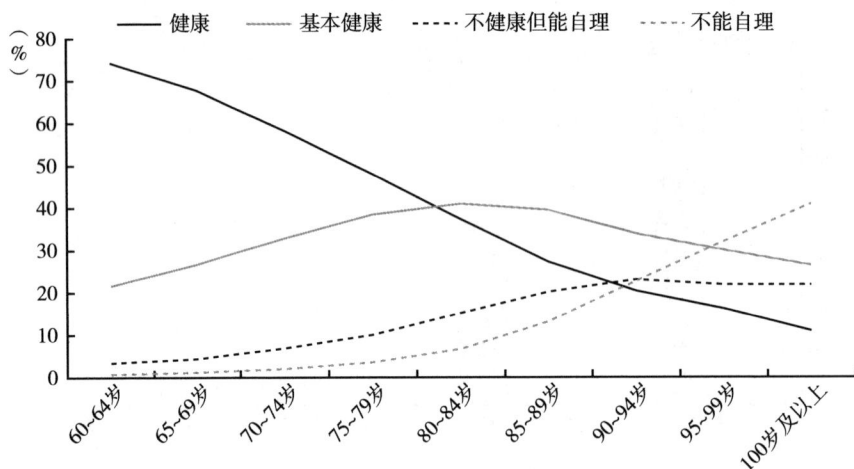

图14 "七普"北京市60岁及以上老年人口健康状况占比随年龄变化趋势

资料来源:"七普"数据。

表18 "七普"北京市60岁及以上老年人口健康状况分年龄组占比

单位:%

年龄组	健康	基本健康	不健康但能自理	不能自理	总计
60~64岁	74.22	21.61	3.40	0.77	100
65~69岁	67.75	26.70	4.36	1.19	100
70~74岁	58.23	32.89	6.86	2.02	100
75~79岁	47.98	38.41	10.02	3.59	100
80~84岁	37.22	40.91	15.18	6.69	100
85~89岁	27.23	39.49	20.16	13.13	100
90~94岁	20.42	33.83	23.08	22.67	100
95~99岁	16.16	30.00	21.82	32.02	100
100岁及以上	10.91	26.36	21.82	40.91	100

资料来源:"七普"数据。

3. 居住在养老机构的老年人口健康状况最差,其次为独居有保姆的老年人口

根据"七普"北京市老年人口健康状况与居住状况的交叉分析可以发现,居住在养老机构的老年人口健康状况最差,健康老年人口只占6.61%,而不能自理的老年人口占比高达42.65%,接近一半。其次是独居有保姆的老年人口,健康老年人口占比为20.98%,而不能自理的老年人口占比为29.24%,

接近三成。这两个群体的共同特点是没有与子女或者配偶同居，这可能是其健康状况较差的原因之一，应当重点关注这两个群体。与之相对的是，与配偶和子女同居的老年人口中，健康老年人口占比67.93%，占比最高，该群体是最健康的群体（见图15和表19）。

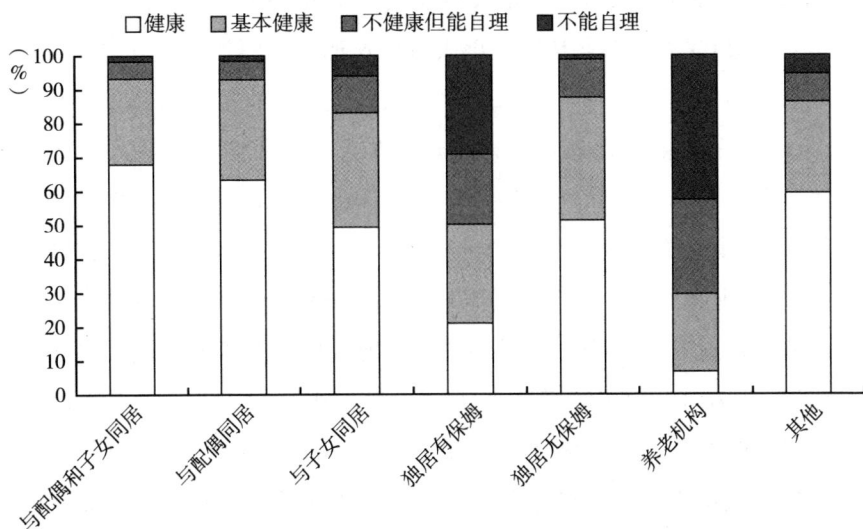

图15 "七普"北京市60岁及以上老年人口健康状况与居住状况交叉分析

资料来源："七普"数据。

表19 "七普"北京市60岁及以上老年人口健康状况与居住状况交叉分析

单位：%

居住状况	健康	基本健康	不健康但能自理	不能自理	总计
与配偶和子女同居	67.93	25.33	5.04	1.70	100
与配偶同居	63.35	29.60	5.45	1.60	100
与子女同居	49.39	33.62	10.91	6.08	100
独居有保姆	20.98	29.18	20.60	29.24	100
独居无保姆	51.30	36.11	11.29	1.30	100
养老机构	6.61	22.91	27.83	42.65	100
其他	59.34	26.79	8.36	5.51	100

资料来源："七普"数据。

五　对策建议

　　根据本报告的研究分析，有以下发现。在常住老年人口规模上，北京市60岁及以上常住老年人口规模增长迅速，2020年突破429万人。在增长速度上，北京市60岁及以上常住老年人口增长速度不断加快，以2010～2020年为最高，年平均增长18.4万人。户籍人口老龄化程度更为严重，北京市2021年60岁及以上户籍老年人口接近380万人，占全部户籍人口的近三成，接近重度老龄化水平；近70万人为外来老年人口，约占全部常住老年人口的1/6，其中有4.06万人为80岁及以上外来高龄老年人口。在老年人口结构上，"七普"老年人口性别比为88.8，随年龄增长仍呈现持续下降趋势，但和"六普"相比变化趋于平缓，体现了男性老年人口健康状况的改善。在年龄结构上，60～69岁低龄老年人口占比六成，80岁及以上高龄老年人口占比近15%，总数超过60万人；和"六普"相比，"七普"60～69岁低龄老年人口占常住人口比重明显上升，体现了2010～2020年北京市人口呈现快速老龄化态势。在区域分布上，各区的老龄化程度存在差异，60岁及以上老年人口占常住人口比重最高的东城区和最低的昌平区相差近12个百分点。在城乡结构上，居住在城镇的老年人口占85.5%，居住在乡村的老年人口占14.5%，城乡老年人口之比接近6∶1，但低于北京市整体的城镇化率。在老年人口经济社会特征上，近八成的老年人口有配偶，近两成的老年人口丧偶。在受教育程度上，老年人口受教育程度主要集中在初中及以下，占比接近七成；但大学专科及以上占比显著提高，为12.51%。在主要生活来源上，老年人口主要生活来源为离退休金或养老金，占全部老年人口主要生活来源的83.7%；其次为依靠家庭和社会供养，占1/10左右。在居住状况上，与配偶和子女同居、与配偶同居的老年人口合计占老年总人口的约八成，其中与子女同居的女性老年人口占比显著高于男性老年人口，且年龄越大的老年人口与配偶和子女同居或与配偶同居的占比越低。在健康状况上，北京市老年人口中健康人口占60.70%，超过六成，其中居住在养老机构与独居有保姆的老年人口健康情况均较差。

积极应对人口老龄化已经上升为国家战略,要认清老年人口的需求已由生存型向发展型、享受型转变,关注重点已由生活保障向生活品质、精神愉悦转变的现状,将老年人口对物质财富、精神财富、宜居生态等的期盼纳入其中,提升老年人口的社会保障、公共服务、社会参与水平。基于以上分析,本报告提出以下对策建议。

(一)针对快速增长的老年人口,应建立多维度困境老年人口识别和监测机制,分层次、分类别开展服务

根据"七普"数据,北京市60岁及以上老年人口年龄不同,健康水平不同,来自不同区域、不同阶层,还有约1/6是外来老年人口,形成了多样化老年人口格局,要充分利用和整合现有的老年人口数据库、精准帮扶调查基础数据库以及其他相关人口信息数据库,建立多维度困境老年人口识别和监测机制,分层次、分类别了解他们的需求,有针对性地开展服务。

(二)重点关注无收入、丧偶和失能等老年人口,构建社会帮扶体系

研究显示,北京市无离退休金或养老金、靠家庭和社会供养的老年人口占到1/10左右,约有42万人;丧偶老年人口占近两成,约有70万人;不健康但能自理的老年人口约有30万人,不能自理的老年人口约有12.5万人。应完善社会养老保障体系,提升再分配效果。健全社会养老保险体系,实施兜底性长期照护服务保障行动计划工程,满足特殊困难老年人口的长期照护服务需求。

(三)高度重视外来老年人口,推动养老服务均衡化

研究显示,外来老年人口规模已近70万人,约占北京市常住老年人口的1/6。在外来老年人口中,80岁及以上高龄老年人口已达4万多人,80岁及以上高龄老年人口成为不容忽视的群体,且大多为子女随迁人口。目前,北京市的养老政策基本只覆盖有本市户籍的老年人口,使北京市外来老

年人口在物质和精神上得到关爱和扶持，增强他们的归属感，是增强首都人才吸引力的重要因素。

（四）积极开发老龄人力资源，发挥他们在首都发展和生育友好型社会构建中的积极作用

研究显示，有相当比重的低龄老年人口有劳动收入，全市有 15.3 万名 60~69 岁的低龄老年人处于工作状态，这说明老年人口有就业的能力和意愿。老年人口尤其是低龄老年人口是重要的人力资源，他们有丰富的劳动经验，应发挥他们在首都发展中的积极作用，引导有劳动能力和就业意愿的老年人口继续就业。此外，北京市的超低生育率已持续多年，孩子照料问题无法解决是育龄群体存在低生育意愿的重要因素。应出台相关政策，支持老年人口积极参与育儿，构建生育友好型社会。

参考文献

黄润龙：《我国空巢老人家庭状态》，《人口与经济》2005 年第 2 期。

黄毅、佟晓光：《中国人口老龄化现状分析》，《中国老年学杂志》2012 年第 21 期。

翟振武、陈佳鞠、李龙：《2015~2100 年中国人口与老龄化变动趋势》，《人口研究》2017 年第 4 期。

林雷、刘黎明：《北京市老年人口结构与养老模式研究》，《社会保障研究》2018 年第 1 期。

孟向京等：《北京市流动老年人口特征及成因分析》，《人口研究》2004 年第 6 期。

苗苗等：《北京市老年人口及养老机构现状》，《中国老年学杂志》2016 年第 4 期。

牛东来、王雨晴：《北京市未来老年人口发展趋势预测分析》，《环渤海经济瞭望》2021 年第 1 期。

任媛：《北京市老年人口的空间聚集特征及其演化趋势研究——基于第五、第六次人口普查数据的实证》，《城市发展研究》2017 年第 12 期。

王晓蕾：《北京市城市老年人口养老服务需求研究》，硕士学位论文，首都经济贸易大学，2014。

邬沧萍、王琳、苗瑞凤：《中国特色的人口老龄化过程、前景和对策》，《人口研究》

2004 年第 1 期。

　　谢安：《中国人口老龄化的现状、变化趋势及特点》，《统计研究》2004 年第 8 期。

　　袁海霞：《北京市老年人口和养老服务设施空间分布研究》，硕士学位论文，首都经济贸易大学，2019。

　　张笑语：《北京市外来老年人口时空演化特征及影响因素分析》，《首都师范大学学报》（自然科学版）2017 年第 2 期。

　　总报告起草组、李志宏：《国家应对人口老龄化战略研究总报告》，《老龄科学研究》2015 年第 3 期。

B.5
北京市育龄妇女研究报告

马小红　彭舒婉*

摘　要： 本报告从育龄妇女的角度对北京市未来人口变化趋势进行解读，并对北京市常住育龄妇女的状况进行多维度的人口学变量描述，以揭示北京市人口未来的走向与趋势。主要结论有：北京市常住育龄妇女规模在 2010~2020 年呈递减趋势，并将在未来进一步缩减；育龄妇女年龄结构不断年长化，年龄重心不断向高年龄组转移；育龄妇女婚育年龄整体推迟，婚姻不稳定性增加，第 1 孩生育占比下降；预计到 2035 年，北京市育龄妇女规模将进一步缩减，年龄结构将更加年长化。

关键词： 育龄妇女　婚育行为　超低生育水平　北京市

2021 年，中国人口出生率为 7.52‰，死亡率为 7.18‰，自然增长率只有 0.34‰，接近人口零增长①。第七次全国人口普查（以下简称"七普"）数据显示，2020 年我国总和生育率只有 1.3，显著低于 2.1 的更替水平，在全世界 200 多个国家和地区排名倒数。和全国相比，北京有着更低更持久的低生育水平。20 世纪 70 年代，北京总和生育率已降低至更替水平之下，至2022 年已持续 50 余年。2021 年，北京常住人口出生率只有 6.35‰，显著低于

---

* 马小红，中共北京市委党校（北京行政学院）北京市情研究中心主任，北京人口与社会发展研究中心教授，研究方向为人口与社会发展、北京人口问题；彭舒婉，中共北京市委党校（北京行政学院）人口学专业硕士研究生。
① 数据来源于《中华人民共和国 2021 年国民经济和社会发展统计公报》。

全国 7.52‰的水平，较 2020 年的 6.98‰再次下降，从 2016 年的 9.32‰算起，已连续下滑 5 个年份。"七普"数据显示，北京总和生育率仅为 0.87，和全国总和生育率（1.3）有较大差距。超低生育水平是世界发达国家面临的普遍问题。随着我国城市化和现代化进程加快，这一问题成为我国尤其是北京这样的超大城市所面临的现实问题，是北京发展不可忽略的人口背景。

国内外研究表明，多重因素成为超低生育水平的形成因素，包括政策、经济、社会、文化和环境等深层次因素，而直接因素是育龄群体，尤其是育龄妇女①的规模、结构和婚育行为发生了显著变化。育龄妇女作为人类生育的主体，在人口再生产中发挥着不可替代的作用，育龄妇女的规模和结构影响着未来的人口数量以及人口再生产的潜在动力。育龄妇女的婚育行为不仅影响着下一代的数量，其生育女儿的数量又影响着人口再生产的储备力。因此，对育龄妇女的研究有着重要的现实意义。

针对北京低生育率的现状，本报告从多个角度对北京育龄妇女的规模、结构以及婚育行为进行描述性分析，以期全方位地展示北京育龄妇女的特征，为未来更好地改善人口年龄和性别结构、优化生育政策及配套支持措施提供参考。

本报告所使用数据主要来自 2020 年"七普"数据以及历次全国人口普查数据，包括短表和长表数据，除特别说明外，统计口径均为常住人口。

一　北京育龄妇女人口特征

（一）规模

1. 常住人口中育龄妇女规模下降迅速，每年减少5万多人

历次全国人口普查数据显示，在 2010 年之前，北京 15~49 岁常住育龄

---

① 育龄妇女是指有生育能力的女性，一般是指 15~49 岁的女性，无论其婚姻状况如何，均称为育龄妇女。

妇女的规模随着时间的推移逐渐增长，且在 1982 年之后增长越来越快，在 2010 年达到峰值 613.9 万人，占全部常住人口的 31.3%；但在 2010～2020 年，常住育龄妇女的人数减少了 53.9 万人，2020 年常住育龄妇女只占全部常住人口的 25.6%，平均每年减少 5 万多人。从常住育龄妇女占全市常住人口的比重来看，其比重于 1982～1990 年下降了 1.9 个百分点，在 2010 年达到峰值，随后于 2020 年下降至 1982 年来的最低点 25.6%（见图 1）。

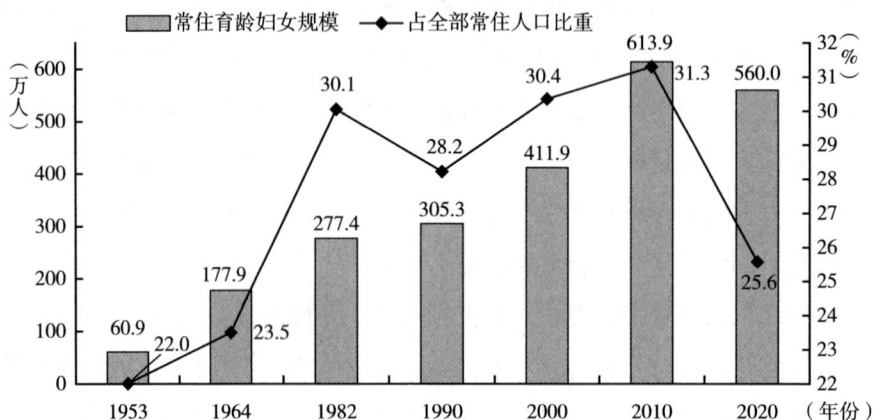

图 1　1953～2020 年历次全国人口普查北京常住育龄妇女规模及占比

资料来源：北京 1953～2020 年历次全国人口普查短表数据。

2. 常住育龄妇女规模和比重存在显著区域差异

《北京城市总体规划（2016—2035 年）》中提出要构建"一核一主一副，两轴多点一区"的城市空间结构，其中，"一核"为首都核心功能区，简称核心区，包括东城区和西城区，总面积 92.5 平方千米；"一主"为中心城区，即城六区（东城区、西城区、朝阳区、海淀区、丰台区和石景山区），总面积约 1378 平方千米。下文中所提及的其他十区，为上述未提到的门头沟区、房山区、通州区、顺义区、昌平区、大兴区、怀柔区、平谷区、密云区和延庆区，总面积 15076.2 平方千米。

超过一半的育龄妇女居住在中心城区。依此划分来看，中心城区内育龄妇女规模达到 287.6 万人，占北京常住育龄妇女规模的 51.4%，占比超过一半。其中，朝阳区和海淀区的常住育龄妇女规模分别达到93.6万人和87.7万人，占比分别为16.7%和15.7%。核心区内常住育龄妇女规模为42.4万人，占北京常住育龄妇女规模的7.6%。在其他十区中，昌平区、大兴区和通州区位居前三，常住育龄妇女规模分别为61.5万人、51.7万人和47.8万人。平谷区、门头沟区和延庆区位居后三，常住育龄妇女规模分别为9.7万人、9.0万人和7.3万人（见表1）。

表1 2020年北京各区常住育龄妇女规模及占比

单位：万人，%

区域	规模	占比	区域	规模	占比
东城区	16.4	2.9	顺义区	32.8	5.9
西城区	26.0	4.6	昌平区	61.5	11.0
朝阳区	93.6	16.7	大兴区	51.7	9.2
丰台区	50.1	8.9	怀柔区	9.9	1.8
石景山区	13.8	2.5	平谷区	9.7	1.7
海淀区	87.7	15.7	密云区	11.1	2.0
门头沟区	9.0	1.6	延庆区	7.3	1.3
房山区	31.7	5.7	合计	560.0	100
通州区	47.8	8.5			

资料来源：北京2020年"七普"短表数据。

中心城区常住育龄妇女占比显著高于生态涵养区。从各区常住育龄妇女占各区常住人口的比重来看，海淀区、朝阳区和昌平区占比居前3位，分别为28.0%、27.1%和27.1%；生态涵养区的平谷区、密云区和延庆区占比排在后3位，分别为21.2%、21.0%和21.0%。排在第1位的海淀区与排在最后的密云区和延庆区占比相差7.0个百分点，差距显著，显示了中心城区女性人口的年轻化特征，也显示了生态涵养区女性人口的老龄化特征（见图2）。

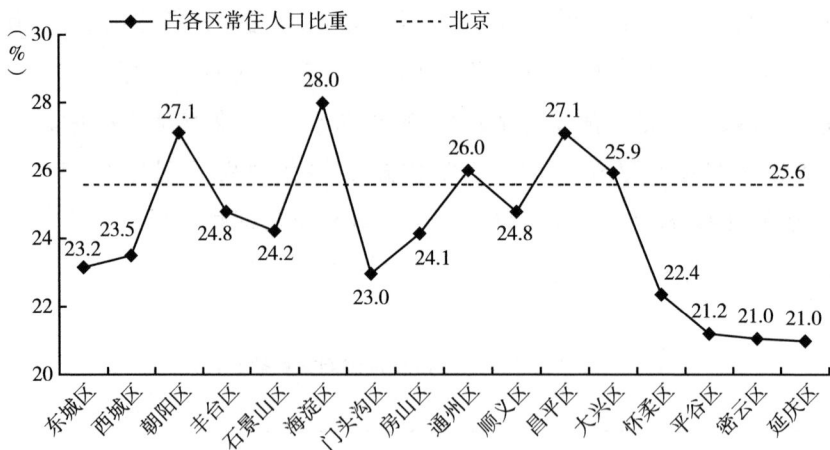

图2　2020年北京各区常住育龄妇女占各区常住人口比重

资料来源：北京2020年"七普"短表数据。

3. 分区域户籍常住育龄妇女规模①

由图3可知，在核心区内，户籍常住育龄妇女规模虽小（共计28.8万人），但东城区、西城区户籍常住育龄妇女规模占两区总常住育龄妇女规模的比重均超过2/3，分别为67.1%和68.5%；在中心城区内，海淀区、朝阳区和丰台区的户籍常住育龄妇女规模均较大，分别为49.4万人、46.6万人和27.3万人，但占比均较低。其中，朝阳区户籍常住育龄妇女规模不及该区中总常住育龄妇女规模的一半，且占比低于北京平均水平（51.1%）。

观察其他十区，其表现形式与中心城区相似，据此可以分为两类：一类是户籍常住育龄妇女规模较大而占比较低的区，包括房山区、通州区、顺义区、昌平区和大兴区；另一类是户籍常住育龄妇女规模较小而占比较高的区，包括门头沟区、怀柔区、密云区、平谷区和延庆区。前一类中仅有房山区户籍常住育龄妇女规模占比在北京平均水平之上，为57.1%。

位于生态涵养区的平谷区、延庆区和密云区，户籍常住育龄妇女占比均

---

① 本报告户籍常住育龄妇女规模由"七普"数据中常住育龄妇女规模减去常住外来育龄妇女规模得出。

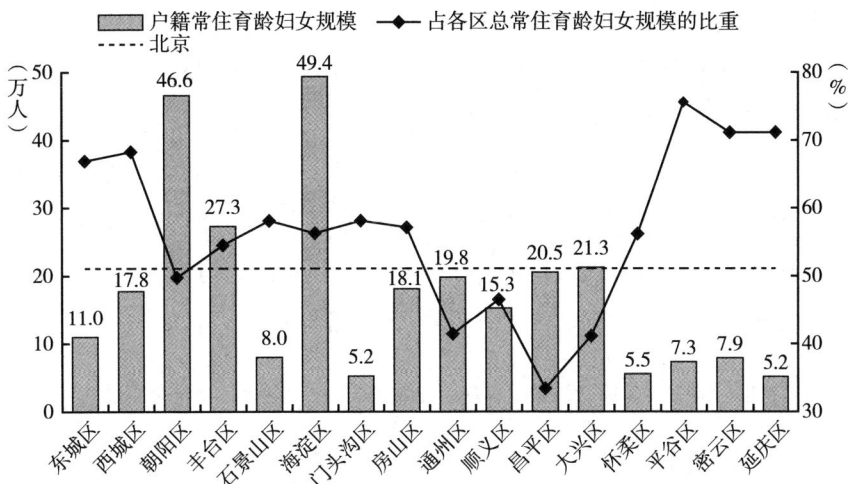

图3　2020年北京各区户籍常住育龄妇女规模及占比

资料来源：北京2020年"七普"短表数据。

位居前三且超过70.0%，分别为75.3%、71.2%和71.2%；而同属于其他十区、在中心城区周边的城市发展新区昌平区、大兴区和通州区，户籍常住育龄妇女占比均仅在40%左右，分别为33.3%、41.2%和41.4%，排在第一的平谷区与排在最后的昌平区占比相差42个百分点，差距较大，显示出各区在生育友好型社会构建中服务对象的明显差异（见表2）。

表2　2020年北京各区户籍常住育龄妇女规模及占比

单位：万人，%

区域	规模	占比	区域	规模	占比
东城区	11.0	67.1	顺义区	15.3	46.6
西城区	17.8	68.5	昌平区	20.5	33.3
朝阳区	46.6	49.8	大兴区	21.3	41.2
丰台区	27.3	54.5	怀柔区	5.5	55.6
石景山区	8.0	58.0	平谷区	7.3	75.3
海淀区	49.4	56.3	密云区	7.9	71.2
门头沟区	5.2	57.8	延庆区	5.2	71.2
房山区	18.1	57.1	总计	286.2	51.1
通州区	19.8	41.4			

资料来源：北京2020年"七普"短表数据。

4. 分区域外来常住育龄妇女规模

从全北京来看，2020 年外来常住育龄妇女规模为 273.7 万人，占北京全部常住育龄妇女的 48.9%，接近一半；占北京所有外来人口（841.8 万人）的 32.5%，接近 1/3，显示出北京外来人口中育龄妇女是重要组成部分。在中心城区中，朝阳区的外来常住育龄妇女占比超过北京平均水平；而在核心区中，东城区和西城区的外来常住育龄妇女占比均仅高于平谷区、密云区和延庆区，分别占 32.9% 和 31.5%（见图 4 和表 3）。

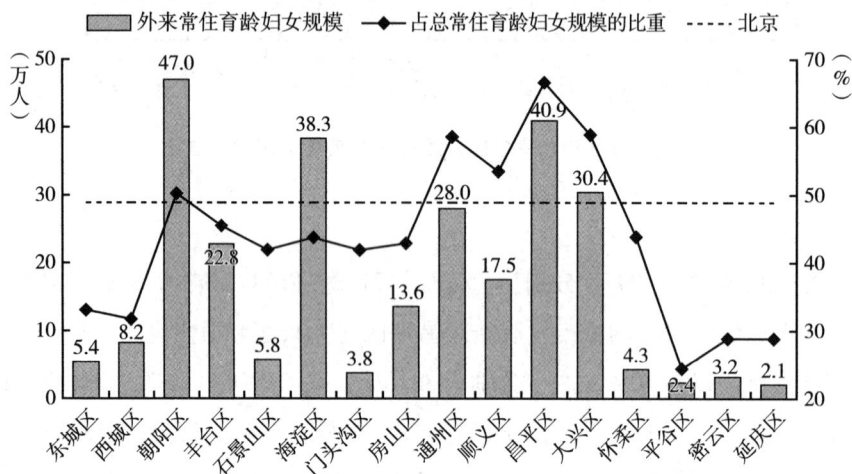

图 4　2020 年北京各区外来常住育龄妇女规模及占比

资料来源：北京 2020 年"七普"短表数据。

表 3　2020 年北京各区外来常住育龄妇女规模及占比

单位：万人，%

区域	规模	占比	区域	规模	占比
东城区	5.4	32.9	门头沟区	3.8	42.2
西城区	8.2	31.5	房山区	13.6	42.9
朝阳区	47.0	50.2	通州区	28.0	58.6
丰台区	22.8	45.5	顺义区	17.5	53.4
石景山区	5.8	42.0	昌平区	40.9	66.5
海淀区	38.3	43.7	大兴区	30.4	58.8

区域	规模	占比	区域	规模	占比
怀柔区	4.3	43.4	延庆区	2.1	28.8
平谷区	2.4	24.7	总计	273.7	48.9
密云区	3.2	28.8			

资料来源：北京 2020 年"七普"短表数据。

和户籍常住育龄妇女的情况相对应，外来常住育龄妇女占比排在前 3 位的是城市发展新区昌平区、大兴区和通州区，排在后 3 位的是密云区、延庆区和平谷区。这进一步表明，不同区域育龄妇女规模和结构存在显著差异，要认清这一人口形势，有针对性地开展工作。

（二）年龄结构

1. 育龄妇女年龄重心不断向高年龄组转移

"七普"数据显示，2020 年北京常住育龄妇女中，30~34 岁占比最高，达 21.3%；15~24 岁占比相较于 40~49 岁占比低了 11.1 个百分点，其中 15~19 岁仅占 5.1%，不及 30~34 岁的 1/4，显示出未来育龄妇女将大幅减少的趋势（见图 5）。

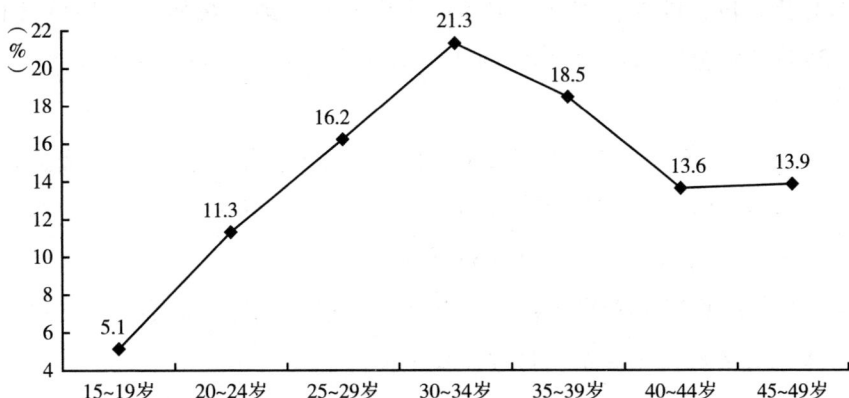

图 5 2020 年北京常住育龄妇女年龄结构

资料来源：北京 2020 年"七普"短表数据。

北京 0~49 岁女性中，5~19 岁年龄组占比较低，合计为 15.2%，不及 30~34 岁年龄组（占比为 17.4%）。预计未来 15 年常住育龄妇女将逐步减少，佐证了上述观点（见图 6）。

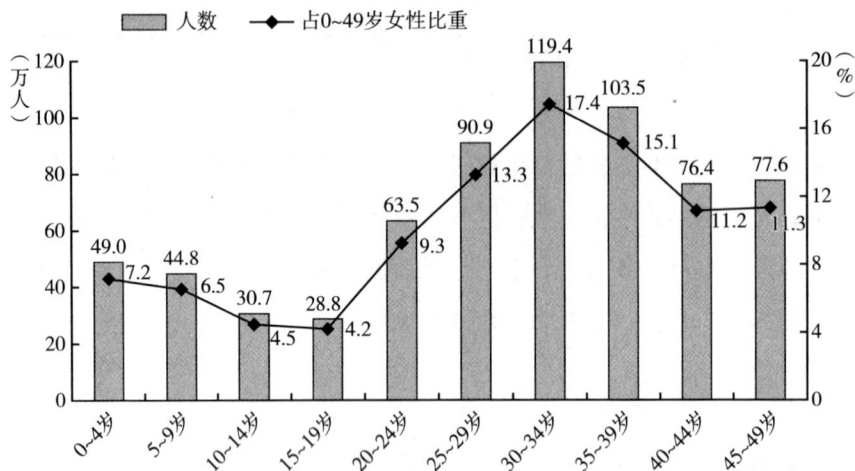

图 6　2020 年北京 0~49 岁女性分年龄组规模及占比

资料来源：北京 2020 年"七普"短表数据。

通过对 1953~2020 年 7 次全国人口普查的北京常住育龄妇女年龄结构进行趋势分析，可以看到其年龄重心不断向高年龄组转移，由 1953 年的 15~24 岁年龄组转移至 2020 年的 30~39 岁年龄组，其占比分别为 38.7% 和 39.8%。

在过去的 20 年（2000~2020 年），15~19 岁年龄组占比下降最快，由 2000 年的 14.2% 降至 2020 年的 5.1%。此外，其余年龄组占比均呈整体上升趋势，且速度不一。30~34 岁和 35~39 岁年龄组上升速度较快；而 40~44 岁和 45~49 岁年龄组上升速度较慢（见图 7 和表 4）。分析可知，未来育龄妇女年龄结构将进一步年长化。

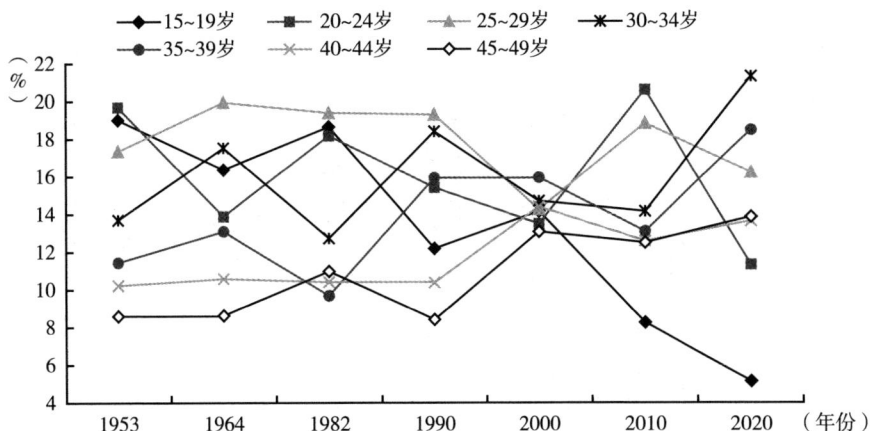

图 7　1953～2020 年北京常住育龄妇女年龄结构

资料来源：北京 1953～2020 年历次全国人口普查短表数据。

表 4　1953～2020 年北京常住育龄妇女年龄结构

单位：%

年龄组	1953 年	1964 年	1982 年	1990 年	2000 年	2010 年	2020 年
15～19 岁	19.0	16.4	18.6	12.2	14.2	8.2	5.1
20～24 岁	19.7	13.9	18.2	15.4	13.5	20.6	11.3
25～29 岁	17.3	19.9	19.4	19.3	14.3	18.8	16.2
30～34 岁	13.7	17.5	12.7	18.4	14.7	14.2	21.3
35～39 岁	11.4	13.1	9.7	15.9	15.9	13.1	18.5
40～44 岁	10.2	10.6	10.4	10.4	14.4	12.6	13.6
45～49 岁	8.6	8.6	11.0	8.4	13.1	12.5	13.9
合计	100	100	100	100	100	100	100

资料来源：北京 1953～2020 年历次全国人口普查短表数据。

北京外来育龄妇女的年龄结构同样呈现年长化的趋势，30～34 岁年龄组占比最高，为 22.9%；15～19 岁年龄组占比最低，为 3.3%，2 个年龄组占比相差接近 6 倍（见图 8）。

2. 核心区内育龄妇女年长化程度较高，其次是中心城区和其他十区

分区域来看，核心区内育龄妇女年长化程度较高，而其他十区年轻化程度较高。其他十区各年龄组常住育龄妇女占各区总常住育龄妇女的比重中，

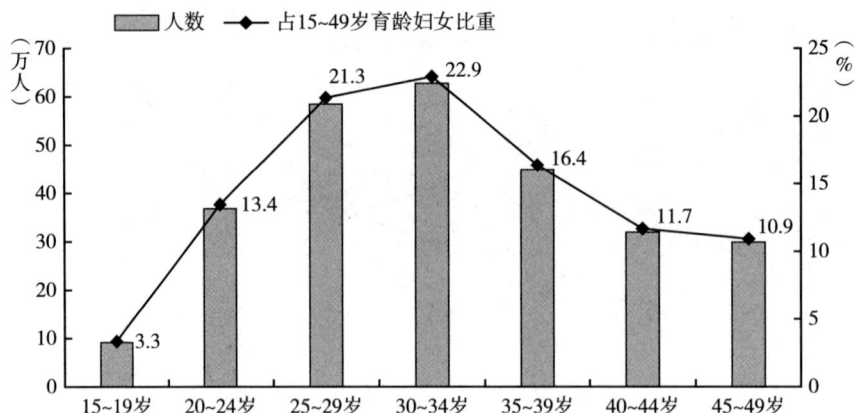

图 8 2020 年北京外来育龄妇女分年龄组规模及占比

资料来源：北京 2020 年"七普"短表数据。

仅 25~29 岁年龄组和 30~34 岁年龄组高于中心城区，分别占 15.8% 和 23.0%，其余年龄组均低于中心城区，其中差距最大的为 40~44 岁年龄组，达到 2.0 个百分点（见图 9）。

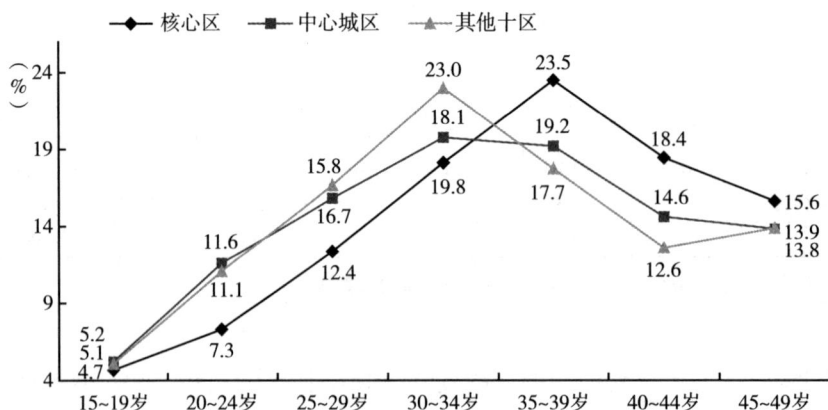

图 9 2020 年北京各区常住育龄妇女年龄结构

资料来源：北京 2020 年"七普"短表数据。

在中心城区内，海淀区常住育龄妇女偏年轻化。可以看到，在 20~24 岁年龄组内，海淀区常住育龄妇女占比为 17.1%，高出中心城区内各区；朝阳区、丰台区和石景山区占比的峰值均在 30~34 岁年龄组，分别为 22.4%、22.4% 和 21.3%；而东城区和西城区常住育龄妇女年龄结构偏年长化，集中于 35~39 岁，分别占比 23.6% 和 23.4%。海淀区育龄妇女偏年轻化的原因，与海淀区中小学和高校众多、多为年轻人群有关（见图 10 和表 5）。

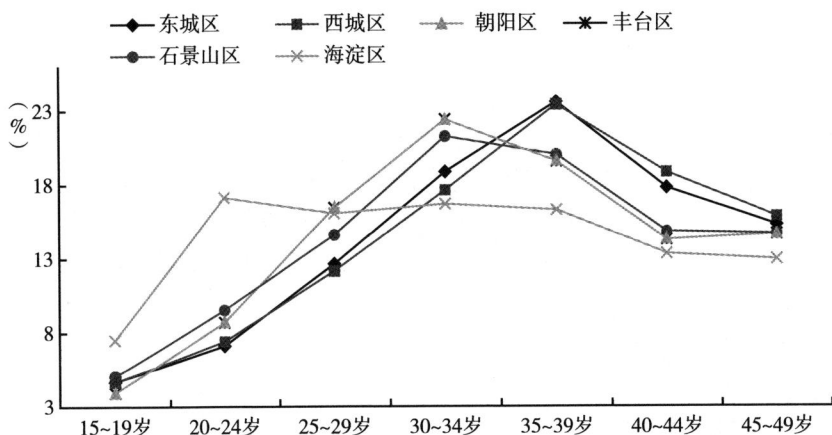

图 10　2020 年北京中心城区常住育龄妇女年龄结构

资料来源：北京 2020 年 "七普" 短表数据。

表 5　2020 年北京中心城区常住育龄妇女年龄结构

单位：%

区域	15~19 岁	20~24 岁	25~29 岁	30~34 岁	35~39 岁	40~44 岁	45~49 岁	总计
东城区	4.7	7.1	12.7	18.9	23.6	17.8	15.3	100
西城区	4.7	7.4	12.2	17.6	23.4	18.8	15.8	100
朝阳区	3.9	8.7	16.4	22.4	19.6	14.3	14.6	100
丰台区	3.9	8.7	16.4	22.4	19.6	14.3	14.6	100
石景山区	5.1	9.5	14.6	21.3	20.0	14.8	14.7	100
海淀区	7.5	17.1	16.1	16.7	16.3	13.3	13.0	100

资料来源：北京 2020 年 "七普" 短表数据。

而在其他十区中，常住育龄妇女年龄结构基本一致，在 30~34 岁之前，随着年龄的增长，常住育龄妇女占比上升；在 30~34 岁之后，常住育龄妇女占比随着年龄的增长而下降，并在 45~49 岁回升。而在这其中，昌平区常住育龄妇女较为年轻，在 20~24 岁和 25~29 岁年龄组中的比重均比其他区高，分别占比 13.8% 和 20.0%；而昌平区在 35~39 岁、40~44 岁和 45~49 岁 3 个年龄组所占比重均在其他十区中较低，分别占 16.0%、11.2% 和 11.5%（见图 11 和表 6）。

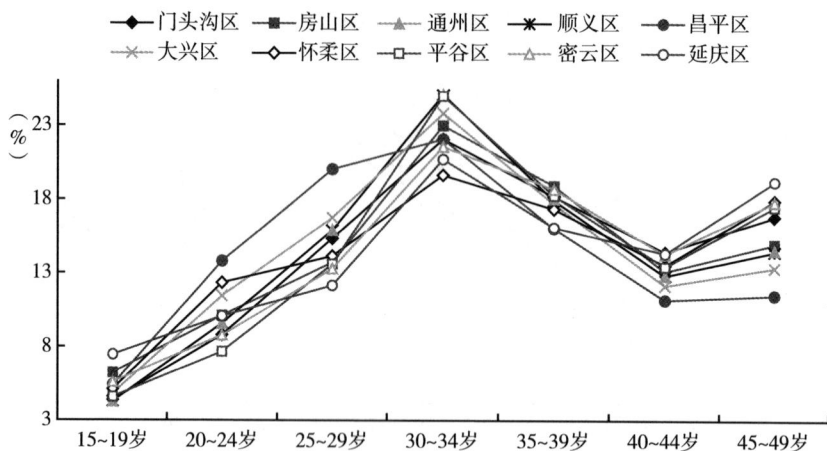

图 11　2020 年北京其他十区常住育龄妇女年龄结构

资料来源：北京 2020 年"七普"短表数据。

表 6　2020 年北京其他十区常住育龄妇女年龄结构

单位：%

区域	15~19 岁	20~24 岁	25~29 岁	30~34 岁	35~39 岁	40~44 岁	45~49 岁	总计
门头沟区	4.4	8.8	15.3	22.1	18.2	14.4	16.8	100
房山区	6.2	10.1	13.7	23.0	18.9	13.1	14.9	100
通州区	4.3	9.6	15.9	25.1	17.9	12.8	14.4	100
顺义区	4.3	9.6	15.9	25.1	17.9	12.8	14.4	100
昌平区	5.4	13.8	20.0	22.1	16.0	11.2	11.5	100
大兴区	4.8	11.4	16.7	23.8	17.7	12.1	13.4	100
怀柔区	5.1	12.3	14.1	19.6	17.3	13.5	17.9	100
平谷区	4.6	7.7	13.6	25.0	18.3	13.4	17.5	100
密云区	5.6	8.8	13.3	21.6	18.7	14.3	17.8	100
延庆区	7.5	10.1	12.1	20.7	16.1	14.3	19.2	100

资料来源：北京 2020 年"七普"短表数据。

通过计算年龄中位数可以了解育龄妇女在各区的分布状况和集中趋势，年龄中位数的大小可以反映某区域内人口的年长或年轻程度。由表 7 可知，2020 年北京育龄妇女总体年龄中位数为 34.06 岁。分区域来看，昌平区和海淀区的育龄妇女年龄中位数均较低，分别为 32.44 岁和 32.78 岁；东城区和西城区育龄妇女年龄中位数均超过 36 岁，分别为 36.42 岁和 36.73 岁。昌平区、海淀区与东城区、西城区之间的年龄中位数之差均在 4 岁左右。因此，相比其他区域来说，海淀区和昌平区的育龄妇女较为年轻化，而核心区育龄妇女年龄结构偏年长化，该结论与上述分析结果一致（见表 7）。

表 7　2020 年北京各区育龄妇女年龄中位数

单位：岁

区域	年龄中位数	区域	年龄中位数
东城区	36.42	顺义区	34.04
西城区	36.73	昌平区	32.44
朝阳区	34.35	大兴区	33.57
丰台区	34.67	怀柔区	34.69
石景山区	34.89	平谷区	34.84
海淀区	32.78	密云区	35.18
门头沟区	34.87	延庆区	34.91
房山区	34.34	北京市	34.06
通州区	33.84		

资料来源：北京 2020 年"七普"短表数据。

3. 与全国相比，北京育龄妇女年龄结构更加年轻化

与全国相比可以看出，北京育龄妇女在 20～24 岁年龄组和 25～29 岁年龄组所占的比重均超过全国育龄妇女在 20～24 岁年龄组和 25～29 岁年龄组所占的比重，且差距在 7 个年龄组中均较大，分别比全国高出 9.7 个、5.2 个百分点。另外，在 30～49 岁育龄妇女所占的比重上，北京和全国分别为 52.4% 和 65.1%。可见，北京育龄妇女年龄结构相对于全国来说更加年轻化。北京具有高等学校云集和流入人口年轻化的特征，这是育龄妇女年龄结构更加年轻化的主要原因（见图 12 和表 8）。

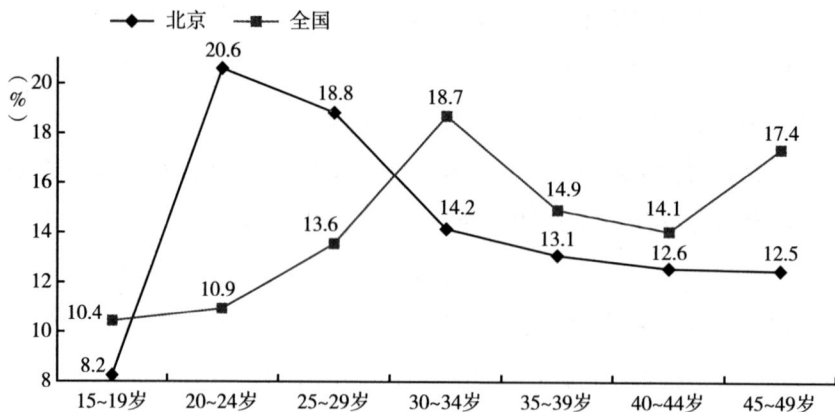

图12　2020年北京和全国育龄妇女年龄结构比较

资料来源：北京和全国2020年"七普"短表数据。

表8　2020年北京和全国育龄妇女年龄结构比较

单位：%

	15~19岁	20~24岁	25~29岁	30~34岁	35~39岁	40~44岁	45~49岁	总计
北京	8.2	20.6	18.8	14.2	13.1	12.6	12.5	100
全国	10.4	10.9	13.6	18.7	14.9	14.1	17.4	100

资料来源：北京和全国2020年"七普"短表数据。

但研究显示，北京育龄妇女年龄中位数为34.06岁，接近全国34.03岁的水平，与上海、天津也很接近，显著低于人口流出地东北地区，略高于西藏、贵州和广东等地区，并没有呈现更为年轻的态势，这背后的原因需要进一步探讨（见表9）。

表9　2020年全国31个省份育龄妇女年龄中位数

单位：岁

省　份	年龄中位数	省　份	年龄中位数
黑龙江	41.26	吉　林	40.45
内蒙古	40.60	福　建	34.57
辽　宁	40.47	山　东	34.54

省　份	年龄中位数	省　份	年龄中位数
浙　江	34.53	山　西	33.75
湖　北	34.27	新　疆	33.65
江　苏	34.26	甘　肃	33.62
湖　南	34.18	青　海	33.59
河　北	34.15	海　南	33.58
江　西	34.09	云　南	33.56
北　京	34.06	宁　夏	33.47
天　津	34.04	重　庆	33.35
广　西	34.03	河　南	33.31
上　海	34.02	广　东	33.26
四　川	33.77	贵　州	32.58
陕　西	33.77	西　藏	32.46
安　徽	33.76	全　国	34.03

资料来源：全国2020年"七普"短表数据。

（三）城镇育龄妇女占比超过9成，高于常住人口城镇化水平

分城乡来看，北京城镇育龄妇女为505.5万人，占北京育龄妇女总数的90.3%；乡村育龄妇女为54.5万人，占北京育龄妇女总数的9.7%。"七普"数据显示，2020年北京常住人口的城镇化率为87.5%，育龄妇女的城镇化率比常住人口的城镇化率高近3个百分点。

观察年龄结构可以看到，乡村育龄妇女在30~34岁年龄组和45~49岁年龄组的比重均高于城镇，分别高出2.6个、4.8个百分点。值得注意的是，2020年，乡村45~49岁年龄组育龄妇女占比出现了一个小高峰，占乡村育龄妇女总数的18.2%，这意味着未来5年乡村育龄妇女规模将有缩小的可能（见图13和表10）。

分区域分城乡来看，无论是在中心城区还是在其他十区，城镇各个年龄组育龄妇女的规模远大于乡村各个年龄组育龄妇女的规模。观察各个年龄组育龄妇女在各区域和城乡中的占比可知，30~34岁育龄妇女在中心城区城

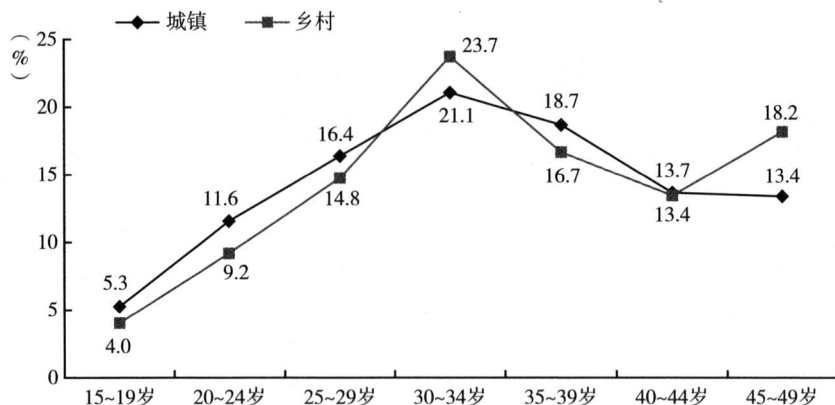

图13　2020年北京分城乡常住育龄妇女年龄结构比较

资料来源：北京2020年"七普"短表数据。

表10　2020年北京分城乡常住育龄妇女年龄结构

单位：%

	15~19岁	20~24岁	25~29岁	30~34岁	35~39岁	40~44岁	45~49岁	总计
城镇	5.3	11.6	16.4	21.1	18.7	13.7	13.4	100
乡村	4.0	9.2	14.8	23.7	16.7	13.4	18.2	100

资料来源：北京2020年"七普"短表数据。

镇和乡村的占比均为最高，分别为19.7%和22.1%；在其他十区城镇和乡村的占比也均为最高，分别为22.8%和23.8%（见表11）。

通过计算得到城镇和乡村育龄妇女的年龄中位数分别为33.99岁和34.63岁，城镇育龄妇女年龄结构相对乡村来说更加年轻化。

表11　2020年北京分区域分城乡常住育龄妇女年龄结构

单位：%

		核心区	中心城区	其他十区
15~19岁	城镇	4.7	5.2	5.3
	乡村	—	5.1	4.0
20~24岁	城镇	7.3	11.6	11.5
	乡村	—	9.2	9.2

续表

		核心区	中心城区	其他十区
25~29 岁	城镇	12.4	15.8	17.1
	乡村	—	14.2	14.8
30~34 岁	城镇	18.1	19.7	22.8
	乡村	—	22.1	23.8
35~39 岁	城镇	23.5	19.2	18.0
	乡村	—	18.3	16.6
40~44 岁	城镇	18.4	14.6	12.4
	乡村	—	14.2	13.4
45~49 岁	城镇	15.6	13.8	12.8
	乡村	—	17.0	18.2
总计	城镇	100	100	100
	乡村	—	100	100

资料来源：北京 2020 年"七普"短表数据。

二 北京育龄妇女婚育特征

（一）育龄妇女婚姻状况

1. 与全国相比，北京育龄妇女晚婚现象更为突出，高龄未婚比重大

从整体上来看，北京有配偶的育龄妇女规模达到 361.8 万人，占比为 64.6%，比全国低 5.2 个百分点；未婚占比为 32.5%，接近 1/3，显著高于全国的 27.2%，大约为 182.0 万人；离婚和丧偶总占比不到 3.0%，稍低于全国，其中北京离婚育龄妇女占比比全国高 0.2 个百分点，而丧偶占比比全国低 0.3 个百分点，预估为 1.7 万人（见图 14 和表 12）。

分年龄组来看，随着年龄的增长，有配偶的育龄妇女占比提高，未婚的育龄妇女占比降低，但在 40~44 岁和 45~49 岁两个高年龄组，仍分别有 6.2% 和 3.8% 的育龄妇女处于未婚状态，推断总数分别为 4.7 万人和 3.0 万人；同时，随着年龄的增长，离婚的育龄妇女占比提高，于 45~49 岁年龄组中达到最高值，为 5.8%（见图 15 和表 13）。

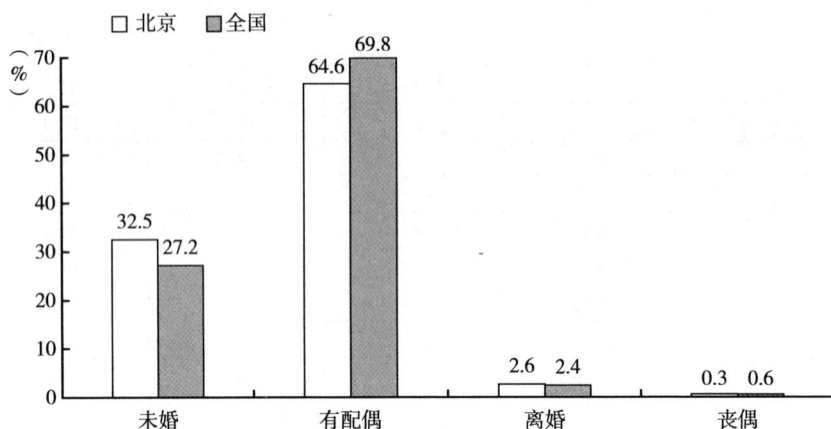

图14　2020年北京和全国育龄妇女婚姻状况分布

资料来源：北京和全国2020年"七普"长表数据。

表12　2020年北京常住育龄妇女婚姻状况分布及规模

单位：%，万人

	未婚	有配偶	离婚	丧偶	总计
占比	32.5	64.6	2.6	0.3	100
人数	182.0	361.8	14.6	1.7	560

资料来源：占比根据北京2020年"七普"长表数据计算获得；人数通过北京2020年"七普"长表数据的占比乘以短表常住育龄妇女总数推算获得。

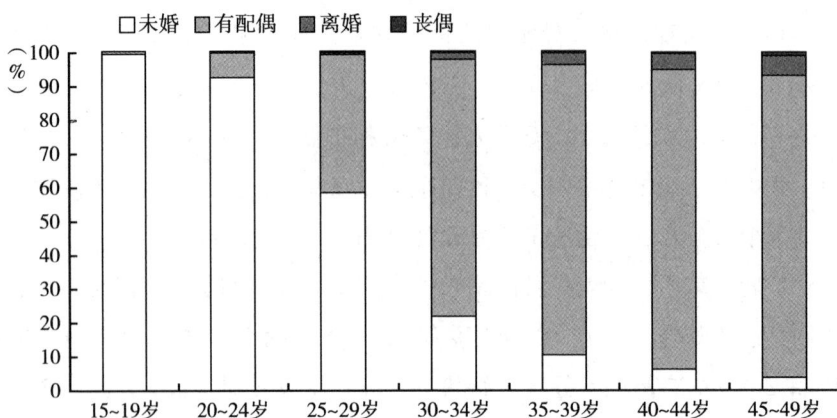

图15　2020年北京分年龄组育龄妇女婚姻状况分布

资料来源：北京2020年"七普"长表数据。

表 13　2020 年北京分年龄组育龄妇女婚姻状况分布

单位：%

年龄组	未婚	有配偶	离婚	丧偶	总计
15~19 岁	99.6	0.4	0	0	100
20~24 岁	92.7	7.3	0	0	100
25~29 岁	58.6	40.8	0.6	0	100
30~34 岁	21.9	76.0	2.0	0.1	100
35~39 岁	10.5	85.8	3.5	0.2	100
40~44 岁	6.2	88.6	4.7	0.4	100
45~49 岁	3.8	89.3	5.8	1.1	100

资料来源：北京 2020 年"七普"长表数据。

本报告将育龄旺盛期妇女分为 20~29 岁年龄组和 20~34 岁年龄组进行分析。与全国相比，20~29 岁有配偶的育龄妇女占比比全国低 17.7 个百分点，20~34 岁有配偶的育龄妇女占比比全国低 14.6 个百分点，可见北京相对于全国来说晚婚现象更加突出（见表 14）。

表 14　2020 年北京和全国育龄旺盛期妇女婚姻状况对比

单位：%

		未婚	有配偶	离婚	丧偶	总计
北京	20~29 岁	72.7	27.0	0.4	0	100
	20~34 岁	50.0	48.9	1.1	0	100
全国	20~29 岁	54.4	44.7	0.9	0	100
	20~34 岁	34.7	63.5	1.6	0.1	100

资料来源：北京和全国 2020 年"七普"长表数据。

2. 与2010年相比，结婚占比下降明显

对比 2010 年北京常住育龄妇女婚姻状况可以看到，2020 年有配偶的育龄妇女占比相比 2010 年上升了 1.8 个百分点；但同时，2020 年离婚的育龄妇女占比相比 2010 年上升了 0.7 个百分点（见图 16）。可见，育龄妇女婚姻的不稳定性正在增加。

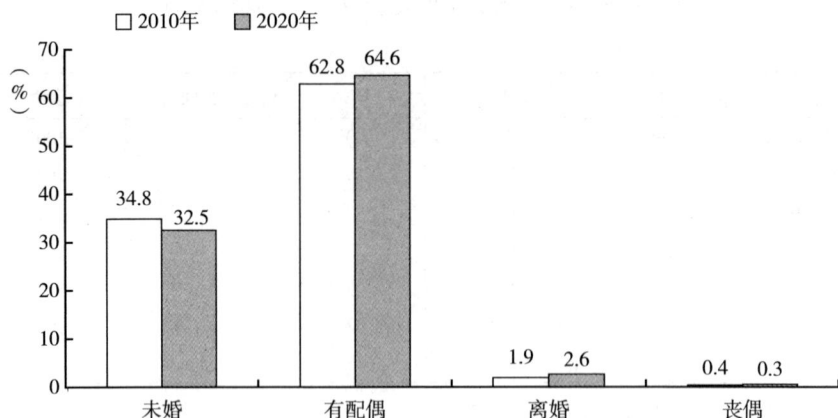

图16　2010年和2020年北京常住育龄妇女婚姻状况分布

资料来源：北京2010年和2020年全国人口普查长表数据。

分年龄婚姻状况数据显示，20～29岁未婚育龄妇女占比从2010年的62.1%上升到2020年的72.7%，上升了10.6个百分点；相对地，20～29岁有配偶的育龄妇女占比下降了10.6个百分点，显示出北京育龄妇女明显的晚婚趋势（见表15）。在第二次人口转变过程中，中国育龄妇女与其他西方国家育龄妇女不同的是，其生育行为仍与婚姻紧密挂钩。因此，从长远来看，育龄妇女结婚年龄的推迟将使北京总和生育率继续降低。

表15　2010年和2020年北京育龄旺盛期妇女婚姻状况对比

单位：%

年份	年龄组	未婚	有配偶	离婚	丧偶	总计
2010	20～29岁	62.1	37.6	0.3	0	100
	20～34岁	48.7	50.6	0.6	0	100
2020	20～29岁	72.7	27.0	0.4	0	100
	20～34岁	50.0	48.9	1.1	0	100

资料来源：北京2010年和2020年全国人口普查长表数据。

（二）生育状况

1. 北京市超低生育水平已持续多年

1982 年以来的全国人口普查数据显示，至 2022 年，北京低生育水平（1990 年起为超低生育水平）① 已持续 40 年。1982 年，北京总和生育率达 1.612，显著低于 2.1 的更替水平；1990 年第四次全国人口普查，北京总和生育率已达低于 1.5 的超低生育水平，为 1.334；2000 年后，北京总和生育率更是低于 1，2000 年为 0.674，2010 年为 0.707，在实施"二孩"政策后，2020 年北京总和生育率仅为 0.870。超低生育水平成为北京不容忽视的人口现象（见图 17）。

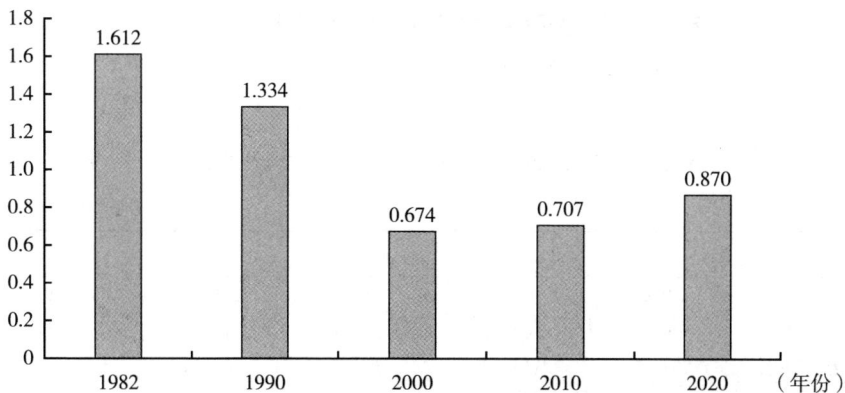

图 17　1982～2020 年历次全国人口普查北京总和生育率

资料来源：北京 1982～2020 年历次全国人口普查长表数据。

2. 育龄妇女生育年龄推迟，生育高峰年龄后移

自 1982 年第三次全国人口普查以来，北京育龄妇女生育高峰年龄呈现逐渐后移的变化趋势。1982 年，育龄妇女的生育高峰年龄为 25～29 岁；1990 年呈现 20～24 岁和 25～29 岁双高峰态势；2000 年，生育高峰年龄为 25～29 岁，2010 年呈现 25～29 岁和 30～34 岁双高峰态势；2020 年，30～34 岁年龄组的生育率显著高于其他年龄组，但 2020 年 30～34 岁年龄组的生育率不到 1982 年 25～29 岁年龄组的 1/3（见图 18 和表 16）。

---

①　人口学把总和生育率低于更替水平 2.1 称为低生育水平，低于 1.5 为超低生育水平。

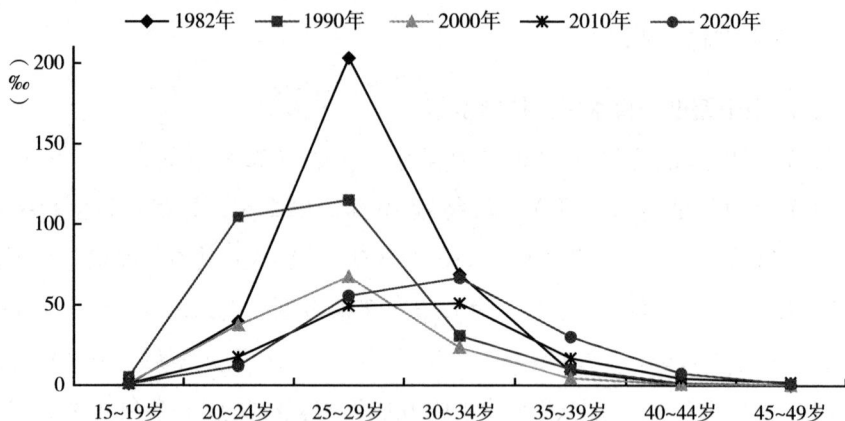

图 18　1982~2020 年北京育龄妇女分年龄组生育率比较

资料来源：北京 1982~2020 年历次全国人口普查长表数据。

表 16　1982~2020 年北京分年龄组育龄妇女生育率比较

单位：‰

年龄组	1982 年	1990 年	2000 年	2010 年	2020 年
15~19 岁	0.94	4.99	1.39	1.06	0.96
20~24 岁	39.36	104.42	37.21	17.51	11.88
25~29 岁	203.23	114.85	67.47	49.35	55.70
30~34 岁	68.95	30.68	23.37	50.94	66.66
35~39 岁	8.54	10.00	4.37	16.76	29.96
40~44 岁	1.14	1.43	0.74	4.34	7.45
45~49 岁	0.15	0.37	0.17	1.98	1.07

资料来源：北京 1982~2020 年历次全国人口普查长表数据。

3. 出生人口中第一孩占比最高，显著高于全国水平

"七普"数据显示，分孩次来看，2020 年北京出生人口中，第 1 孩占比最高，达到 62.48%，显著高于全国第 1 孩占比（45.78%）；第 2 孩占比仅为 35.58%，显著低于全国第 2 孩占比（43.08%）；多孩占比差距更大，北京和全国分别为 1.94% 和 11.13%。这一数据进一步显示出北京的超低生育水平（见表 17）。

表 17　2020 年北京和全国出生人口孩次占比

单位：%

	孩次占比					
	第 1 孩	第 2 孩	多孩	其中		
				第 3 孩	第 4 孩	第 5 孩及以上
北京	62.48	35.58	1.94	1.71	0.17	0.05
全国	45.78	43.08	11.13	9.02	1.61	0.51

资料来源：北京和全国 2020 年"七普"长表数据。

与第六次全国人口普查相比，由于我国生育政策调整，即由独生子女政策逐步放开为"三孩"政策，生育水平有一定的波动。由表 18 可知，对比 2010 年，2020 年北京出生人口中第 1 孩占比下降了 22.72 个百分点，第 2 孩占比上升了 21.98 个百分点，多孩占比也有所上升。由此可以推断，北京总和生育率由 2010 年的 0.707 上升到 2020 年的 0.870，基本是因为政策放开后的第 2 孩和多孩生育。

表 18　2010 年和 2020 年北京出生人口孩次占比

单位：%

	孩次占比					
	第 1 孩	第 2 孩	多孩（≥3）	其中		
				第 3 孩	第 4 孩	第 5 孩及以上
2010 年	85.20	13.60	1.20	1.11	0.08	0.02
2020 年	62.48	35.58	1.94	1.71	0.17	0.05

资料来源：北京 2010 年和 2020 年全国人口普查长表数据。

三　主要结论与对策建议

（一）主要结论

1. 育龄妇女规模明显下降，占比历史最低，呈现区域不均衡状态

北京常住育龄妇女规模在过去 6 次全国人口普查中一直保持上升趋势，

但 2010～2020 年出现下降，由 2010 年的 613.9 万人下降至 2020 年的 560.0 万人，总数下降了 53.9 万人，占常住人口比重下降至历史最低点（25.6%）；常住育龄妇女规模比重存在显著区域差异，中心城区超过一半，中心城区育龄妇女占常住人口的比重显著高于生态涵养区。

2. 外来常住育龄妇女占比接近一半，成为不容忽视的群体

2020 年，北京外来常住育龄妇女规模为 273.7 万人，占北京全部常住育龄妇女的 48.9%，接近一半；占北京所有外来人口（841.8 万人）的 32.5%。外来常住育龄妇女是北京全部常住育龄妇女和外来常住人口的重要组成部分。

3. 常住育龄妇女年龄结构年长化，并呈现"核心区>中心城区>其他十区"的区域差异现象

历次全国人口普查数据显示，15～19 岁年龄组占比下降速度最快；而 30～34 岁年龄组、35～39 岁年龄组、40～44 岁年龄组和 45～49 岁年龄组占比均整体呈上升趋势，且速度不一；育龄妇女年龄结构年长化程度呈现"核心区>中心城区>其他十区"的区域差异现象，育龄妇女年龄结构无显著城乡差异，但乡村 45～49 岁年龄组育龄妇女占比较大，未来乡村将有更大比重的女性退出育龄阶段。

4. 与全国相比，北京育龄妇女晚婚现象更为突出，高龄未婚比重大

北京未婚育龄妇女占比接近 1/3，大约为 182.0 万人，显著高于全国的 27.2%；分年龄婚姻状况数据显示，20～29 岁未婚育龄妇女占比从 2010 年的 62.1% 上升到 2020 年的 72.7%，上升了 10.6 个百分点；相对地，20～29 岁有配偶的育龄妇女占比下降了 10.6 个百分点，显示出北京育龄妇女明显的晚婚趋势。同时，在 40～44 岁和 45～49 岁两个高年龄组，仍分别有 6.2% 和 3.8% 的育龄妇女处于未婚状态。

5. 超低生育水平已持续多年，生育年龄普遍推迟，出生人口以第1孩为主

北京 2020 年总和生育率仅为 0.870，相比实施独生子女政策的 2010 年仅增长 0.163，表明"二孩"政策实施对提升总和生育率作用有限；育龄妇女生育年龄逐渐推迟，生育高峰年龄增长至 30～34 岁；2020 年北京出生人

口中第 1 孩占比达到 62.48%，虽然相比 2010 年降低了 22.72 个百分点，但显著高出全国水平。相对地，第 2 孩和多孩占比均显著低于全国水平。

（二）对策建议

北京育龄妇女作为北京人口的重要组成部分以及生育主体，决定着北京现在及未来的人口走势。为促进人口长期均衡发展，我国已于 2021 年 5 月实施"三孩"政策及配套支持措施，北京也在经济、时间和照料上分别实施相应支持措施。2022 年 8 月，国家卫健委等 17 个部门联合印发《关于进一步完善和落实积极生育支持措施的指导意见》，以进一步推动积极生育支持政策落地，但育龄妇女生育水平和生育意愿仍处于低迷状态。针对育龄妇女的现状和未来发展趋势，本报告提出以下对策建议。

1. 进一步放开生育限制，实施育龄妇女自主生育政策

目前，育龄妇女受教育水平和经济独立能力提升，大龄未婚、终身未婚的女性比重升高。建议在部分区域开展试点，进一步放开生育限制，让有意愿、有能力的家庭和育龄妇女自主选择生育数量，提供更为宽松的生育环境。

2. 从"碎片化管理"向整体性治理转变

在国家鼓励生育的大背景下，各地纷纷出台了鼓励生育的相关政策，最突出的就是延长育龄妇女育儿假政策，但一味延长育龄妇女育儿假，将会是一把"双刃剑"，一方面会增加照料子女的时间，有助于抚育子女；但另一方面会增加用人单位的负担，继而严重影响女性在就业市场上的竞争力。构建积极生育支持政策体系是一项系统工程，完善落实生育休假制度只是其中一方面，要解决群众"想生不敢生"的问题，还应该从多方面着手，基于全社会整体情况进行制度设计，夯实构建生育友好型社会的基础。比如，"双减"政策就是降低育儿家庭养育成本和减轻照料压力的重要举措，但它不是一蹴而就、立竿见影的政策，需久久为功，才能缓解家长和学生的压力，切实减轻育儿负担。

3. 进一步提升优生优育均等化服务水平，针对全人口构建生育友好型社会

截至 2020 年，外来育龄妇女已经占到北京育龄妇女群体的将近一半，

总数近 300 万人，这是支持北京发展的重要力量，也是北京"生育大军"的重要成员。应在生殖健康、生育服务和子女教育上，进一步面向外来育龄妇女推行与户籍常住育龄妇女相同的优生优育均等化服务，针对全人口构建生育友好型社会。

4. 释放育龄妇女人口质量红利，适应新时代首都发展需要

北京生育率的下降以及老龄化趋势已成为事实，且在短时间内几乎无法实现逆转。因此，释放人口质量红利以带动北京未来社会经济的发展已成为大势所趋。北京育龄妇女作为北京建设发展的重要力量，其人口质量红利的释放将是人力资源优化的重要途径。2022 年 6 月召开的北京市第十三次党代会提出了推动新时代首都发展、率先基本实现社会主义现代化的目标，未来北京应更加注重人才发展，建立完善人才吸引及挖掘机制，优化人才结构，发展人才市场，加大人才培训力度，使其适应新时代首都发展需要。

参考文献

陈卫：《中国的低生育率与三孩政策——基于第七次全国人口普查数据的分析》，《人口与经济》2021 年第 5 期。

陈卫、张凤飞：《中国人口的初婚推迟趋势与特征》，《人口研究》2022 年第 4 期。

王广州：《中国人口机会窗口与人口红利再认识》，《中国人口科学》2021 年第 3 期。

吴帆、李建民：《中国面临生育危机风险的三个信号：低生育率、低生育意愿和生育赤字》，《山西师大学报》（社会科学版）2022 年第 1 期。

张丽宾：《"十四五"及今后一个时期中国妇女发展面临的突出问题及下一步工作的目标任务——从保障妇女经济权利的角度》，《妇女研究论丛》2022 年第 6 期。

张耀军、齐婧含：《"十四五"时期中国人口发展的重大问题》，《哈尔滨工业大学学报》（社会科学版）2022 年第 3 期。

张孝栋等：《中国低生育率研究进展：一个文献综述》，《人口与发展》2021 年第 6 期。

专题报告
Special Reports

B.6
"疏整促"背景下城乡接合部地区
人口倒挂村治理经验与反思[*]

—— 基于北京市 X 镇 11 村的调查

王雪梅　严彩萧　周剑洋[**]

摘　要： 长期以来，城乡接合部地区聚集大量流动人口，形成人口倒挂村，是超大城市基层治理的短板和难题。近年来，在"疏整促"背景下，北京市聚力人口倒挂村治理探索，取得了一定的成效。本报告通过对 X 镇 11 个人口倒挂村的实地调研，分析人口倒挂村的现状特点与治理难点，总结基层治理经验。研究发现，人口倒挂村均是以劳动年龄人口为主的"年轻型社区"，经"疏整促"后村内可出租房屋普遍空置，且依然存在人口有

　* 本报告是北京市重大智库课题项目"北京市城乡结合部人口倒挂村基层治理研究"阶段成果之一。特别感谢何景涛、高志纯、刘玉涛等同志对课题组调研和报告写作的大力支持与配合。
　** 王雪梅，中共北京市委党校（北京行政学院）社会学部副教授，研究方向为城乡社会学；严彩萧，中共北京市委党校（北京行政学院）社会学部硕士研究生，研究方向为城乡社会学；周剑洋，北京市丰台区纪检监察委干事，研究方向为城乡社会学。

序管理难、村内治安秩序管理难和村内平安建设难等问题。研究表明，人口倒挂村治理正由线性治理逐渐转变为复合治理，主要治理经验集中体现在治理理念更新、治理格局建构、治理机制创新、治理模式完善等方面，但在治理目标统合、资源整合、社会参与等方面有待进一步完善。

关键词： 北京人口　人口倒挂村　基层治理

2017 年 9 月，党中央、国务院正式批复《北京城市总体规划（2016年—2035年）》（以下简称《新总规》），按照《新总规》的界定，北京市城乡接合部地区主要是指四环路至六环路范围规划集中建设区以外的地区，包括第一道绿化隔离地区、第二道绿化隔离地区，总面积约 1220 平方千米，共涉及 10 个区 67 个乡镇（街道）571 个行政村，其中，第一道绿化隔离地区共涉及行政村 182 个；第二道绿化隔离地区共涉及行政村 389 个。571 个行政村中有出租房屋 13.5 万处（108.5 万间），约占全市出租房屋总户数的 10%。农民宅基地上自建出租房屋和出租公寓共有 7.4 万多处（78.4 万多间）。城乡接合部地区共有户籍人口 137.4 万人、流动人口 323.2 万人，分别占全市常住人口的 10.1% 和 40.0%[①]。《新总规》提出"坚持疏解整治促提升（以下简称'疏整促'），在疏解中实现更高水平发展"，疏解非首都功能与城市综合整治并举，把疏解非首都功能、城市综合整治与人口调控紧密挂钩，并列出具体举措指导城乡接合部地区有序疏解产业和调控人口，帮助治理"大城市病"和实现首都功能的优化提升。随着《新总规》的落实，北京市人口调控取得一定成效，外省来京常住人口自 2015 年达到最高峰（862.5 万人）后逐年递减。2020 年第七次全国人口普查（以下简称"七

---

① 王雪梅：《流动人口聚居区从"整治"走向"善治"——首都城乡结合部社区变迁与治理思考》，载北京人口发展研究中心编《北京人口发展研究报告（2014）》，社会科学文献出版社，2015。

普"）数据显示，北京市流动人口为 839.6 万人，占北京市常住人口的 38.4%。

北京市城乡接合部地区的人口调控成效得益于近年来进行的两次以人口倒挂村为重点的挂账整治。所谓人口倒挂村，指的是在行政村域范围内聚集的流动人口总量超过本地户籍人口总量的村庄。城乡接合部地区现有人口倒挂村 227 个，占城乡接合部地区行政村数的 39.8%；其中人口倒挂比 1∶10 以上的有 40 个，占城乡接合部地区行政村数的 7.0%；人口倒挂比 1∶5 以上的有 67 个，占城乡接合部地区行政村数的 11.7%。2016 年，北京市制定《城乡结合部重点地区公共安全隐患问题综合整治工作方案》，将城乡接合部地区的"疏整促"行动进一步落实到众多的人口倒挂村，对城乡接合部地区重点人口倒挂村进行为期 1 年的挂账整治，覆盖 10 个区 21 个乡镇（街道）120 多万人。在市委、市政府统一领导下，确定了挂账整治的 100 个市级人口倒挂村名单①。同时，各区自行确定 100 个区级挂账整治重点人口倒挂村，两级挂账督办、集中治理、以点（重点人口倒挂村）带面（全市全面）。2021 年，北京市委、市政府在总结挂账整治成效的基础上，重新确定了 107 个挂账整治的人口倒挂村，其中市级 40 个、区级 67 个（见表 1）。

表 1　2021 年北京市挂账整治人口倒挂村情况

单位：个

	人口倒挂村等级		合计
	市级	区级	
昌平区	18	14	32
朝阳区	14	14	28
大兴区	1	10	11
丰台区	1	0	1
海淀区	5	10	15

---

① 2016 年进行挂账整治的 100 个市级人口倒挂村在各区的分布情况如下：朝阳区 20 个，海淀区 16 个，丰台区 12 个，石景山区 3 个，大兴区 10 个，通州区 12 个，顺义区 4 个，昌平区 16 个，房山区 4 个，门头沟区 3 个。

	人口倒挂村等级		合计
	市级	区级	
顺义区	1	8	9
石景山区	0	1	1
房山区	0	3	3
通州区	0	7	7
总计	40	67	107

资料来源：根据调研获取基础数据，由作者统计整理得到。

在"疏整促"之后，人口倒挂村的变化和现状是怎样的？面临哪些困境和难题？应对困境、破除难题过程中，有哪些可总结借鉴的基层治理经验？存在哪些不足，以及如何提升治理效能？本报告基于 X 镇 11 个人口倒挂村调查，对以上问题进行了深入分析与研究。

之所以选取 X 镇 11 个人口倒挂村作为调研点，并以此为基础总结人口倒挂村治理经验，主要基于以下三点考虑。第一，X 镇的人口倒挂情况具有典型性。2021 年，北京市公布的 107 个重点人口倒挂村中，X 镇是城乡接合部地区所有镇级行政单位中重点人口倒挂村最多的一个镇，共 11 个重点人口倒挂村，其中 1 个市级村、10 个区级村。第二，X 镇在人口倒挂村治理方面面临的复杂情况具有代表性。流动人口高度聚集于该镇，流动人口的高流动性、来源地多元性、职业多样性等特征使整个 X 镇的异质性与不确定性大大增加，加之大量的租房与消费需求导致人口倒挂村内违法建设、违法经营等现象层出不穷，这些都给人口倒挂村的平安建设与安全发展带来一定的挑战，也使基层治理面临较大压力。第三，X 镇治理经验的可借鉴性。调研发现，相比于其他乡镇（街道），X 镇基层政府在吸取历史教训与总结以往治理经验的基础上形成了相对完善和系统的人口倒挂村治理策略，一定程度上值得进一步提炼概括，为其他乡镇（街道）治理人口倒挂村提供参考与借鉴。

一 X 镇人口倒挂村现状特点与治理难点

（一）X 镇人口倒挂村现状特点

对 X 镇的统计数据显示，2022 年，X 镇 11 个人口倒挂村总人口数为 34960 人，其中户籍人口 7406 人，流动人口 27554 人，平均人口倒挂比为 1：3.7。

1. 人口倒挂村是以劳动年龄人口为主的"年轻型社区"

由图 1 可以看到，X 镇 11 个人口倒挂村的人口均以劳动年龄人口为主，18~59 岁年龄人口共 32163 人，占比高达 92%。18 岁以下的青少年儿童人口与 60 岁及以上的老年人口共计 2797 人，仅占 8%。具体来看，18 岁以下的青少年儿童人口仅有 350 人，占比为 1%；30~39 岁的中青年人口共 10488 人，占比为 30%，占比最高。相比于 2020 年全市人口平均老龄化水平（60 岁及以上老年人口占比为 20%）以及所在区人口平均老龄化水平（60 岁及以上老年人口占比为 15%），X 镇 11 个人口倒挂村 60 岁及以上的老年人口占比较低，仅占 7%。可以说，人口倒挂村属于"年轻型社区"，大量相对年轻的常住人口有效降低了当地老龄化程度，为当地经济社会发展增添了活力。

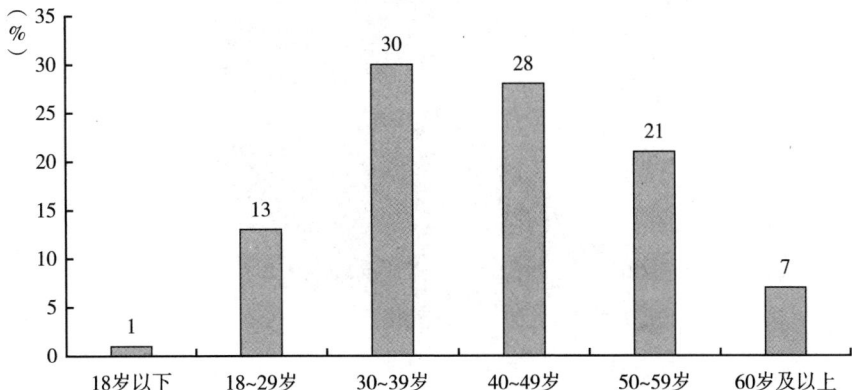

图 1　2022 年 X 镇 11 个人口倒挂村人口年龄结构

2. 人口倒挂村男性占比较高，人口性别结构失衡

总体来看，在 X 镇 11 个人口倒挂村中，男性人口占近 65%，而女性人口仅占 35%，二者相差 30 个百分点，远远高出北京市男女性别比之差——2020 年"七普"数据显示，北京市男性人口占 51.14%，女性人口占 48.86%，男女占比相差 2.28 个百分点。显然，人口倒挂村人口性别结构已经失衡。人口倒挂村以流动人口为主，由此推断，作为城市迁移人口，流动人口首先需满足个人就业需求，因此有相当数量的流动人口尚未实现举家迁移。

3. 河北、河南和山东是人口倒挂村流动人口的三大来源地

在 X 镇 11 个人口倒挂村流动人口来源地统计中，来自河北、河南、山东、安徽四地的流动人口占比已经过半，占 11 个人口倒挂村总人口的 57%。排名前三的流动人口来源地分别是河北、河南、山东，其中来自河北的流动人口最多，占比为 19%；其次是河南，占比为 18%；再次是山东，占比为 12%。另外，安徽（占比为 8%）、黑龙江（占比为 4%）和山西（占比为 3%）也均是 X 镇 11 个人口倒挂村流动人口的主要流出省份。来自以上 6 个省份的流动人口占比为 64%，来自其他省份的流动人口占比为 36%（见图 2）。

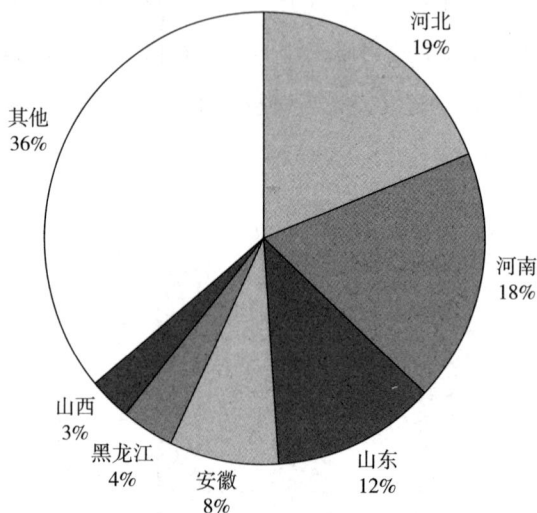

图 2　2022 年 X 镇 11 个人口倒挂村流动人口来源地统计

4. 人口倒挂村现有房屋主要用于租住

从现有房屋用途来看，主要有自住和租用两种用途，租用又分为租住和企业经营，租住是现有房屋最主要的用途。现有房屋中用于租住的共24024间，约占现有房屋总数的81%；用于企业经营的次之，共2966间，约占现有房屋总数的10%；用于自住的仅有2372间，约占现有房屋总数的8%（见图3）。

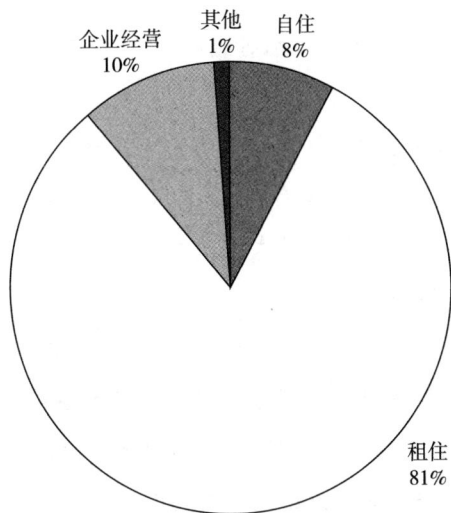

图3　2022年X镇11个人口倒挂村现有房屋用途占比

5. 人口倒挂村内可出租房屋普遍空置

在对自住用途以外的其他用于出租的房屋统计之后发现，11个人口倒挂村目前仍有一定比重的出租房屋空置，这些房屋既没有用于租住，也没有用于企业经营。空置的原因是多方面的，在"疏整促"行动过程中，镇、村两级严格管理，特别对出租房屋的质量、安全、设施等给予严格的限制，同时对租户提出严格要求，加上一部分人口倒挂村计划在近期进行拆改和拆迁，这些因素导致有租房意愿的人口、原有的租户持观望态度。

（二）人口倒挂村治理难点

1. 人口有序管理难

由于城乡接合部地区经济发展较快，交通十分便利，大量流动人口集中于此地，形成人口倒挂村复杂的局面：居住人员复杂、职业状况复杂、迁移流动轨迹复杂等。调查表明，在 X 镇租住的流动人口涉及全国 30 个省（区、市），主要从事快递、保安、装修等服务行业或是个体工商户，租期为半年以下的租户占比达 50%，人口流动性大。同时，流动人口和村民的关系主要是房屋租赁市场中的买方与卖方的关系，村民在租户交足租金的情况下，仅核实租户身份证件，并不会主动上报登记，造成村内流动人口管理多依靠工作人员的被动登记，更有 5% 的流动人口因各种情况不配合登记，造成动态监控不及时，管理难度较大。

2. 村内治安秩序管理难

无序出租、无序经营现象仍存在。自 2010 年以来，X 镇村民不再从事种植、畜牧等行业，为保障收入来源，村民在宅基地上大量建房，主要用于出租，收益相当可观。由此，大量违法建筑出现。村民法律意识、安全责任意识淡薄，将沿街房屋一层部分出租给小超市、小饭店、小发廊等，形成了大量的"三合一""多合一"场所。各类游离于政府监管边缘的偷税漏税、非法经营等行为时有发生。

3. 村内平安建设难

第一，安全隐患难以消除。由于缺乏规划和后期村民对房屋的无序增建，在 11 个人口倒挂村内仍存在不合格、不达标的房屋，质量堪忧。村内出入口单一、道路狭窄；两侧店铺私搭乱建、侵占街道；各类车辆混杂、无序停放；缺少消防设备，大型消防车无法进村，给消防带来了诸多问题。

第二，人口流动性大，新冠肺炎疫情防控难。人口倒挂村是公共卫生防控的难点地区，同时也是疫情集中传播的易发地。自疫情发生以来，在严防严控、多轮核酸检测之后，X 镇出租房屋较多的人口倒挂村仍然会出现社会面确诊病例。流动人口既是传染病的多发人群，也是导致疾病跨区域传播的高风险人群，他们在城市中多从事非固定职业，如短工、零工、夜工等，白天进城务工，晚上回到城中村、城乡接合部地区，跨区域活动频繁，加大了接触传染源的风险。

第三，公共资源补给、公共服务水平提升难。调研中发现，X 镇 11 个人口倒挂村由于流动人口大量涌入，普遍存在公共资源浪费严重，基础设施不完善，村内生活垃圾、生活污水长期得不到有效治理，村内人居环境较差等问题。X 镇部分人口倒挂村位于辖区交界处，地区管理权责分配不清，推诿扯皮、议而不决或决而不行的现象时有发生，导致公共服务提供不足、资源力量凝聚不够等问题。

二 X 镇治理探索与治理经验

（一）更新治理理念，开拓治理思路，治理因时而变

经济社会与时代发展的复杂化与不确定化，促使基层政府的治理由线性治理转为复合治理。梳理近年来 X 镇基层治理历程，可以将其分为三个阶段。

第一阶段：20 世纪以来到 2010 年，整治式治理或运动式治理阶段。这一时期大兴区搭上了改革开放的快车，特别是 2008 年北京奥运会以来，大兴区经济腾飞，各人口倒挂村改造提升、资源扩容，使得 X 镇逐渐聚集大量流动人口。这一时期 X 镇基层治理以完成上一级指派的任务、检查等短期目标为主，是在任务、检查下产生的一种强力动员。

第二阶段：2010~2018 年，人口倒挂村"社区化管理"阶段。2010 年，X 镇首创"党委政府主导、公安部门组织、村民自决自管"的人口倒挂村"社区化管理"模式，在某人口倒挂村试点之后，于 2010 年 4 月开始在全镇人口倒挂村推行，采取"政府出资、村委会宣传、村民自决"的方式，逐步实现"村内向村外延伸，硬件向软件延伸，管理向服务延伸"，提升村

内居住人员的市民意识，壮大治理力量，丰富治理资源。

第三阶段：2018 年至今，人口倒挂村"物业化管理"阶段。2018 年 6 月，X 镇开始在某些人口倒挂村引进物业公司进行物业化管理试点。2019 年初，《大兴区 2019 年深化城乡结合部地区安全隐患问题综合整治工作实施方案》中倡导有条件的人口倒挂村实施"物业化管理"。2019 年 6 月开始，X 镇创新"党委领导、政府搭台、主体负责、公众参与、百姓满意"的发展模式，在 X 镇其他人口倒挂村引进专业的物业公司，采用购买服务的方式解决治理中长期存在的"急难愁盼"问题。

可见，X 镇实施基层治理的思路是面对高度异质化、强流动性与不确定性的基层社会样态，由传统的、被动的线性治理逐渐转变为主动的复合治理①。简单来说，线性治理是指在治理主体上仅以基层政府为唯一遵循的单一主体，在治理目标上以达到短期内某一范围的硬性目标为主，在治理方式上多按照自上而下的科层体制实现逐级管理与强化，缺乏创新空间与弹性机制。而复合治理则拥有一种主体上融入市场、社会组织等的多元力量，不仅在治理组织建设中倾向于条块结合的治理方式，也在治理设施建设中加入现代科技作为支撑，不断实现治理能力的提升与治理方式在基层的创新，同时在治理目标上更加注重系统性、联系性，以"服务"理念逐步取代"管理"理念，强调实现治理客体的可持续发展。另外，这种由线性治理到复合治理的治理思路既是 X 镇基层政府基于基层社会形态与社会客观条件而做出的改变，也受到了国家"共建共治共享"治理理念与治理思路的牵引，国家的治理理念与治理思路是 X 镇基层治理体系构建的基础。

（二）锚定治理双目标，平安建设与人口调控并重

基层治理目标基于国家顶层价值理念形成，指的是在一定的社会结

---

① 孙超群：《基层治理的复合转向：一种面向复杂社会样态的治理逻辑》，《湖北社会科学》2022 年第 3 期。

构与任务情景下，治理主体期望通过一系列治理行为而达到的目的与追求。调研发现，X镇基层政府近年来实施基层治理的主要目标有两个，即平安建设和人口调控。X镇基层政府在治理过程中将两个目标结合起来、共同推进。

X镇基层政府从2018年中期开始，按照北京市总体发展要求，以安全治理为基层治理的第一要务，对城乡接合部地区人口倒挂村进行了规划与整改，最大限度消除各类安全隐患，保障人民安全。在基层治理过程中，X镇基层政府完善其制度建设，采取了多种有效措施，到2022年已取得明显成效，人口调控目标逐年完成，人口倒挂村安全状况显著改善。

（三）治理主体多元协同，"政府—市场—社会"三位一体

1. 行政吸纳社会：以基层政府为主导力量，完善多元协同的治理格局

X镇基层政府在基层治理中是治理主体，在不同历史时期会采取差异化的治理方式以达成治理目标，但是总体而言，其在基层治理过程中一直承担着双重角色[①]。一方面，X镇基层政府作为国家行政体系结构中的一部分，具有执行与落实上一级任务、宣传国家核心价值与理念的责任，是上一级政策的执行者。另一方面，X镇基层政府作为国家治理向基层延伸的"神经末梢"，也是国家行政体系结构中的最小单元，扮演着管理基层社会、熟悉基层情况和满足基层需求的"基层当家人"角色。基于以上双重角色，X镇基层政府得以作为主要引导者在基层社会开展系统性的治理，环节包括确定治理目标、完善规章制度、建立治理机制和组建治理团队等。所以，X镇的基层治理基本上形成了以X镇基层政府为治理主体，根据国家顶层价值理念与行政要求、镇域客观条件以及人民基本诉求等外在条件，在平衡双重角色过程中逐步吸纳其他社会力量、广泛动员其他社会资源以建立和完善基层治理体系、提升基层治理能力、达成基层治理目标的治理格局。

---

① 叶贵仁：《"复合治理型"政府：简政放权视野下的乡镇角色转型》，《学术研究》2020年第5期。

2.政府"退一步"与市场"进一步":专业物业管理作用逐渐凸显

2018年以来,X镇基层政府在基层治理中注重运用市场力量,逐步实现从以往的"管家人"角色到"把关者"与"代理人"角色的转变。X镇基层政府通过公开招投标的方式向市场购买服务,在过渡期曾探索"物业超市",搭建了一个多家物业公司与镇域内人口倒挂村实现双选的资源平台,物业费由村集体出资60%,X镇基层政府出资40%,共同推动物业公司进村,解决人口倒挂村治理难题。目前,11个重点人口倒挂村均已引进物业公司,对村内环境、出租房屋、流动人口等实施管理。同时,物业公司在招募保洁员、安保人员时优先聘请本地村民,一定程度上拓宽了村民的收入渠道。物业公司的引进分担了X镇基层政府的一部分治理压力,使其得以脱身于琐碎的村内事务,转而专注于监督、赋能。此外,X镇基层政府向社会各安保公司公开招募13名人口倒挂村督查员,由副镇职领导统一带队,结合各村的驻村干部组成专门的出租房屋治理专班,对村内出租房屋存在的安全隐患、消防设备等进行定期检查,发现问题立即上报、限期整改。同时,统一建立便民超市,规范其他经营业态,根据村内实际情况,X镇基层政府统筹引进满足群众生活需要的主要业态形式,引导和鼓励每村根据实际情况制定村内业态经营项目正面清单,由行业主管部门定期检查,规范超市、果蔬店、副食品店等基本生活保障业态的经营行为,从而保障村内业态健康有序发展。

3.自治"归位":村民委员会在政策法规难以触及之处发挥效能

针对已有的政策法规难以触及的事务,通过加强村民自治的方式得以落实与解决。各人口倒挂村在X镇基层政府与驻村干部的引导下,加强宣传教育引导,提高村民自管能力,探索对村民违反出租房屋管理规定的情况建立相应的惩处机制,写入村民自治章程,采取违规罚款、限水限电、列入不信任房屋名单等处罚方式,约束村民并提高其对自建房屋的安全管理意识,转变村民思想观念,增强其法律与规则意识,提升村民的组织化程度和村级组织的自我管理能力。

（四）创新治理，四个层面建立机制以健全治理体系

1. 组织层面：条块结合，建立"副镇职领导包片，科室干部包村"全域治理机制

在村庄治理的组织架构方面，由副镇职领导承担某片区域内的人口倒挂村治理整体工作，同时派遣科室干部分别承担各村的三大类工作，包括督导检查日常事务、调配各类资源以及负责全面发展工作（如人口倒挂村党员管理与党建、经济发展、灾害防范等）。由此对镇域内 11 个人口倒挂村进行全域治理。包片领导监督包村干部、包村干部督促村两委干部或驻村干部，由此形成镇、村之间紧密联系的关系网络，促进信息在不同层级与部门之间的可达性。当发现问题时，一般在科室之间先横向协调，寻求解决方案，如果问题复杂，则由镇长、副镇长联合公安、消防、城管、市场监管所等多部门共同协商，保证能够针对问题，实现不同层级与部门的治理效益最大化。将"镇街吹哨、部门报到"延伸至人口倒挂村，探索建立基层与部门间的联合执法协作机制，各区级主管部门要从各自监管领域入手，制定针对各村的执法权力清单，明确执法责任，形成联合执法链，对各村自建房屋进行全链条监管，形成齐抓共管的局面。如此便形成两级"吹哨"治理局面，即发现问题首先在镇域内各层级与分管科室之间"吹哨"协调，依靠镇域治理力量无法得以解决的"急难愁盼"问题再由"街乡吹哨、上级部门报到"进行解决。

2. 管理层面：党建引领，健全镇、人口倒挂村、物业公司三级联动机制

镇、人口倒挂村、物业公司三方紧密联系，群策群治，制定了《X 镇物业管理考核办法》，涵盖《北京市物业管理条例》相关规定、12345 政务服务热线投诉问题、小区内私搭乱建、群租房、二房东治理、环境卫生、消防安保、基础设施设备供给、综合治理、业主调查等方面内容。建立"群众有事申请—物业开展服务—专班管理考核—党委政府监督"的闭环模式。采用先奖促改、以奖促整的方式进行考核。对于物业公司接管的人口倒挂村，镇政府要求物业公司按照《北京市农村人居环境整治考核验收评分标准》强化内部考核，X 镇以此标准对物业公司进行考核，考核结果直接与镇级补贴挂钩。

3. **手段层面：科技进村，结合互联网技术实施监测，形成"动态建账"机制**

X镇依托"互联网+"，结合互联网技术与创新设备使用，借助云计算、大数据等技术，建成智慧人口倒挂村管理平台，建设智慧门禁与人脸识别系统，保证村内出入人员信息与云端信息匹配，在每个人口倒挂村出入口建立卡口，卡口处配备安保人员进行24小时值守，防止电动车、液化气罐违规进村，同时做到流动人口入村必登记、出村必核销，确保人员管理及时，结合人脸识别系统、智慧门禁和乡村房屋出租便民物业管理中心建设，确保流动人口入村租房居住必须登记备案，且登记信息具体到房间，严格按照流动人口"来有登记、走有注销"，出租房屋"租有登记、停有核销"要求，对各村出租房屋定期检查巡查，强化流管部门群租房治理能力，加大村内流动人口管理力度，加强人房基础信息采集及动态监测。乡村房屋出租便民物业管理中心对全村的房屋进行整合建档，按照"统一掌握房源信息、统一审核出租条件、统一提供出租中介服务、统一办理出租手续、统一实施租后监管"的"五统一"流程进行备案登记。目前，X镇11个人口倒挂村已经实现对出租房屋与流动人口数据的动态核录与人脸识别管理，确保人房数据及时更新、准确无误。针对动态识别信息，形成了一本实时更新的"明细账"（一户一档、一村一账）。

4. **落实层面：责任具体化，完善常态化督查机制与监督考核机制**

X镇基层治理通过制定具体化、指标化的规章管理制度以完善常态化督查机制与监督考核机制。首先，X镇基层政府制定统一的强制性消防安全管理标准，为村内出租房屋提供明确的消防安全规范性衡量依据。对出租房屋、人口倒挂村入口、道路、消防设施、机动车及电动车停放进行了明确规范，从出租用途、租住人数、护栏安装、燃气使用、安全通道、用电安全、报警器安装、消防器材配备、房主责任、身份登记10个方面有效规范了出租房屋的管理。同时，对出租房屋实行定额管理，限制出租房屋居住人员条件，按照出租房屋人均居住面积不得低于5平方米、单个房间不得多于2人的要求，核定每户租住人员总数，纳入管理台账，防止出现群租房。其次，治理专班实现人口倒挂村督查常态化，每周将督查结果上报党委会。X 镇基层政府通过招投标方式聘请专班督查队，与出租房屋治理专班通过摸排建立出租房屋风险等级台账机制，明确指出对"8 项静态风险"① 与"4 项动态风险"② 的严格整治。出租房屋治理专班、安全科与专班督查队每晚对重点村庄持续不断地进行夜查，同时安排专班督查队跟随消防车进行消防安全巡查演练，发现一处安全隐患立即清理一处，确保消防救援通道不被占用，降低隐患发生的可能性。最后，镇域内实行责任到户，即将村民自建出租房屋管理纳入年底对村两委干部的绩效考核中，探索制定百分制考核制度，使之与年底绩效奖金挂钩，对管理效果突出、未出现安全事故、治安案件数下降、环境考核优异的人口倒挂村给予奖励，对考核垫底的人口倒挂村给予处罚。通过考核杠杆，进一步激发村级干部的工作积极性，推动日常工作开展。同时，增强户主责任意识，对村民违反出租房屋管理规定的情况，制定相应的惩处机制，写入村民自治章程，采取违规罚款、限水限电、列入不信任房屋名单等处罚方式，提升村民自我管理的能力。

（五）因地制宜、分类治理，治理模式实现多元化

根据不同的更新改造程度以及不同的物业管理介入程度，11 个人口倒挂村逐渐探索形成了以下四种既有共性又各具特色的治理模式。

第一种，物业进村型。A 村地处影视园东边，村内有大量村民违法违规自建的出租房屋，消防安全隐患突出等涉及人民生命安全的问题面广量大，是治理中必须直面的问题。包村干部、村两委干部引领人口倒挂村安全治理工作推进，聘请专业的物业管理团队逐步接管人口倒挂村管理工作，确保出租屋内设施使用便利、安全可靠。人口倒挂村的居住人口既是物业管理团队

---

① 8 项静态风险："三合一""多合一"场所；使用易燃可燃夹芯彩钢板搭建；疏散通道、排气道封闭；集中充电区域与安全出口未达到安全距离；2 层及以上的出租房屋未设置封闭楼梯间；每层少于 2 个安全出口；外墙门上安装灭火救援与逃生障碍物；居住人数达 10 人及以上却未设置自动报警和自动喷水灭火系统。

② 4 项动态风险：3 层及以上出租住人；电动车在建筑物内停放、充电；使用液化石油气；公共疏散通道、安全出口长期、大量堆放易燃可燃物品。

的服务者，也是其管理过程中最直接的监督者和管理成效的检验者。

第二种，"物业进村+收房运营"型。2019年4月，X镇党委、政府出台《关于集中开展深化村庄安全隐患问题综合治理工作的实施方案》，引进物业公司，突出党建引领作用，全面压实责任，实行"村两委、流管员双包片，管理员包宅，党员带头"的工作模式，鼓励村民委托专业公司统一改造出租房屋，将村民自建出租房屋进行统一收持、统一管理。除了将改造后的出租房屋签订长租合同常规出租，还探索出了出租房屋旅店化管理模式，即通过装修改造、减少出租房间、提高出租单价管理出租房屋，这一模式面向的租户主要是短期出差或旅游的外地人员。通过"物业进村+收房运营"模式，实现出租房屋规范管理、流动人口精确管理、卫生环境和消防安全专业管理，消除了安全隐患，还保证村民收入不会降低。

第三种，"整体改造+自管"型。B村位于五环以内，周边基本是被绿化隔离及房地产开发利用的土地，但是其却面临众多发展困境，与周边环境格格不入。与此同时，村中房屋年久失修，存在安全隐患，加之村中"农二代""农三代"的增加，B村村民面临人均宅基地居住面积越来越小的问题。村民改建、扩建房屋的需求不断提高。随着北京市提出减量发展、疏解腾退的要求，从2016年开始，B村村委会带领村民对全村宅基地进行"原址翻建"，村委会带头算清两笔账——"建设路径账+村民收益账"，随后按照村民"自愿报名、自愿拆迁、自己规划"的原则，将村民的宅基地统一回收至村集体并翻建成具有"老北京味儿"的一层四合院，建成后村委会统一规划管理，制定宅基地租赁规章制度，将房屋租赁给外来入驻企业，村民和村集体共同享有租赁收益（以每户宅基地面积为依据，按照约每年1万/间的标准给村民发放租金）。通过这种模式，在降低安全隐患、美化村庄环境的同时，为高端产业在该村聚集夯实了基础。

第四种，"整体改造+物业进村"型。创新推出宅改新模式，即"以一宗现状宅基地置换另一宗独立式住宅"的新路径。这类村庄的宅改过程主要经历 5 个步骤：动员、摸底、签约、交房、拆除。首先，X 镇基层政府严格按照市、区两级政策文件要求，多次召开农村宅基地制度改革试点项目部署会，建立包含党政班子成员、改革工作领导小组、村庄基层工作委员、村民代表等多元群体的"红门理"拉家常议事会，以提高宅改工作的政策文件宣传效率，通过拉家常形式召开座谈会，听民声、解民困、消民虑，确保村民自愿自决参与宅改工作。其次，宅改工作专办人员与村两委干部协同进行全面入户摸排，对宅基地逐户登记、精准确权、整理成册，降低后续发生纠纷的可能性，给村民吃下"定心丸"。宅改之后的人口倒挂村也将实行物业化管理。

三　治理成效

（一）人口疏解成果显著

1. 人口倒挂村总人口数大幅减少

截至 2022 年 2 月，X 镇 11 个人口倒挂村总人口数为 34960 人。其中，流动人口为 27554 人，相比于 2018 年的 56529 人，减少了 51.3%。户籍人口 7406 人。平均人口倒挂比为 1：3.7，出租房屋中租住在一层的有 16841 人，租住在二层的有 10713 人，三层租户已动态清零。

2. 人口倒挂比显著下降

人口倒挂比是指户籍人口与流动人口之比，普遍的表达方式是 1：n，是一个相对数据。目前，北京市分别以 1：5 和 1：10 的人口倒挂比划分区级挂账村和市级挂账村。通过统计数据来看，相比于 2018 年的 1：8，2022 年 11 个人口倒挂村的平均人口倒挂比为 1：4。可以看出，专项整治前后 11 个人口倒挂村的平均人口倒挂比变化情况显著。具体到每个人口倒挂村来看，11 个人口倒挂村的平均人口倒挂比均有下降。需要说明的是，此次统计数据采用的是 2022 年 11 个人口倒挂村的最新数据，这些数据处于动态更新中，导致统计结果具有一定的局限性。

（二）房屋安全隐患动态清零

自 2020 年 10 月开始，每日采取"重点村集中检查+非重点村自查"的方式开展集中夜查行动。截至 2022 年 8 月，已累计清理彩钢板房 873 处共 21473 平方米，清理查扣不合格液化气罐 4966 个，清理屋内乱堆乱放杂物 1593 处，清理地下及半地下建筑 28 处。全镇已累计拆除在账违法建筑 964 处共 44085 平方米，已完成 95%。X 镇对违规违建和"三合一"工厂实行违法建筑"建账销账"动态管理，做到"发现一处、上账一处、整改一处、销号一处"。除了对违法建筑统一拆除以外，还对村内出租房屋进行规范性改造，限制不达标、不符合规范的出租房屋出租，在出租房屋改造上重点对老旧线路进行改造，由村委会出工、户内出料，线上报名、线下统计稳步开展。对于电器线路整改符合要求的出租房屋，还需要制作出租房屋合格证，由镇、村两级人员进行验收挂牌，未取得合格证的不能出租。目前，11 个人口倒挂村房屋安全隐患已通过常规性排查与整改实现动态清零。

（三）多措并举之下，火灾风险大大降低

自 2018 年以来，X 镇大力投入消防设施与设备，多措并举降低火灾风险。镇平安建设办公室（下辖安全检查队 1 支共 26 人，一级专职消防队 1 支共 69 人，村庄防火巡查队 1 支共 147 人）、消防站、消防中队、村居微型消防站、消防重点单位通过对讲机建立联动机制，确保消防力量覆盖全镇。截至 2022 年 8 月，一共配备逃生软梯或逃生绳 9678 个、配备干粉灭火器 31038 个、安装火灾探测报警器 30953 个；建设消防水鹤 6 个、消防水池 6 座，11 个人口倒挂村已基本完成消防管网建设。同时，建立消防站 1 座、村居微型消防站 54 座，配有义务消防员 216 人、小型消防车 21 辆。整改老旧电线 463 处共 8206 米，清理房前屋后可燃物 165 处共 323.1 吨。同时，为防止居民将电动车停放在居住区充电造成电瓶爆炸、引起火灾事故，X 镇基层政府通过统一规划改造，集中建立停车场与充电棚。截至 2022 年 2 月，镇建停车场 18 个、村集体建停车场 9 个，总面积达 272640 平方米，累计能

够停放车辆10421辆。X镇基层政府出资集中建造电动车充电棚17个，村集体出资建造电动车充电棚16个，可供11903辆电动车充电。停车场与充电棚的统一建设和管理规范了车辆停放秩序，保证了充电安全，降低了火灾风险。

（四）村庄生态环境、公共服务逐步改善

在镇党委的领导下，包片领导、包村干部与村两委干部逐户开展"敲门行动"，积极宣传整治标准和整治重点，营造全面开展乡村人居环境综合整治、全面提升公共服务水平的浓厚氛围。在生态环境改善方面，坚决落实环境治理责任，完成燃煤锅炉清洁能源改造60台178蒸吨，完成14个村3476户"煤改电"。铺设截污管线1万米，实现村内生活污水全收集、全处理。依托"厕所革命"高标准改建、新建公厕44座。村内面貌持续改善，利用腾退空间配置健身器材、建设文化墙等。在公共服务水平提升与公共资源供给层面，优化教育、医疗、养老资源供给，3所村级养老驿站投入运营，完成社区卫生服务站迁址建设。高标准建设1个多功能垃圾中转站，改善生活垃圾收运体系，实现其他垃圾分拣和厨余垃圾就地化处理。利用手机App预约实现垃圾上门回收。

四 反思与建议

上述研究表明，城乡接合部地区人口倒挂村相对较为集中的乡镇在基层治理方面，通过制度与机制建立、治理力量强化、治理方式创新与治理举措落实等逐步构建和完善基层治理体系，针对各村特点因地制宜地实施治理，引入物业公司和村民参与治理，发挥市场和自治的作用，取得了一定的治理效果。但是，在其治理过程中也存在一些问题与不足。仍然以X镇为例，X镇曾经被列入"治理类乡镇"，报告统计与分析中显示出12345政务服务热线"接诉即办"市民诉求类型主要是以下三类。第一类是关于基础设施与公共服务提供方面（1年内投诉量达1223件），包括收取资源费、社区出入

证办理困难、村内公厕管理不完善、邻里纠纷、道路破损、垃圾清理等诉求；第二类是疫情防控相关诉求（1 年内投诉量达 365 件），主要包括防疫级别调整、隔离问题，解除隔离、集中隔离、政策等方面的诉求，以及封闭管理期间生活保障如快递、菜价等方面的诉求；第三类是关于基层治理能力以及专业性、合法性方面，包括安全整治行动影响居民正常生活、保安未文明执法、村委会不作为等诉求。这显示出 X 镇人口倒挂村的治理成效还不尽如人意。以善治理念为基础，本报告提出以下反思与建议。

（一）基层治理应统合不同目标，提高与国家顶层设计的配适度

国家治理层面的顶层设计与价值理念是一种全盘性、整体性与系统性的治理安排，这种治理安排往往通过各层级明确制定的制度与规则得以在社会中落实。但是多层行政体系以及不同职能部门的分解与细化会导致其碎片化、片面化，以至于以此为基础的基层治理目标逐渐偏离国家治理层面的顶层设计与价值理念，甚至与之背道而驰，具体表现为在基层治理中手段与目标的倒置。调研过程中发现，一部分基层政府以降低人口倒挂比（短期目标）为治理的终极追求，"这些多余的人只要不在我管的地域范围内就行，我管他去哪里"之类的治理思维仍然存在。另外，在疫情防控中存在"一刀切""过度防疫"现象，一部分小区"一人感染，全区封控""只要行程码带星，一律集中隔离"等管理措施给低风险人群的工作和生活带来了影响。为此，基层政府在确立治理目标时，应该按照国家层面的"为人民服务""共建共治共享"等治理要求与目标，使基层治理目标更加多元化、全面化、长期化。

（二）拓宽流动人口自我管理渠道，积极营造有利于流动人口参与社区治理的环境

城乡接合部地区治理主体已实现多元化，凝聚了市场以及当地村民的力量，有利于集中治理资源，实现高效治理。但是其在治理中仅将流动人口视为主要的治理对象之一，没有充分挖掘流动人口的自我管理、自我监督、自

我服务能力与其参与治理的潜力。本报告建议,一方面,基层政府应在机制设置层面充分考虑流动人口需求与内部结构性特征,基于此设置流动人口参与基层治理的渠道。例如,通过政府购买服务方式引入社会组织来吸纳流动人口、凝聚流动人口力量,同时能宣传政府政策,通过流动人口之间的相互影响与带动形成稳定的治理力量,增强社区认同感。另一方面,应该充分认识到人口倒挂村治理中流动人口既是被管理者与被服务对象,更是一股强大的治理力量,其自身拥有不可忽视的治理资源。因此,在社会环境营造方面,应该放弃对流动人口标签化的思维与宣传方式,营造一种更加平等、包容的社会环境。同时,基层政府应该积极探索并提供符合流动人口内部不同群体进行自我管理与参与社区治理特征的制度安排,将流动人口纳入治理主体范围,使流动人口能够充分融入当地社区,鼓励流动人口主动参与社区治理。

(三)审视人口调控的本质,提升规划能力,以治理促发展

X镇基层政府对11个人口倒挂村的整治有着潜在的张力:一方面,要控制人口数量,减少房屋出租以达到既定的人口疏解任务目标;另一方面,为维持物业进村模式的可持续运行与发展、壮大村集体经济,村内必须有一定量的房屋出租。这样,以人口调控为重点的整治带来了"意外后果",村内存在大量空置出租房屋,导致镇域经济效益降低,影响物业公司的持续运营,使村集体经济、当地村民个人收益受到影响。

怎样理解这种张力?如何调和、化解二者的矛盾?首先,在北京市"疏整促"背景下的基层治理中,基层政府应该充分把握人口调控的本质与目的。"疏整促"等思想提出的背景是人口过度聚集带来的诸多"大城市病",影响首都高质量发展与人民美好生活的实现,在此背景下的人口调控本质是为了提高人民生活水平、实现首都高质量发展。因此,人口调控任务应该富有弹性,不同区域范围内的人口调控数量应根据当地环境资源承载力确定,而非用某一刚性指标作为约束条件。其次,重视规划在人口倒挂村发展中的重要作用。例如,可以通过社区规划师及规划团队的制度创新推动系统的、

全域的社区规划行动①，进而推进基层治理水平和品质提升。具体来说，基层政府应积极作为，发挥主导作用，采取一定的策略，推动社区规划师及规划团队进入政府管理的行政领域、各利益相关者联结的公共领域以及村民生活的日常生活领域，以跨学科、跨部门的整体性视角对各村进行因地制宜的规划与建设，保证村内各类资源配置在满足人民所需的前提下得以优化，以治理促发展。

北京市城乡接合部地区流动人口聚居区的社会形态不同于完全的城市社区或乡村社区，居住于此的流动人口异质性强、易形成多元利益诉求格局，这使得基层政府面临多重矛盾交汇点与治理复杂性难题。解决治理复杂性难题仅靠基层政府力量高位推动是不够的，基层政府应在充分认识各区域社会形态特征、人口结构特征、社区自然禀赋等客观条件之后，积极吸纳各区域的治理力量、凝聚治理资源，特别是应该正视流动人口的特征与作用，主动在镇域内营造对流动人口的"去标签化"氛围，通过制度设计畅通流动人口表达合法诉求与参与社区治理的渠道，搭建主体间协商共建机制，在组织架构上着力畅通各主体间参与治理的渠道，同时运用现代科学技术提高治理资源利用效率，并设置常态化激励与监督机制，确保治理资源利用到位。

本报告在北京市"疏整促"背景下分析目前北京市流动人口及其聚居区现状，并通过 X 镇 11 个重点人口倒挂村的典型案例，分析其人口年龄、性别、出租房屋等结构，总结 X 镇基层政府在治理中取得的成效并概括其治理经验，旨在为北京市人口倒挂村的基层治理提供可行性路径。除此之外，在总结已有基层治理取得的成果与经验的基础上，本报告进一步认为，中国是一个人口大国，其中流动人口数量高达 3.7 亿人，人口问题是一个全域性、全程性的问题，对人口的有效管理涉及人民社会生活与国家整体发展的各个方面，地方政府与基层管理者应该尝试突破传统管理思维的局限性，提高政治站位，搭建更加完善的基层治理体系。

---

① 刘佳燕、邓翔宇：《北京基层空间治理的创新实践——责任规划师制度与社区规划行动策略》，《国际城市规划》2021 年第 6 期。

参考文献

陈亮、李元：《去"悬浮化"与有效治理：新时期党建引领基层社会治理的创新逻辑与类型学分析》，《探索》2018 年第 6 期。

杜鹏：《村级物业化治理：农村社区治理转型路径与反思》，《学习与实践》2016 年第 10 期。

冯晓英：《论北京"城中村"改造——兼述流动人口聚居区合作治理》，《人口与社会》2010 年第 6 期。

韩俊丽：《基于农村社区化的现代物业管理发展模式研究》，《农业经济》2016 年第 2 期。

李晓飞、崔月：《在"常规"与"运动"之间：城市基层的聚合式治理机制》，《华中科技大学学报》（社会科学版）2022 年第 2 期。

沈迁：《村改居社区物业治理共同体：逻辑思路、实践形态与优化路径》，《西北民族大学学报》（哲学社会科学版）2022 年第 3 期。

涂晓芳、刘鹤：《城中村社区治理模式的比较研究》，《云南行政学院学报》2010 年第 6 期。

B.7
北京市常住外来人口服务管理研究

陈志光　朱　赫*

摘　要： 本报告以北京市常住外来人口为研究对象，基于北京市统计局的权威调查数据，研究常住外来人口的基本状况，分析服务和管理中存在的问题和不足。重点提出了提高北京市常住外来人口服务管理水平的建议与措施，主要包括：建立健全动态信息系统；分类、有序提高外来人口的服务管理水平；改善就业状况，提高收入水平；改善住房环境，提高居住水平；提高外来人口社保参保率；改善随迁子女教育与发展状况；提高市民化意愿，促进身份认同。

关键词： 常住外来人口　常住外来人口服务管理　北京市

一　常住外来人口集聚的原因：人口迁移流动理论

人类有史以来一直不断迁移流动，具有迁移倾向是人类的显著特征之一。同时，人口迁移流动产生的原因复杂多变，带来的影响也是重大深远。因而，人口迁移流动受到西方学者的关注，有关人口迁移流动的理论和方法层出不穷，扩展了人口迁移流动研究的理论视野和实证范围。但现代西方学者的人口迁移流动研究并没有一个完整、统一的人口迁移流动理论；西方现有的人口迁移流动理论，实际上是由多个视角、互为补充、互相冲突的理论组合在一起构成的。对于当今人口迁移流动过程的全面理解，仅靠一种理论

---

* 陈志光，法学博士，副研究员，中共北京市委党校（北京行政学院）社会学教研部讲师，研究方向为人口发展、政策社会学；朱赫，中共北京市委党校（北京行政学院）硕士研究生，研究方向为人口社会学、社会政策。

或一种方法是难以完成的，必须综合多维视角、不同层次、各种理论，才能反映出人口迁移流动过程的主体面貌。从莱文斯坦开创人口迁移流动法则，到"推—拉"理论的提出，再到李氏对人口迁移流动理论的系统研究；从刘易斯二元经济结构的提出，到拉尼斯—费景汉的精心修改，再到托达罗、乔根森的城乡人口迁移模型；从个人收益最大化到家庭风险最小化，从生命周期理论到压力临界值模型，从移民关系网络、迁移累积效果到迁移系统研究理论；从国内迁移理论到世界体系理论；从人口迁移流动到移民社会融入……过去几十年，西方学者的研究形成了无数经典的人口迁移流动理论。本报告选取研究多、应用广、影响大的人口迁移流动理论，进行系统的梳理和比较，力求充分反映西方人口迁移流动研究的目的、方法、视角、内容、结果、不足等，为我国研究历史、现今、未来的人口迁移流动提供理论视角和实证基础，并将从中吸取经验和教训，纳入正确观点，摒弃错误论断，更好地反映、解释当今中国农业转移人口市民化的现状、趋势、规律和影响。综上所述，当代西方人口迁移流动理论从人口、社会、经济、文化、心理等多学科、多角度对人口迁移流动的特点、趋势、原因、机制、影响、后果等方面进行了系统、全面、深入、详细的分析和研究，形成了许多经典的理论模型和实证框架。

　　总体来讲，不论是人口迁移流动的规律性研究，还是经济学研究、社会学研究，西方人口迁移流动理论存在几点共性之处。第一，主要是解释完全市场经济条件下自发性的人口迁移流动。虽然西方人口迁移流动理论也涉及中间阻碍因素的研究，但这更多是从微观个体角度进行的思考，西方人口迁移流动理论的宏观背景是在市场经济条件下的人口自由迁移流动。第二，强调二元经济结构。无论是刘易斯的农村剩余劳动力转移模型，还是托达罗、乔根森的城乡人口迁移模型，或是"推—拉"理论、移民网络理论等，事实上都是把城乡二元经济结构作为人口迁移流动的前提与基础。第三，西方人口迁移流动理论把工业化进程、城市化发展同人口迁移流动现象互相对照研究，并且认为几者之间存在内在的、必然的联系和机制。这种把人口现象与社会、经济发展相结合的研究方法大大促进了人口迁移流动理论的发展和完善。第四，理论与实践的相互印证。西方人口迁移流动理论虽然存在许多假设、抽象概念，但大多非常注重理论对实践的指导作用，每一方面的理论都要求与人口迁移流动的现实相吻合、与人口迁移流动的进程相适应。当然，西方人口迁移流动理论也存在各种各样的局限和不足，它们大多是根据西方发达国家的历史和经验推导而来，能否适用于世界其他国家，能否适用于中国特殊国情下的人口大规模迁移流动，成为许多学者特别是中国学者关心和研究的重点问题。

二　北京市常住外来人口基本状况

北京（Beijing），简称"京"，古称燕京、北平，是中华人民共和国的首都、直辖市、国家中心城市、超大城市，国务院批复确定的中国政治中心、文化中心、国际交往中心、科技创新中心。截至 2020 年，全市下辖 16 个区，总面积 16410.54 平方千米。2021 年，北京市实现地区生产总值 40269.6 亿元，按不变价格计算，比 2020 年增长 8.5%。其中，第一产业增加值 111.3 亿元，增长 2.7%；第二产业增加值 7268.6 亿元，增长 23.2%；第三产业增加值 32889.6 亿元，增长 5.7%。三次产业构成为 0.3∶18.0∶81.7。按常住人口计算，全市人均地区生产总值为 18.4 万元。截至 2021 年末，北京市常住人口为 2188.6 万人，比 2020 年末减少 0.4 万人。其中，城镇人口为 1916.1 万人，占常住人口的比重为 87.5%；常住外来人口 834.8 万人，占常住人口的比重为 38.1%。出生人口为 13.9 万人，常住人口出生率为 6.35‰，死亡率为 5.39‰，自然增长率为 0.96‰。

北京市常住人口整体在 1978~2016 年呈现快速增长趋势，2016 年，北京市常住人口达到 2195.4 万人；2016 年之后常住人口略微下降，但总体变化不大，到 2021 年末维持在 2188.6 万人。常住外来人口在常住人口中的比重不断上升，1978~2014 年，常住外来人口占常住人口的比重从 2.50% 上升到 39.53%，2014 年之后这个比重有所下降，但整体依然维持在 39.00% 以上（见图1）。一方面可能因为北京市近年来一直在进行人口调控，实行减量发展模式；另一方面也与北京市产业结构调整、非首都功能疏解以及生活成本、交通成本提升有关。

2021 年北京市人口分布状况显示，常住外来人口最多的 5 个区分别为昌平区、朝阳区、海淀区、大兴区和通州区，分别达到 132.1 万人、126.1 万人、

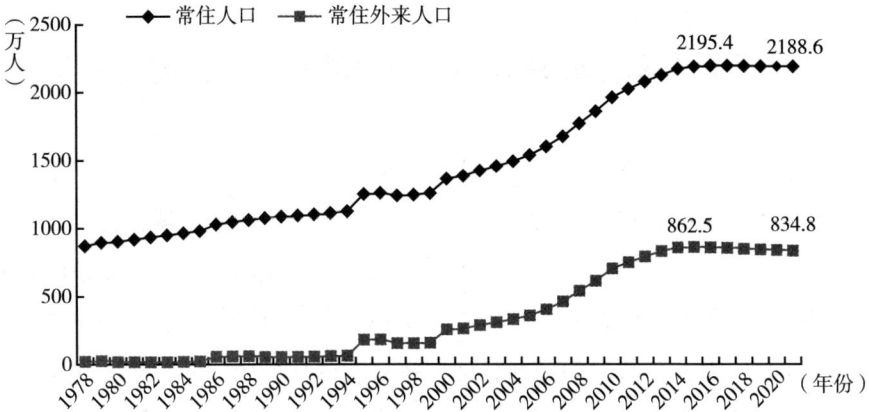

图1 1978~2021年北京市人口变动趋势

资料来源：北京市统计局，2022年8月16日，http：//tjj. beijing. gov. cn/tjsj_ 31433/tjbmfbjh/ndtjzl_ 31437/2022ndtjzl/202112/t20211231_ 2580225. html。

107. 1万人、102. 2万人和89. 9万人；其中，昌平区的常住外来人口占该区常住人口的比重超过一半，高达58. 19%，可见昌平区对常住外来人口的吸引力较高。而东城区和西城区常住外来人口占两区常住人口的比重仅分别为21. 89%和21. 20%（见图2），这可能是由于两区的房价较高，加之北京市实施人口调控的政策，常住外来人口较少。

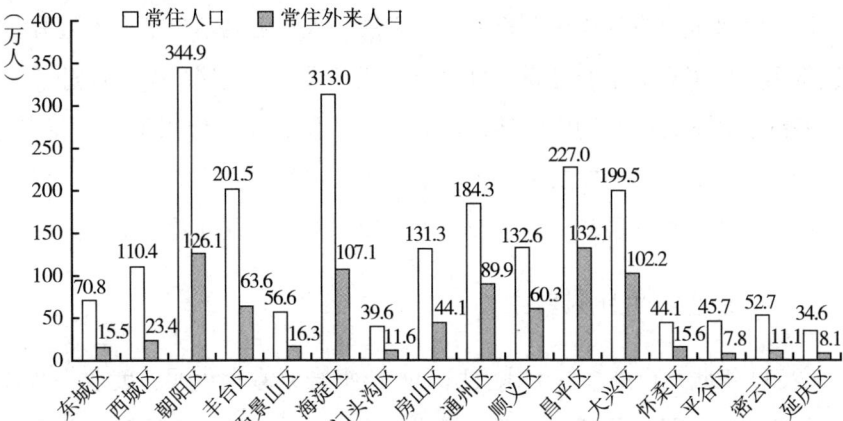

图2 2021年北京市人口分布状况

资料来源：北京市统计局，2022年8月16日，http：//tjj. beijing. gov. cn/tjsj_ 31433/tjbmfbjh/ndtjzl_ 31437/2022ndtjzl/202112/t20211231_ 2580225. html。

三 北京市常住外来人口服务管理存在的问题与不足

改革开放以来，农业剩余劳动力转入城市第二、第三产业，带来了我国历史上最大规模的人口迁移流动。大规模的外来人口促进了现代化发展，加快了城市化进程，推动了社会的繁荣。外来人口是我国实体经济体系的人力资源基础，它作为最活跃的生产要素，推动了我国经济的高速发展。外来人口不再只是一个关系自身的问题，他们将对我国社会经济的可持续发展、新型城镇化的建设产生重大而深远的影响，应该把解决外来人口问题放在全局性、战略性和长期性的角度加以重视。外来人口是北京市经济平稳高效增长的动力。外来人口为北京市带来了廉价的劳动力、丰富的人力资源，使企业充分发挥了劳动力资源的比较优势，降低了生产成本，提高了生产利润，推动了经济的快速增长。同时，大量外来人口在北京市生产和生活，进一步促进了产业、人口的双集聚。而且，外来人口也带来了丰富的消费资源，促使北京市迅速发展。外来人口是北京市社会发展繁荣昌盛的重要力量。外来人口对于缓解北京市人口老龄化、劳动力大龄化具有重要作用。同时，外来人口的流入，对于北京市焕发生机活力、促进文化发展、推动社会进步具有重要作用。外来人口有利于亿万户家庭的发展。人口流动不仅带来了人力资本的积累和人口素质的全面提高，也给家庭成员带来了发展机会，促进了家庭成员经济水平的提高和物质生活的改善，更为随迁子女带来了接触新观念、新事物的机会。而新的发展机会带动了整个人口流动家庭的发展，进而更好地推动人口的均衡发展和人的全面发展。但也面临一些问题和不足。

（一）就业行业比较集中

《2020年北京市外来新生代农民工监测报告》数据表明，就业人数前5位的行业依次为居民服务、修理和其他服务业，制造业，建筑业，批发和零售业，住宿和餐饮业，共吸纳67.2%的新生代农民工就业。

2020年，新生代农民工从业人数最多的7个行业按照收入水平排序依次为：信息传输、软件和信息技术服务业，建筑业，交通运输、仓储和邮政业，制造业，批发和零售业，住宿和餐饮业，居民服务、修理和其他服务业。7个行业月均收入分别为10571元、6587元、6489元、6017元、5888元、5668元和5195元。其中，收入最高的信息传输、软件和信息技术服务业从业人员月均收入比上年同期增长15.5%；从业人数最多、收入最低的居民服务、修理和其他服务业从业人员月均收入比上年同期降低2.6%。

（二）居住安全值得关注

目前，农业转移人口在城镇的居住条件，可以用"比较差"来概括。除少数进城经商的农业转移人口在城镇购买了住房，绝大部分农业转移人口在城镇都没有自己的住房。农业转移人口的居住方式基本是两种，一种是租住民房，包括城中村房、车库、楼梯间、地下室等；另一种是住集体宿舍，包括工厂宿舍、简易工棚、打烊后的门店等。一方面，农业转移人口的住房需求得不到满足；另一方面，为节省租房、住房费用，一部分农业转移人口特别是建筑工人常常在工地附近搭建简易住房。这些简易住房往往由于建设简陋、安全措施少、使用明火做饭、私接电源电线等存在较大的安全隐患，既严重影响财物安全，更危及农业转移人口的人身安全。

（三）外来人口社保参保率较低

外来人口在北京市的社保参保率还较低，原因主要在于：虽然国家明确规定了企业要为员工缴纳社保，但在现实生活中，很多企业为了节省成本，会找各种理由不给员工缴纳社保；很多外来人口本身也不愿意缴纳社保，他们只从短期利益出发，认为每个月要缴纳几百元影响了自身及其家庭的当前生活水平。

（四）外来学生初中、高中入学比重低

2020年北京市外来学生中，幼儿园外来学生接近13万人，小学外来学生超过25万人；初中外来学生不到6万人，高中外来学生只有1万多人；中等

职业教育外来学生也只有 1 万多人。外来学生主要集中在义务教育阶段（见图 3）。

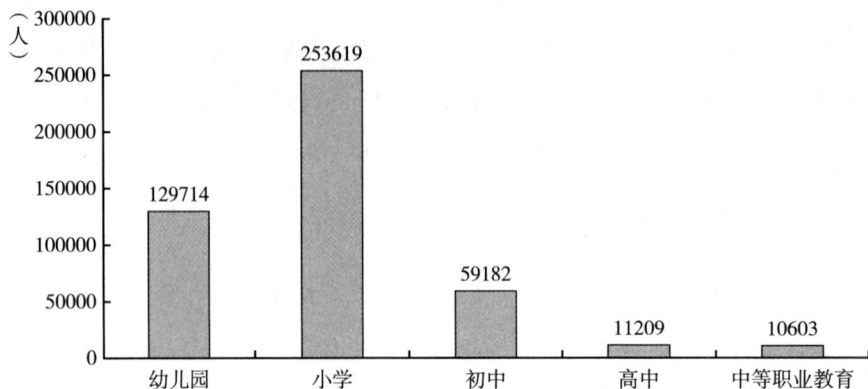

图 3　2020 年北京市外来学生数量

资料来源：《北京统计年鉴 2021》。

（五）社会融合水平有待提高

大城市经济、社会更加发达，教育、医疗等公共服务水平更高，外来人口自然是愿意融入以及长期居住的（可能不愿意在本地养老），但由于就业居住、子女教育等方面的不公正待遇和较低的经济社会地位，他们的态度和意愿发生转变，变得排斥甚至是想逃离。

当前，有关农业转移人口市民化的政策也有几个不足之处，主要表现为以下几方面。其一，政策的长期预见性不足。关于农业转移人口市民化的很多政策都是基于现实情况的滞后式应对措施，只关注短期利益，缺乏预见性、长期性和成长性。其二，政策的系统性不够完整，统筹能力不强。各项政策之间只是单个的、独立的存在，缺乏逻辑性和连接性，没有形成层次分明的政策系统。其三，从政策实践效果来看，一些阻碍农业转移人口市民化进程的问题还没有得到根本解决。例如，统一开放的劳动力市场体系还没有形成，农村宅基地、承包地与城市住房难以衔接和转换，不同城市之间社保的参保年限等难以接续，继续深化改革依然任重道远。其四，很多政策在实施中缺乏过程监督和效果评估。"上面千条线，下面一根针"，很多政策虽然是行政部门制定和颁布的，但真正的落实都是在基层政府和乡镇（街道）、社区（村），基层压力过大，很多政策并没有实际效果。

四 提高北京市常住外来人口服务管理水平的建议与措施

（一）建立健全动态信息系统

建立健全动态信息系统。充分利用防疫、卫健、统计、公安、劳动保障、农业等部门的信息资源和数据基础，建立和完善外来人口生产生活信息管理系统，实现外来人口信息跨部门、跨系统、跨地区共享，提高外来人口的服务管理效能。构建全市、各区、乡镇（街道）、社区（村）四级联动的外来人口信息资源库，将外来人口信息系统纳入多元、多层、多级服务管理平台，形成人口服务管理区域的"一盘棋"。建立北京市外来人口集聚区域与全国主要流出地、流入地的资源、信息共享机制。通过流出地与流入地政府和组织的互通有无、相互协作、共享共用，切实掌握外来人口及其家庭成员流动前、流动后的社会经济状况及其心理、行为变化情况，从而更好、更快地提高外来人口的服务管理水平。构建动态监测调查系统。借鉴各地"以房管人""以企管人""以片管人"的模式与经验，构建外来人口动态监测调查系统，掌握外来人口的基本信息和流动前后的变化状况。构建经济、社会、环境、文化等指标与外来人口相互关联的动态监测调查系统，研究经济背景、产业变动、人口分布之间的互动关系和因果关系，为政府调控、企业决策、人口选择提供有力的数据支撑和动态基础。以家庭为单位，构建外来家庭的动态监测调查系统，加强对外来人口状况的统计监测和动态调查，这对于促进外来家庭的全面协调发展、和谐幸福生活具有不可替代的重要作用。优化就业监测指标体系，完善就业形势定期监测报告制度。推动市就业工作领导小组成员单位和市大数据中心间就业信息数据的整合共享，提高就业工作协同性。建立健全就业调查工作机制，依托专门的就业调查队伍，定期做好对外来人口各类就业状况的调查排摸，掌握区域劳动力资源信息。进一步完善外来人口流向信息共享机制，为分析外来人口就业和流动趋势提供数据支撑。完善失业动态监测、失业登记和失业保险金领取情况监测，加密监测频率，加强数据比对。建立重点企业舆情分析、信访跟踪、裁员报告联动的处置机制，及时捕捉苗头性、倾向性问题，早发现、早预警。做好舆情监测研判，建立重大舆情沟通协调和应急处置机制。

（二）分类、有序提高外来人口的服务管理水平

外来人口是一个规模庞大、异质性很强的群体，特别是在北上广深津等特大城市里面，外来人口之间更是千差万别。因此，外来人口服务管理措施要从外来人口的现实情况和各自意愿等方面综合考量，对不同类型的外来人口采取不同的、有所侧重的服务管理措施，分类、有序提高外来人口的服务管理水平。

分类原则是指根据外来人口就业状况、收入水平、各自意愿等标准，大致将其分为三类。第一类，有较好的就业单位，职业上有较高的专业技能，收入来源多样且收入较高，有条件较好的住所，已在固定城市工作和居住多年，随迁子女在公立学校学习并成绩良好，愿意在流入地长期居住和养老，有很强的市民化意愿。第二类，有固定的就业单位，职业上有一定的专业技能，收入相对固定，有稳定的住所，但市民化意愿具有"徘徊性"，既想融入城市，又想返回家乡。第三类，没有稳定的就业单位，农闲时节外出打零工，收入较少，居住条件较差，在农村参加各类社保，子女在户籍地成为留守儿童，没有在流入地长期居住的意愿。

有序原则是指根据事物发展的内在规律和外在模式，按照最优化的顺序和步骤提高外来人口的服务管理水平。受我国现行户籍管理制度和城市公共服务体制所限，提高外来人口的服务管理水平将是一项长期、复杂而艰巨的任务，不可能一步到位，需基于现实情况和通过政策完善分步、有序进行。

首先，优先集中精力解决外来人口面临的重要、突出的困难和问题，如外来务工人员被拖欠的工资、异地医疗保险、随迁子女的入学等；其次，及时有效地解决外来家庭面临的突发、紧急的困难和问题，如工伤保险的赔付、住房拆除等；再次，做好制度设计和长远规划，多元主体共同努力，解决外来人口的长期困难，消除制度障碍，如户籍制度改革、劳动力市场分割、社会保障转移接续等；最后，重视外来人口的市民化意愿、养老保障等，尊重个人选择和社会发展规律，逐步推进外来人口的社会融入和身份认同。

（三）改善就业状况，提高收入水平

就业是最大的民生，也是经济发展最基本的支撑。外来人口的就业与收入问题是他们关心的问题之一，迫切需要政府、企业、社会等为他们提供更多的服务和帮助。要深入贯彻习近平新时代中国特色社会主义思想和北京市第十三次党代会精神，扎实做好"稳就业"工作、全面落实"保居民就业"任务，优化就业优先政策，推动实现更加充分、更高质量就业，确保全市外来人口就业大局稳定和经济社会持续健康发展。

聚焦用人单位岗位流失、用工短缺、成本偏高等问题，加大援企稳岗工作力度，帮助各类市场主体渡过难关；聚焦劳动者就业创业、技能提升、权益保障等需求，强化精准帮扶，及时发现并处理影响就业稳定的苗头性、倾向性问题。完善"稳就业"目标责任制，压实各方责任，形成工作合力，努力将调查失业率恢复到合理区间，稳定全市整体就业规模，力争完成全年新增就业岗位等各项就业预期目标。通过产业拉动就业、创业带动就业、培训促进就业、托底安置就业，落实落细"稳就业"政策，优化线上线下就业服务，创造公平就业环境，牢牢守住不出现规模性失业风险的底线，为全市就业形势稳定贡献力量。深化京津冀、东西部劳务协作，继续提高劳务输入的组织化程度。加强与对口帮扶重点省份的合作，开展"点对点"转移就业服务保障工作，帮助外来务工人员安全有序返岗复工。加大对外来务工人员在新冠肺炎疫情防控、公共招聘、技能培训、权益保障等方面的支持力度，帮助企业降低招聘外来务工人员的各项成本，提高外来务工人员的就业稳定性。

实施首都技能人才"金蓝领"培育计划,重点围绕高精尖产业、数字经济、"京味儿"文旅民俗以及超大城市运行保障等领域,积极推进项目式、精准化培训服务。持续面向外来人口等重点群体开展免费就业技能培训。按照培训项目、技能等级和实施效果,给予承担任务的机构培训补贴。结合产业发展、用工需求和就业意愿,大力开展针对企业职工、转岗人员、失业人员等各类群体的职业技能培训,积极组织物流、安保、餐饮、家政、建设、保洁、绿化等适合外来务工人员就业行业的职业技能培训。加快落实职业技能提升补贴扩围政策,鼓励更多在职人员、灵活就业人员、本市院校毕业生、失业人员、残疾人等群体获得职业资格证书、职业技能等级证书,提升就业能力。

推进外来人口的"大众创业、万众创新"。支持创业带动就业,大力发展创业孵化基地,推进创业型社区建设,持续培育农村创业园区、退役军人创业园区、残疾人创业孵化基地,并落实创业扶持政策和资金支持政策。鼓励创业孵化基地孵化更多大学生创业项目,鼓励在孵实体吸纳更多大学生就业或实习。实施大学生实习"扬帆计划",广泛开展各级政务实习、企业实习和职业体验活动。实施大学生乡村创业帮扶计划,鼓励大学生下乡创业。加大力度落实各类灵活就业支持政策,鼓励就业困难人员、离校未就业高校毕业生、大龄失业人员、长期失业青年、大龄离土农民等群体通过个体工商户、非全日制就业以及平台就业等形态实现就业。研究制定平台就业劳动保障政策,试点开展平台网约劳动者职业伤害保障工作,推进新就业形态劳动者互助保障计划,鼓励平台创造更多灵活就业岗位,提升平台灵活就业人员的保障水平。将灵活就业人员和灵活就业岗位供求信息纳入本市公共就业服务范围,加大对有灵活就业意愿人员的服务力度。鼓励经营性人力资源服务机构设立专门的零工市场或网络平台,为灵活就业人员提供规范有序的求职招聘、技能培训等专业化服务。通过灵活就业登记参保、实有人口自主填报、社区就业监测等渠道,探索建立灵活就业人员实名制管理制度,定期开展灵活就业人员就业状况分析。

做好对外来人口中的大龄失业人员、长期失业青年、零就业家庭成员、低收入困难家庭成员、残疾人和刑满释放、戒毒康复人员等困难群体的就业援助。落实就业困难人员各类补贴政策，动态调整就业困难人员线下就业服务，创造条件促进就业困难人员实现用人单位吸纳就业或灵活就业。合理调整公益性岗位结构，充分发挥公益性岗位吸纳就业困难人员的过渡性安置作用。在有就业意愿且服从安排的前提下，确保零就业家庭在认定后1个月内至少有1名家庭成员实现就业，就业困难人员在认定后3个月内实现就业。对生活困难群体按规定纳入最低生活保障、临时救助、困难帮扶等社会救助范围。对实现就业的低保对象，通过"救助渐退"、收入豁免等措施，增强其就业意愿和就业稳定性。

外来人口自身应不断增强主动学习意识和终身学习意识，掌握新知识、新方法，根据自身的特点、兴趣、社会需求，有计划、有目标地熟练掌握一门或几门实践操作技术。培养外来人口成就动机，使外来人口懂得"人人都可能成功"；引导外来人口正确认识自我、找准定位，不断创造自身价值。外来人口应在工作中保持自信乐观的态度，情绪稳定、意志坚定、努力工作、积极进取，理性辨别诱因，积极地看待挫折，辩证地对待得失。培养情绪控制能力，理智看待社会中的各种不公平现象，特别要对各种歧视外来人口的现象保持理智，既不能表现过激甚至产生冲突，也要有理、有据、有节地维护自己的权益。

各级政府要切实承担"稳就业"工作的属地责任，加强对"稳就业"工作的领导，全力推动国家和本市各项政策落实落地，并将"稳就业"工作成效纳入各级政府绩效考核内容。市、区人力资源和社会保障部门要履行好市、区就业工作领导小组办公室职责，做好"稳就业"工作职责和目标任务的分解落实，压实各方工作责任，对主要就业指标和政策落实情况定期进行考核督查。市、区就业工作领导小组各成员单位要从各自职能出发，明确"稳就业"工作职责和目标任务，协同推进各项"稳就业"政策落实落地。市政府每年根据"稳就业"工作目标任务完成情况确定一批"稳就业"工作先进区，在全市层面通报表扬，并在就业资金分配时予以适当倾斜。各级政府要根据就业形势和工作目标，统筹促进就业的支持政策和服务资源，加大资金和服务投入力度。各级财政部门、人力资源和社会保障部门要强化就业补助资金的监督管理和风险防范，开展就业补助资金绩效评价，切实提高使用效益。要围绕就业补助资金保障重点，坚持惠企利民导向，不断完善就业补助资金分配管理制度，将就业补助资金投入和执行情况、就业补助资金绩效评价结果等作为就业补助资金分配的重要依据。

（四）改善住房环境，提高居住水平

北京市外来人口的住房问题既是民生问题也是发展问题，关系千家万户切身利益，关系人民安居乐业，关系经济社会发展全局，关系社会和谐稳定。

适时有序将外来人口纳入城市住房保障体系。外来人口住房问题事关重大，而他们又是城市住房困难群体，将他们纳入城市住房保障体系是必然趋势。当前，应视经济发展阶段和财力承受能力量力而行，循序渐进地予以推进。长期以来，大量的外来人口为北京城市建设、社会发展做出了重要贡献。为此，《北京市共有产权住房管理暂行办法》特别强调，北京市共有产权住房的供应对象为本市户籍无房家庭和符合住房限购条件、稳定就业的非本市户籍无房家庭，并要求拿出不少于30%的房源，面向符合条件的非本市户籍家庭配售。房住不炒，如何解决群众住房困难，同时抑制投资投机，是保障性住房面临的一个重要问题。除了在分配环节对申购人进行更加细致、精准的识别，还应通过共有产权方式，使政府与个人产权份额"显化"，从而建立起对个人的扶持与制约机制，在让老百姓买得起房的同时，有效抑制投资投机，回归保障性住房根本属性。

重点关注"80后""90后"转移家庭，及时解决他们的居住问题。首先，在购买、置换商品房，租赁住房，申请保障性住房等方面优先考虑"80后""90后"转移家庭的需求，因为他们最急迫、最困难。其次，"80后""90后"既是当前生产生活的主力军，也是家庭的顶梁柱、主心骨，他们必须兼顾工作和家庭。因此，要合理解决好产城融合问题，解决好外来人口工作场所和居住住房的统筹与协调问题，使产业规划和社区建设规划有机结合。再次，"80后""90后"转移家庭人口规模大、人员构成复杂、家

庭需求多样，因此需要做好住房户型、面积、装修等设计工作，多建设单元式的、公寓式的家庭住房，满足老人、青壮年、小孩的不同需求。在外来人口初来流入地时，各级政府要做好服务管理工作。政府可在外来人口流入集中的时间段和空间点加大土地和住房的供给力度，为外来人口购房、租房提供稳定可靠的支撑。社会各界和房产所有者也应加大住房的出售、出租力度，并适当让利给初来本地的外来人口。外来人口集中的工厂和企业要及时为新员工安排宿舍、免费住房、租赁补贴等；住房中介公司也要及时、有效、有针对性地为外来人口提供房源信息、房产租赁信息、房产详细介绍等，使外来人口能够迅速安好家、落好户。

采取多元措施改善生产建筑服务业职工的居住状况。首先，政府、社会、企业等多方面合作，在外来人口集中居住的区域，为他们建设集体宿舍或集体公寓，如天津滨海新区建立的"蓝白领公寓"等。集体宿舍或集体公寓的修建，虽然存在居住隔离、内部矛盾冲突增多、不利于社会融入等问题，但也是短期内缓解住房矛盾、有效解决生产建筑服务业职工居住问题的应急措施。其次，建立健全住房配套设施。外来人口集中居住的区域往往缺乏住房配套设施，因此，加强外来人口集中居住区域医院、市场、学校、公园等住房配套设施的建设成为改善居住环境、促进居住融入的关键性措施。最后，保障居住安全。加大对外来人口居住安全的宣传力度，提醒他们不私自搭建房屋，不违章扩建，注意防火防水，定期打扫住房卫生，合理改善自身的居住环境。

（五）提高外来人口社保参保率

发挥政府主导作用。完善的社保法律是社保缴费、数据管理、待遇支付和基金投资运营的坚强后盾，国家、企业和个人责任明确，各个环节有法可依、有章可循。因此，加快社保立法，建立健全外来人口社保制度，修订完善有关法律法规，增加保障外来人口社保权益的实质性内容，是从根本上解决外来人口社保权益保障问题的关键。

健全社保社会化服务管理，在全国范围内建立一系列基本制度规范，如社保经办机构组织结构与操作规范、统一的社保受益人识别号码体系、社保征缴程序、工资报告制度、银行和邮局对社保基金流程的托管规程等。建立稳固的组织支持系统，将引进高层次人才与加强在职岗位培训相结合，提高工作人员队伍素质，强化服务意识，树立社保经办机构良好的社会形象。建立可靠的技术支持系统，实现社保日常业务管理信息化、网络化，并与银行、税务系统联网；完善个人账户实账管理，建立在职职工和返乡人员的社保数据库；逐步建立全国统一的社保信息系统，实行现代化管理，保证统计和数据信息的技术准确性，为社保的正常运行提供可靠的技术支持。

财政资金是保证外来人口社保制度顺利运行的"血液"，没有充足的财政资金，外来人口社保制度就无法运行。其一，应降低外来人口参加社保的门槛，即研究确定符合外来人口收入情况的费基、费率，减轻他们参加社保的负担。其二，应提高外来人口社保待遇，发挥财政的收入再分配作用，对外来人口的社保基金实行大力补贴。其三，应开辟筹资新渠道。外来人口社保体系建设起步晚，相较于本地常住人口社保体系，将面临更大的资金缺口。对外来人口社保基金的筹集，除了传统的政府财政拨款、用人单位缴纳和外来人口缴费渠道，还可以开辟新的筹资渠道，如发行国债、发行彩票以及大力发展慈善事业等。

从现实角度出发，应分类、有序把外来人口纳入社保体系。可以根据外来人口的职业特点、收入状况、流动程度、定居城镇意愿、市民化程度等，对外来人口进行细分，在此基础上采取分层、分类的措施，保障外来人口的社保权益。对于稳定就业、从事正规职业、建立劳动关系或事实劳动关系、有固定收入和住所、在城镇就业生活时间长或有长期居住意愿和就业能力、市民化程度较高的外来人口，建议直接将他们纳入城镇职工社保体系。对于到城镇就业或进入城镇定居而让出其承包地、失去土地保障的外来人口，可探索、创新"土地换保障"的做法；对于不稳定就业的外来人口，如签订短期合同、频繁流动以及灵活就业的外来人口，可以先建立过渡性质的个人社保账户，将其社保权益直接关联个人社保账户，而不使用社会统筹保险。

企业承担核心责任。各类公、私营企业应拥有营业资质，遵纪守法，按时足量缴纳各类税款，使自身正规、合法，从而有资格、有条件为员工（包括企业内外来人口）提供各类福利和社保待遇。技术含量高、经济效益好、营业利润高的企业可适当让出一部分利润，逐步提高企业内外来人口的收入水平和福利水平，这将有利于外来人口更有财力参加社保，改善自身和家庭的生活状况，免去医疗、养老的各种顾虑，从而能够全身心投入生产和服务中，为企业创造更多效益，形成良性循环。

个体主动参保。外来人口应合理规划好农忙时间和城市就业时间，做好职业发展规划，尽量加强在城市就业的正规性和稳定性，从而更有利于提高社保参保率。增强外来人口的危机意识和养老意识，避免侥幸心理，做好长远规划，提高其参加社保的主动性和积极性。外来人口也要增强自身的维权意识和保护意识，如果地区或企业没有尽到缴纳社保的义务，外来人口要合理地利用法律、申诉等途径，维护好自身社保权益。

（六）改善随迁子女教育与发展状况

坚持以习近平新时代中国特色社会主义思想为指导，全面贯彻党的教育方针，落实立德树人根本任务，着眼建立针对随迁子女的首都高质量教育体系，坚持首善标准，推进基础教育综合改革，强化学校教育主阵地作用，有效缓解家长焦虑情绪，促进随迁子女全面发展、健康成长。

政府为随迁子女承担多方面责任。"两为主"等政策对于保证随迁子女拥有接受义务教育的平等权利和机会发挥了重要的作用，但相关的法律法规还应进一步完善。应逐步将常住人口全部纳入区域教育发展规划，将随迁子女全部纳入财政保障范围。坚持随迁子女义务教育的准公共产品属性，继续完善以财政拨款为主的多元教育投入体制。以公办学校为主，建立中央及地方的经费分担机制；基于县乡财政相对困难的现实，中央财政应在随迁子女义务教育投入中发挥主要作用。各地在安排中央财政奖励资金时，要按照"重点倾斜、集中投入"的原则，向接收随迁子女较多、条件薄弱的城市学校倾斜。要加强宏观调控，合理分配教育资源，统筹安排预算内外资金，还要尽量缩小地区间、校际基础设施建设和师资水平差距，合理规划学校布局，科学核定教师编制，足额拨付教育经费，提供公平的教育服务。建立健全全国联网的中小学生学习信息管理系统，动态跟踪流动情况，全面及时掌握中小学生的准确情况。各地政府要认真履行职责，创造条件使所有符合当地政府规定条件的随迁子女顺利入学，并接受良好的教育。继续消除随迁子女就学障碍，流入地教育行政部门和公办中小学要制定或主动公开相关政策，明确随迁子女招生计划、手续、时间等，简化就读手续，规范入学程序。

引导社会力量办学。社会组织、高等院校、企业工厂、服务机构、社区居委会等社会各界应凝聚力量、团结协作，通过线上、线下的多元渠道，利用多种方式，共同改善随迁子女的教育与发展状况。例如，在市、区开设专属课程；在游乐园、图书馆、博物馆等公共服务机构开辟绿色通道，让随迁子女开阔眼界、寓教于乐；企业开展对随迁子女的慈善救助活动，大学生社团支教随迁子女学校，有关媒体跟踪报道；等等。建立社区中心，在课外时间为随迁子女提供社区教育是在美国、日本、中国香港等国家和地区已经比较成熟和普遍的工作方法。充分利用社工的专业性和职业性，设计一系列主题课程，帮助随迁子女掌握城市生活技能，增强其城市适应性和认同感。

学校的投入和教师的行为。随迁子女教育是学校的重要职责所在。因此，学校应转变思路，用发展的眼光正确看待随迁子女，并为其提供高质量的教育。让随迁子女感受到来自学校、老师和同学的温暖，尽快适应学校生活，愉快地投入学习。教师是在教育一线对随迁子女影响力最大的群体。在教育教学方面，教师要进一步了解随迁子女的学业和心理需求，更新教育方法、策略，有意识地创设有利的学习环境，使随迁子女心情愉快，增强其学习主动性。

家长的责任与义务。经济发展和社会环境是影响随迁子女学习成就的重要因素，而父母的教育投入是比经济社会因素更能影响随迁子女教育发展的变量。一方面，家长不应只顾劳动和工作，致使自身没有时间和精力照顾、教育随迁子女。另一方面，家长也不能把闲暇时间都用在打牌、游戏、闲聊、逛街、电脑、手机等娱乐事项上，而应把时间和精力用于陪伴随迁子女、亲情交流。家长应该教给随迁子女正确、合适的学习观念，采用更温暖、温馨的教育启发随迁子女，用亲情感化随迁子女，用关爱促进随迁子女成长。

培育随迁子女的内生力。其一，提高学习成绩。上课认真听讲，集中精力，不开小差，不交头接耳，不看课外书籍；下课认真完成各科老师布置的作业和实验，仔细复习，不抄袭作业。其二，拓展人际关系。为了促进外地生与本地生的融合，加快学困生的进步步伐，激发学生互相帮助的兴趣，可以开展"朋友手拉手""同住一个家"等活动。其三，树立自信心。通过学习成绩的提高和人际关系的拓展，随迁子女可以在学校和生活中树立自信乐观、积极向上的精神，为更好地适应城市生活、更快地融入社会做好准备。

（七）提高市民化意愿，促进身份认同

政府应做好调查规划和服务管理工作。由于外来人口市民化意愿的异质性和复杂性，以及不同特征外来人口市民化意愿的差异性和动态性，政府应采用动态调查和现代信息化管理技术，加大资金投入力度，及时、有效、准确地了解和掌握外来人口融入、居住、迁移等意愿的现状以及其特征和未来变化趋势，为政治、经济、社会、文化等各项工作提供信息支持和决策支撑。做好就业、居住、社保、教育等方面的服务管理工作。因此，政府应在消除劳动力市场分割、开放和增加保障性住房、提高社保参保率以及完善公平、公正教育工作等方面继续努力，通过这些措施提高外来人口的市民化意愿。引导新闻媒体加强正面宣传，积极开展"稳就业"政策举措、工作经验、市场信息的宣传发布工作，稳定全社会对就业形势的预期。对"稳就业"工作中涌现的典型企业、先进人物，按规定进行表彰奖励，形成全社会关心、支持、重视"稳就业"工作的良好舆论环境和社会氛围。

社会和企业应承担更多的责任和义务。理论分析结果和实践分析结果都表明，职业类型是影响外来人口市民化意愿的显著因素之一，特别是建筑、生产、家政、保洁、保安等行业的员工，他们融入城市、长期居住的意愿都显著较低，应特别提升这些外来人口的市民化意愿。一方面，改善生产、建

筑等企业、工厂的工作环境。外来人口工作时间较长，而生产工厂、建筑工地常常有噪声、污染、辐射、高温等，这降低了外来人口的生活满意度和幸福感，也很大程度上降低了他们的市民化意愿。另一方面，家政、保洁、保安等服务人员工资过低是制约他们提升市民化意愿的重要因素。因此，各单位特别是私营、个体企业适当让出一部分利润提高家政、保洁、保安等服务人员的工资是促进外来人口身份认同的有效手段。同时，家政、保洁、保安等服务人员的职业声望不高、经济社会地位较低是他们市民化意愿不强的关键因素。因此，多宣传他们对经济社会的贡献，提高他们的经济社会地位，也是提升他们市民化意愿的重要措施。

北京市外来人口要根据现实发展情况和自身家庭状况，合理设想好和规划好自身的居住时间、迁户意愿和养老意愿等。外来人口要综合考虑经济收入水平、文化风俗习惯、社会交往网络、子女教育发展等多种因素，比较流入地和流出地的优势、劣势，决定是否要在流入地长期居住、打算居住多长时间、是否要把户口迁入、未来在哪里养老等。只有把这些问题考虑清楚，把意愿和现实结合好，外来人口才能有序实现市民化。外来人口的服务管理是一个长期、缓慢的过程，不能抱有一步到位、一蹴而就的思想。需要长远考虑、长期规划、长期努力，保障服务的前瞻性、制度的连续性、措施的衔接性。

参考文献

北京市统计局、国家统计局北京调查总队编《2020 年北京市外来新生代农民工监测报告》，2021。

陈静静：《公办学校在随迁子女教育中的主体责任及其实现——以上海市浦东新区为例》，《教育科学》2014 年第 2 期。

陈志光：《制造强国战略下的工人职业技能提升研究》，《社科纵横》2016 年第 6 期。

陈志光：《天津农民工基本状况、主要问题与应对措施研究》，《城市》2016 年第

8 期。

陈志光：《农业转移人口长期居留意愿研究》，《山东师范大学学报》（人文社会科学版）2016 年第 4 期。

李伟：《农民工社会保障问题研究综述》，《经济研究参考》2013 年第 6 期。

熊景维：《我国进城农民工城市住房问题研究》，博士学位论文，武汉大学，2013。

B.8
北京市新就业形态群体状况研究报告

张征宇 许盈盈 张 凯 曾 巍*

摘　要： 随着新就业形态群体规模的持续扩大，其状况备受社会关注。本报告阐明了新就业形态的分类和特征，并通过抽样调查推测出北京市新就业形态群体的现状，将阻碍新就业形态群体提升幸福感、获得感的问题根源归纳为法律规范、制度运行、组织保障的"三个缺失"。在梳理国家和北京市两个层面新就业形态政策措施的基础上，提出了以规范促发展、以改革促共享、以协同促共治的发展思路，以及完善法律法规、制定行业标准、便捷异地参保、改善就业环境、加强组织依托、完善公共服务、优化社会救助等具体建议，以期能够尽快补齐短板，促进新就业形态群体良性发展。

关键词： 新就业形态　就业环境　北京市

近年来，随着数字平台经济的迅速发展，新就业形态应运而生，成为介于正式稳定就业和传统灵活就业之间的一种新型组织用工和就业形式。特别是新冠肺炎疫情发生以后，在正常社会经济活动受到限制的情况下，线上经济逆势增长，促使大量劳动者从线下就业转向线上就业，新就业形态群体规模不断扩大，为优化北京市劳动力供需结构、缓解就业结构性矛盾提供了良好契机。但

---
* 张征宇，北京市人力资源和社会保障局就业促进处一级调研员，研究方向为就业、统计分析；许盈盈，北京市人力资源和社会保障局科学研究所干部，中级经济师，研究方向为就业、人力资源开发；张凯，北京市人力资源和社会保障局科学研究所干部，研究方向为就业、劳动关系；曾巍，北京市人力资源和社会保障局就业促进处干部，研究方向为新就业形态、"互联网+就业"。

新就业形态群体大多未与平台企业建立劳动关系，在工作时间、地点、方式等方面具有灵活性，不能完全套用传统的劳动标准和法律法规，因此备受社会关注。亟须着眼于推进首都社会治理体系和治理能力现代化建设，制定实施行之有效的政策措施，保障新就业形态群体的劳动权益，不断改善其就业环境。

一　新就业形态的形成及分类

一方面，数字信息技术介入经济发展带来了传统就业形态的变化：单位就业从固定场所、时间和组织制转为线上、居家、项目制等更加灵活的方式；经营或劳务等个人就业范围打破了地域局限，扩展到更加广阔的空间。另一方面，数字信息技术的引入致使工作安排"信息化"、工时管理"算法化"、收入分配"计件化"，在一定程度上替代了单位（组织、机构）的就业载体作用，平台跨界用人单位、市场中介机构、劳务派遣企业等成为新的就业载体，创造出平台网约就业这一新模式，从而使就业形态从传统单位就业、个人就业的二元分类，发展为依托平台的单位就业、依托平台的个人就业以及平台网约就业的三元分类。新就业形态分类和特征见表1。

表1　新就业形态分类和特征

分类	组成	基本就业特征	与传统就业形态的区别
依托平台的单位就业	单位职工（快递、专送骑手、IT、娱乐视听制作、劳务派遣等）	与单位维持传统劳动关系，单位实施用工管理，安排工作职责、任务，有的以派单计件方式确定工作量和工时，通过"底薪+计件"计发工资，按规定缴纳社会保险	增加线上、居家、远程办公方式，有的以项目制方式安排工作任务，工时考勤要求较松散灵活，连续工作时间较长
	实体创业经营者（餐饮、批发零售等）	无劳动关系，劳动内容由自选经营项目确定，根据市场需求决定劳动时间，存在实体经营场所，劳动报酬为经营收入，以实体单位或户籍个人方式参加社会保险（外地个人无）	增加线上经营渠道
依托平台的个人就业	农业生产经营者	无劳动关系，根据农产品生长规律和市场需求确定劳动时间，劳动地点相对固定，劳动报酬为销售收入，户籍个人方式参加社会保险（外地个人无）	增加线上销售、订单生产渠道

分类	组成	基本就业特征	与传统就业形态的区别
依托平台的个人就业	平台创业经营者(电商、直播"带货"等)	无劳动关系,灵活自定经营项目、时间等,劳动报酬为经营收入,户籍个人方式参加社会保险(外地个人无)	无明确经营场所,平台增加经营渠道,实现跨界经营,需按照平台规则运营、获取经营收入、接受监管等
	平台自由职业者(写手、咨询、众包、分包、自媒体等)	无劳动关系,根据个人专业技术能力自由选择就业内容,就业时间、就业地点、劳动报酬依项目而定,户籍个人方式参加社会保险(外地个人无)	平台提供项目信息、推介个人信息、发布作品等,并制定实行一定规则、监管制度等
平台网约就业	平台网约劳动者(众包骑手、网约司机、家政服务员、搬运工、零工等)	无劳动关系,自愿灵活参与,通过平台信息对接工作任务,劳动收入、劳动时间、劳动强度等取决于平台规则算法、市场需求和自愿选择,户籍个人方式参加社会保险(外地个人无)	既有个人就业的无劳动关系、灵活自由特点,也有单位就业按规则接受并完成工作任务、获取劳动报酬的特点

资料来源:作者自行整理。

二 北京市新就业形态群体现状

(一)有多少人实现新形态就业

2022 年,通过对北京市 2 万名常住劳动力进行就业状况抽样调查①发

---

① 关于北京市常住劳动力就业状况抽样调查的简要说明如下。调查对象为满足"北京市辖区内常住""年龄在 16 周岁及以上"两个条件的人员;整体样本离退休或老年人群拦截比重不超过 15%;男性比重不低于 51%。调查方式以网络调查和现场调查为主,辅助采用网络定向推送等方式。初步计划使用网络调查和现场调查方式完成约 60000 个样本,2022 年 4 月完成 20000 个样本。抽样方法为根据各区常住人口数量占全市常住人口总数的比重进行分层,将全市抽样分为四档,第一档为人数占比低于 3%,第二档为人数占比 3%~6%,第三档人数占比 8%~9%,第四档为人数占比 10% 及以上。设置一档抽样样本 1500 个,二档 3000 个,三档 5000 个,四档 8000 个。每个社区抽取 100 个样本,共计抽取 600 个社区。

现，新就业形态群体占比约为 25.3%，可初步推算北京市新就业形态群体规模约为 324.5 万人。从就业类型看，网约司机、众包骑手等平台网约劳动者占 26.5%；平台个人就业人员占 18.1%；平台单位就业人员约占 56.6%；不包含平台单位就业人员的新就业形态群体规模约为 144.7 万人。

（二）哪类群体以新形态就业

从年龄结构来看，35~49 岁人群是新就业形态主要劳动力，占 45.2%。从文化程度看，受教育程度为大学专科及以上的新就业形态群体占比最高（61.7%），初中及以下占 13.5%，普通高中及中等职业教育占 24.7%（见表 2）。从户籍来看，新就业形态群体以外地户籍为主，占 55.2%。

表 2　新就业形态群体结构分布

单位：%

年龄结构	新就业形态	单位就业	灵活就业	受教育程度	新就业形态	单位就业	灵活就业
16~24 岁	6.5	6.1	4.0	未上过学	0.2	0.1	0.4
25~34 岁	35.5	34.1	19.4	小学	1.5	0.7	4.5
35~49 岁	45.2	46.4	48.4	初中	11.8	8.1	27.0
50~59 岁	12.0	12.7	24.3	普通高中	17.4	9.4	29.5
60~65 岁	0.7	0.5	3.0	中等职业教育	7.3	6.3	10.5
65~69 岁	0.0	0.1	0.4	大学专科	18.1	20.4	11.4
70~79 岁	0.1	0.0	0.5	大学本科	32.6	40.5	12.8
80 岁及以上	0.0	0.0	0.1	研究生	11.0	14.5	3.9

（三）新就业形态群体都在哪些行业

调查显示，新就业形态群体的行业分布主要集中在信息传输、软件和信息技术服务业（22.5%），交通运输、仓储和邮政业（13.6%），居民服务、修理和其他服务业（11.5%），批发和零售业（11.1%），住宿和餐饮业（7.3%）等（见表 3）。

表3　新就业形态群体行业分布

单位：%

行业	占比	行业	占比
信息传输、软件和信息技术服务业	22.5	金融业	3.0
交通运输、仓储和邮政业	13.6	教育业	2.8
居民服务、修理和其他服务业	11.5	卫生、社会保障和社会福利业	2.6
批发和零售业	11.1	科学研究、技术服务和地质勘查业	1.6
住宿和餐饮业	7.3	农、林、牧、渔业	1.3
文化、体育和娱乐业	5.6	公共管理、社会保障和社会组织	1.3
制造业	3.6	电力、热力、燃气及水生产和供应业	0.9
建筑业	3.4	水利、环境和公共设施管理业	0.4
房地产业	3.2	采矿业	0
租赁和商务服务业	3.2	国际组织	0

（四）新就业形态群体就业质量如何

新就业形态群体月均就业收入高于全市平均水平。调查显示，新形态群体完全充分就业率[①]为80.7%；时间充分就业率[②]为87.9%，低于全市时间充分就业率3.7个百分点，低于平台单位就业人员时间充分就业率6.1个百分点；收入充分就业率[③]为91.9%，低于全市收入充分就业率1.7个百分点。新就业形态群体收入水平较为可观，平均月收入为8469元，高于全市平均水平（7692元）。

新就业形态群体就业稳定度[④]和职工社保参与率均较低。新就业形态群体就业稳定度为90.7%，低于全市平均水平（94.7%），就业稳定度相对处于较低水平。60.2%的新就业形态群体参与职工社会保险，低于全市的65.2%；52.6%的新就业形态群体参与了城乡居民社会保险，明显高于平台单位就业

---

① 完全充分就业率：劳动年龄内就业时间在每月167小时以上且就业收入高于最低工资标准的就业人员占所有就业人员的比重。

② 时间充分就业率：劳动年龄内就业时间在每月167小时以上的就业人员占所有就业人员的比重。

③ 收入充分就业率：劳动年龄内就业收入高于最低工资标准的就业人员占所有就业人员的比重。

④ 就业稳定度：就业状态持续1年以上的就业人员占所有就业人员的比重。

人员和全市就业人员。

新就业形态群体就业满意度低于平台单位就业人员就业满意度。新就业形态群体就业满意度为 77.9%，低于平台单位就业人员就业满意度（89.3%）。不满意原因主要集中在收入少或拖欠工资（62.6%）、工作不稳定（35.9%）、劳动强度大（26.7%）等方面。

三　新就业形态群体面临问题的根源

新就业形态对劳动者形成吸引力，但并未明显提高劳动者的就业满意度，反映出新就业形态在发展中出现的种种问题阻碍了劳动者对其的普遍认同，且不同类型的新就业形态群体面临的问题也有所不同。

新就业形态的平台单位就业人员仍与单位形成劳动关系，现行《劳动法》《劳动合同法》《社会保险法》等法律法规全面适用，单位就业人员与企业的权利和义务清晰明确。移动互联网的介入，模糊的是固有的工作场所、时间、组织架构、任务分工等，在使劳动用工更加灵活多样的同时，让比法律法规更加细化的传统工时、考勤、加班、岗位职责、考核奖惩等劳动用工管理规章制度难以跟进，让平台单位就业人员很难形成"好感"。

与传统就业形态相比，新就业形态的创业经营和个人劳务增加了线上途径，所面临的问题更多。《劳动法》《劳动合同法》等并未覆盖创业经营和个人劳务群体，他们在劳动就业中所形成的关系被认定为经济关系、民事关系而并非劳动关系，当出现问题、纠纷时，需要依据《民法典》等法律法规予以解决。但是《民法典》等法律法规对于创业经营、个人劳务中不可避免的经营或劳务时间、收入、安全保护等问题以及因此所出现的人身伤害保障等并未做出明确规定，导致劳动者解决问题、纠纷的依据不足，只能通过协商解决，难以获得公平、合理、可持续的权益保障。

"跨界"单位就业和个人就业的平台网约就业所面临的问题则是"前所未有"的。平台通过信息和算法，将社会上的零散用工需求归类集中，统一向劳动者分派工作任务，实施用工管理，分配劳动报酬，发挥了一定的就业载体功能，使劳动者可以脱离用人单位这一传统载体就业。但是平台并未完全承担用人单位的全部职责，如劳动者的组织管理、社会保险缴纳、劳动安全保护、职业伤害保障、职业培训教育、职业发展等职责，造成一部分就业载体功能缺失。当劳动者在就业过程中出现问题时，只能独自面对，难以获得来自就业载体的帮助和支持。这也是新就业形态群体在拥有更加自由灵活的就业机会、获得不菲劳动报酬的情况下，未将所从事的工作作为终身职业的主要原因。

综上所述，新就业形态群体所面临问题的根源，可归纳为"三个缺失"。

一是法律规范缺失。《劳动法》《劳动合同法》等法律法规未能跟进就业形态的发展变化，没有涉及灵活就业、平台网约就业的基本劳动权益保障标准和规范。法律规范的缺失，导致行业劳动规范依据不足，也使企业的用工指导、监督管理缺失，造成劳动权益维护困难。

二是制度运行缺失。社会保险制度忽视的灵活就业弊病，随着新就业形态发展而进一步"发酵"。一方面，新就业形态群体就业的短期、断续、异地、多样等特点，难以适应现行社会保险制度，其劳动报酬的不稳定导致个人不愿缴纳社会保险费。此外，北京市个人参加社会保险的户籍限制，也使大量外地从业人员无法在京参加社会保险。另一方面，工伤保险只针对单位的制度设计，使大量灵活就业以及新发展起来的"平台网约就业"劳动者在出现职业伤害时，缺乏获得保障的途径。此外，就业失业管理制度对灵活就业、平台网约就业的就业失业状态认定缺乏规范、标准，劳动者接受职业培训教育、参加职业等级评审评估的渠道不畅，新就业形态群体缺少技能培训和职位晋升的机会，也是新就业形态发展过程中面临的困难。

三是组织保障缺失。新就业形态群体以"个人"身份就业，没有组织依托，其面临风险时的就业脆弱性更加突出。尤其是新冠肺炎疫情防控期间，创业经营劳动者、灵活就业劳动者难抵经济波动造成的风险，成为失业的主要群体。没有组织依托，新就业形态群体也就失去了对自身劳动权益协商、交流和表达诉求、意愿的话语权，更容易造成社会对这一群体的忽略。

四 新就业形态群体相关政策演进和创新举措

（一）国家层面

针对新就业形态群体在劳动过程中面临的问题，国家多部委合力，密集出台一系列关于新就业形态群体的指导意见，共同推动这一群体的劳动权益保障朝积极方向发展。

2021年7月，人社部、国家发改委等8个部门共同印发《关于维护新就业形态劳动者劳动保障权益的指导意见》，首次明确平台企业对新就业形态劳动者劳动权益保障应承担相应责任，并将所有新就业形态劳动者纳入劳动保障基本公共服务范围。这是国家层面第一个系统规定新就业形态劳动者劳动权益保障的政策文件，是国家维护新就业形态劳动者劳动保障权益的具有里程碑意义的重大举措，标志着我国规范新就业形态发展、维护新就业形态劳动者劳动保障权益的制度体系构建逐渐走深走实。

随后，国家市场监管总局等7个部门联合印发《关于落实网络餐饮平台责任 切实维护外卖送餐员权益的指导意见》，对保障外卖送餐员正当权益提出全方位要求。交通运输部等7个部门联合印发《关于做好快递员群体合法权益保障工作的意见》，初步明确了做好快递员群体合法权益保障工作的路径。中华全国总工会印发《关于切实维护新就业形态劳动者劳动保障权益的意见》，就维护新就业形态劳动者劳动保障权益工作作出安排部署。这些政策文件的出台既有助于维护好新就业形态劳动者的劳动保障权益，也有利于促进灵活就业、增加就业岗位、提高群众收入。

2021年8月，国务院印发的《"十四五"就业促进规划》中提出，要完善灵活就业人员就业服务制度、建立灵活就业岗位信息发布渠道、实施新就业形态劳动者技能提升项目等。2021年底召开的中央经济工作会议强调"健全灵活就业劳动用工和社会保障政策"，这也是灵活就业在中央经济工作会议中首次被提及。2022年初，国务院印发《"十四五"数字经济发展规划》，提出健全灵活就业人员社会保险制度和劳动者权益保障制度，推进灵活就业人员参加住房公积金制度试点。2022 年的《政府工作报告》再一次聚焦新就业形态群体的保障问题，提出完善灵活就业社会保障政策，开展新就业形态群体职业伤害保障试点。这些政策覆盖整个灵活就业群体，进一步推进并完善了新就业形态群体就业服务、规范用工、社保政策等方面的权益保障。

2022 年以来，一系列有关新就业形态群体依赖的平台经济发展的政策文件密集出台，政策面支持平台经济的积极信号不断传递。2022 年 1 月 19 日，国家发改委、国家市场监管总局、中央网信办等 9 个部门联合印发《关于推动平台经济规范健康持续发展的若干意见》，从健全完善规则制度、提升监管能力和水平、优化发展环境、增强创新发展能力、赋能经济转型发展、保障措施 6 个方面来规范平台经济的发展。2022 年 4 月 29 日，中共中央政治局召开会议，要求支持促进平台经济规范健康持续发展，完成平台经济专项整改，实施常态化监管，出台支持促进平台经济规范健康持续发展的具体措施。2022 年 5 月以来，从国务院常务会议到相关座谈会，国家层面作出一系列部署，释放出加强研判就业形势、加码稳住就业基本盘的强烈信号。2022 年 5 月 31 日，国务院发布《扎实稳住经济的一揽子政策措施》，明确指出要充分发挥平台经济的稳就业作用、支持促进平台经济规范健康持续发展，并明确了支持促进平台经济规范健康持续发展的具体措施。2022 年 7 月 28 日，中共中央政治局召开会议，分析研究当前经济形势并部署下半年经济工作，指出要推动平台经济规范健康持续发展，完成平台经济专项整改，对平台经济实施常态化监管，集中推出一批"绿灯"投资案例。这些政策文件体现了中央对于平台经济的发展思路已从过去的以监管规范为主转变为规范健康持续发展并重，对改善新就业形态群体的就业和生活环境具有非常积极的意义。

（二）北京市层面

1. 政策演进

北京市于 2020 年出台《北京市人力资源和社会保障局支持多渠道灵活

就业实施办法》，于 2021 年出台《关于促进新就业形态健康发展的若干措施》，在维护新就业形态群体的劳动权益、健全新就业形态社会保障制度、拓宽新就业形态职业发展渠道、增强就业创业帮扶等方面提出 14 条具体措施。以上政策文件除了落实人社部的指导意见，还针对新就业形态重点群体面临的紧迫问题，在健全法律援助和诉讼服务机制、开展平台企业自主评价职业技能等级认定、加大就业创业帮扶力度等措施上有所创新。首先是打破以协商为主的劳动条件实现路径，北京市提出调动公共法律服务中心（站）及各类调解组织、人民法院、各级劳动保障监察机构，向新就业形态群体提供法律援助、调解诉讼、突出问题治理等服务，打破了以往以协商为主的劳动条件实现路径。其次是实现平台企业自主评价职业技能等级认定，北京市提出试点推广平台企业自主评价职业技能等级认定，制定新职业评价标准规范。最后是有力支持弱势劳动者群体，北京市提出，对以新就业形态实现个人就业创业的重点帮扶群体，按规定给予社会保险补贴、税收优惠以及创业担保贷款及贴息；符合要求的便民劳动活动、小额交易活动以及依照法律法规不需要进行登记的，无须办理市场主体登记。

2. 创新举措

北京市在推动解决新就业形态群体面临的问题上，采用多部门、多层级、多维度协同治理的方式，多措并举，共同维护新就业形态群体各项权益。

指导平台规范用工。北京市编印《网络零售和网络餐饮服务平台合规经营手册》，实施《网络餐饮服务餐饮安全管理规范》，出台《北京市网约车平台企业抽成"阳光行动"方案》，要求各网络零售、网络餐饮服务平台和网约车平台合规经营；指导美团制定《合作商用工管理规范》，并将维权内容列入合作协议，试点"服务星级"激励机制，落实"算法取中"原则，优化差评申诉流程，改进骑手服务评价规则，不断减轻骑手配送压力。

积极完善保险制度。北京市研究制定对用工灵活、流动性大的基层快递网点先行参加工伤保险的政策措施，并指导中国人保财险、农银人寿保险公司、平安养老保险股份有限公司、中国人寿等设计推出"e 企赢""好福利"等适合新就业形态群体及其子女的商业保险、子女教育金保险。

推进职业伤害保障。北京市按照国家统一部署，开展新就业形态就业人员职业伤害保障试点工作，制定新就业形态就业人员职业伤害保障业务经办试行细则，着力解决新就业形态就业人员职业伤害保障方面的问题。

开展技能等级认定。北京市出台《关于开展新职业技能等级认定工作的通知》，已有中国邮政北京分公司、京东物流等企业的3400余名快递员完成技能等级认定，为新就业形态群体开辟了新的职业发展空间。

不断加强组织依托。北京市发挥工会组织作用，根据新就业形态群体特点，建立区域性或行业性组织，吸纳新就业形态群体成为会员，积极提供困难帮扶，并代表个人向经营服务对象提出诉求意见，帮助协商解决矛盾纠纷，在一定程度上增强了新就业形态群体的归属感和获得感。

五 促进新就业形态群体良性发展的思路和建议

北京市在规范用工管理、拓展社保渠道、优化公共服务、完善综合治理等方面都实现了政策突破。但这仅揭开了建立新就业形态群体劳动保障机制的序幕，想要从根本上解决问题，还需拓展思路、创新举措，进一步促进新就业形态群体良性发展。

（一）思路设想

以规范促发展。顺应新技术、新经济、新业态发展，充分发挥新就业形态在平台企业用工和劳动者就业中的优势。坚持问题导向原则，强化平台企业主体责任，针对用工关系多样化特征，分类规范、区别施策，调整现有劳动权益保障和公共就业创业服务政策，解决劳动权益保障制度缺失、职业安全保护不足、社会保险渠道不畅、职业发展空间受限、促进就业创业力度不够等问题，支持和规范新就业形态群体健康发展。

以改革促共享。按照"包容审慎"原则，以平衡好促进平台企业发展和保护劳动者权益的关系为出发点，将新就业形态纳入公共服务体系，在社会保险、职业培训、就业创业等方面进行政策突破。深入实施"五新"政策，持续优化营商环境，为平台经济提供良好发展环境，鼓励平台企业提供更多工作岗位，吸引更多劳动者选择新就业形态。

以协同促共治。充分发挥行业协会和龙头企业作用，加强新兴行业标准化、专业化、规范化建设。推动工会、妇联、共青团等社团组织参与民主协商，提供社会救助、法律援助、矛盾调解等服务，形成政府多部门联动，行业协会、工会、企业、劳动者等多方参与的协同治理新格局。引入数字服务和数字监管新手段，挖掘大数据资源，提高社会综合治理效能。

（二）对策建议

完善法律法规。我国现有法律法规与新就业形态群体劳动权益保障的特点不完全吻合，保障力度并不充分。建议调整完善《劳动法》等法律法规，明确新就业形态群体的劳动权益、责任主体和主体责任；重新界定平台企业和新就业形态群体之间的权利义务，给予平台企业用工合法地位；使基层劳动权益保障执法部门能够明确执法对象、标准，更好地规范用工行为，切实保障新就业形态群体的合法权益。

制定行业标准。平台企业主要通过"算法规则"对新就业形态群体的劳动时间、劳动方式、劳动强度、劳动报酬等实施管理，而要达到规范用工、保障劳动权益的目的，需要确保"算法规则"符合基本劳动权益保障的要求。建议政府部门组织工会、行业协会、专家学者等研究建立适应不同行业平台企业用工特点的新型劳动标准体系，提出劳动时间、劳动强度、劳动报酬、社会保险、劳动安全保障等方面的标准，使平台企业用工的"算法规则"有据可依。

便捷异地参保。调查显示，北京市新就业形态群体多为外来务工人员，大部分在原籍参加城乡居民社保。"滴滴出行"对网约车司机的调查显示，城市户籍司机约占48%，参保率为76%；农村户籍司机约占52%，参保率为94%。部分新就业形态群体因年轻力壮，仅想在眼前"挣快钱"，对养老、医疗等问题缺乏长远考虑，暂时无参保意愿。建议设置便捷的社保缴纳通道，增强新就业形态群体参保意识，扩大参保覆盖面；通过简化流程、调整参数等增加符合平台企业就业特征的内容，解决新就业形态群体异地参保、异地就医、医保报销问题。

改善就业环境。新就业形态群体多为流动的户外工作者，常遇到"就餐难、停车难、如厕难"问题。建议为其提供更加便捷的通行条件，有条件的地方可以提供临时休息或充电的场所；推进出租车（网约出租车）综合服务区建设，设置出租车（网约出租车）临时停靠点。

加强组织依托。新就业形态群体在遇到恶意差评时，申诉渠道不畅通，建议督促平台企业与灵活就业人员建立交流协商机制和通道，公平处理纠纷。同时，工会、妇联、共青团等社团组织以及行业协会等应扩大吸收范围，充实帮扶职能，吸引新就业形态群体加入组织，提供权益维护、困难帮扶等援助服务，并建设推广"外来务工人员之家""暖心驿站"等服务平台，深入开展关爱活动，营造共同帮助新就业形态群体的社会氛围。

完善公共服务。与单位就业人员相比，新就业形态群体在子女教育、住房保障、就业服务等基本公共服务方面，还未实现同等待遇。建议完善新就业形态群体随迁子女义务教育入学政策，确保符合条件的新就业形态群体随迁子女应入尽入；将新就业形态群体纳入公共就业服务范围，完善配套设施，提供政策咨询、岗位供求、职业培训、用工协议签订指导等服务；加快推进线上零工市场建设，实现网上招工找活"点对点"精准对接，形成线上线下服务相融合的发展格局。

优化社会救助。新就业形态群体抵御经济和社会风险的能力相对较弱，在本人或家属遭遇突发事件、意外伤害、重大疾病等变故时，需要社会救助的可能性大。尽管新就业形态群体已基本纳入社会救助范围，但因该群体收入不规律、不稳定，在申请社会救助时，相关部门难以及时准确核查其家庭经济水平，对其申请社会救助造成一定影响。建议进一步建立完善税务、不动产、银行、证券、保险等相关部门的常态化信息共享制度，综合利用政务大数据，分析掌握新就业形态群体的家庭经济水平，提高核查效率，压缩核查时限，确保新就业形态群体能及时获得社会救助。

B.9
外卖骑手职业群体现状
与社会保护问题研究

杨晓昇　高　翔　王　瑨　王　霏*

摘　要： 近年来，随着互联网平台经济的兴起，大量新兴职业不断涌现，外卖骑手就是其中的一个重要群体。本报告利用调研组与中国社会科学院社会学研究所共同实施的"全国外卖骑手职业群体问卷调查"数据，对该职业群体的人口学特征、生活状况、工作状况、职业发展、社会保障等方面进行描述性分析，发现该职业群体存在劳动身份认定不明晰、职业具有高脆弱性、社会保险参与有障碍、社会地位较低等一系列问题和挑战。本报告在整合国内外外卖骑手职业群体社会保护方面的政策和做法的基础上，提出应完善劳动权益保护相关政策法规、重视职业培训和素质提升、建立健全社会保险制度、营造良好职业环境等对策建议。

关键词： 外卖骑手　社会保护　北京市

近年来，互联网技术进步与大众消费转型升级催生了一大批形态多样、分工精细的新兴职业，这些新兴职业自 2019 年被国家统计局向社会公布后，已经被正式纳入我国的职业版图。外卖骑手作为这批新兴职业的典型代表，在促进农民工和大学生群体就业、提高贫困人口就业质量、满足人民群众生

* 杨晓昇，北京市朝阳区委望京街道工委书记；高翔，北京市通州团区委书记、北京市通州区青联主席；王瑨，北京北投体育产业有限公司党支部书记、执行董事、总经理；王霏，中共北京市委党校（北京行政学院）社会政策专业硕士研究生。

活需求等方面都发挥了重要作用。然而，外卖骑手灵活的用工方式与管理方式也给劳动者权益保护和社会保护体系建设带来了新的问题，对现行劳动关系确认标准、劳动权益政策法规、社会保险制度的不断完善提出了新的挑战。根据国际劳工组织（ILO）第202号建议书提倡的国家社会保护底线，各个国家应积极探索制定非正规就业群体的社会保护计划，为其提供相适应的社会保险制度和福利保障。

亚洲发展银行将社会保护定义为一套政策和计划，旨在通过促进劳动力市场发展，降低风险以及提高人们保护自己免受危害和收入中断或损失的能力来减少贫困、降低脆弱性[①]。因此，本报告采用社会保护的概念对外卖骑手职业群体的社会保护进行分析研究，以外卖骑手职业群体为代表进行调研，以问卷调查、实地调研走访等形式深入了解外卖骑手职业群体的现状、就业和生活需求，并着重关注其在劳动权益保护和社会保险制度方面存在的痛点难点，分析原因并提出促进外卖骑手职业群体社会保护发展的对策建议。

本报告使用的数据主要来源于全国外卖骑手职业群体问卷调查（以下简称"问卷调查"），问卷调查由调研组与中国社会科学院社会学研究所共同组织实施，调查对象是18~45岁从事外卖骑手职业的人群，来自全国31个省（自治区、直辖市），调查时间是2020年10月，通过腾讯问卷平台发放问卷，经过数据清理后，共获得有效样本6196个。此外，以政府调查问卷数据作为补充，来帮助了解新兴职业群体的就业现状以及针对该群体的相关管理和服务措施。

一 外卖骑手职业群体的现状分析

（一）外卖骑手职业群体的群体特征

根据问卷调查数据可知，样本中男性占90.8%，女性占9.2%；农业户

[①] Asian Development Bank, *Social Protection: Our Framework Policies and Strategies* (Manila: Asian Development Bank, 2003), p. 1.

口占 68.9%，非农业户口占 29.1%。由图 1 可知，在外卖骑手职业群体的受教育程度方面，高中、中专或职高学历占 47.1%，初中学历占 24.0%，小学及以下学历占 5.0%，大学专科学历占 16.8%，大学本科及以上学历占 7.1%。可见，我国外卖骑手职业群体的受教育程度普遍较低，这也反映了外卖骑手职业门槛低，没有较高的技能性。

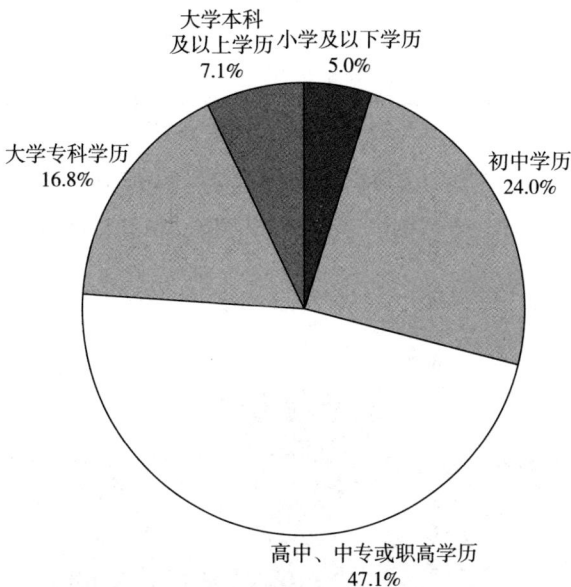

图1　全国外卖骑手职业群体受教育程度占比

资料来源：中国社会科学院社会学研究所问卷调查，由作者统计整理得到。

由图 2 可知，外卖骑手职业群体的年龄分布主要在 21~30 岁，占 51.0%；其次是 31~40 岁，占 37.1%；41~45 岁和 18~20 岁群体分别占 6.5% 和 5.4%。

全国外卖骑手职业群体月收入占比如图 3 所示。近一半外卖骑手的月收入在 4000~5999 元，超过六成的外卖骑手月收入在 4000~7999 元，月收入8000 元及以上的高收入群体占比仅为 7%。虽然收入比较可观，但是福利保障覆盖率较低，参与问卷调查的外卖骑手中，没有任何福利保障的占 24.9%。

在外卖骑手职业群体的家庭状况和生活特征方面，问卷调查数据显示，

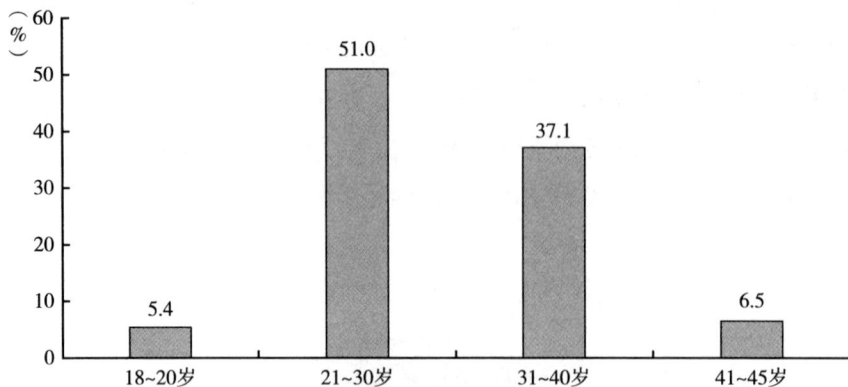

图2　全国外卖骑手职业群体年龄占比

资料来源：中国社会科学院社会学研究所问卷调查，由作者统计整理得到。

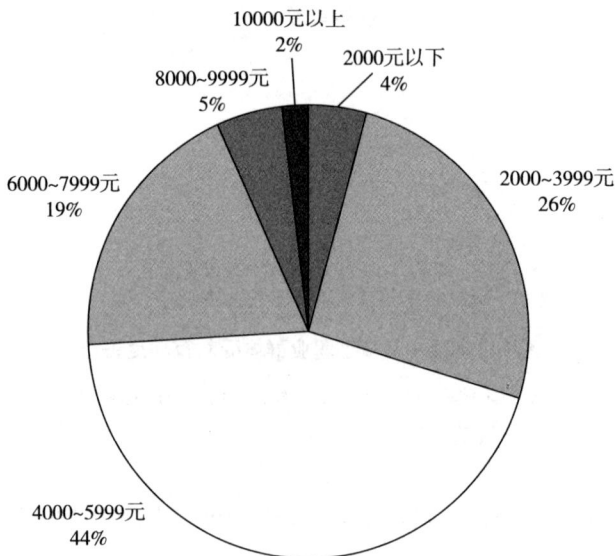

图3　全国外卖骑手职业群体月收入占比

资料来源：中国社会科学院社会学研究所问卷调查，由作者统计整理得到。

其个人和家庭所面临的压力较大的前3个方面是：自己或家庭收入低，占比为42.0%；住房，占比为33.3%；子女教育，占比为29.5%。不同年龄组的压力略有差异。30 岁以下外卖骑手职业群体压力来源前 3 位依次为自己或家庭收入低、住房、自己或家人的健康；而 30 岁及以上外卖骑手职业群体的压力来源前 3 位依次为子女教育、自己或家庭收入低、住房。

此外，有未成年子女的外卖骑手所感受到的子女教育压力明显大于没有未成年子女的外卖骑手，尤其是有 2 个未成年子女的外卖骑手，占比高达 55.3%。除了收入压力外，感受到婚姻恋爱压力的未婚或同居群体和丧偶群体占比均超过 30.0%。

由图 4 可知，外卖骑手职业群体在 2020 年 9 月的闲暇时间安排上，排在前 3 位的分别是：看短视频（36.3%）、打游戏（29.2%）、听音乐（28.2%）。各个年龄组选择看短视频和听音乐的外卖骑手占比都较高，有所差异的是，30 岁以下的外卖骑手更喜欢打游戏，30 岁及以上的外卖骑手更喜欢上网看新闻。

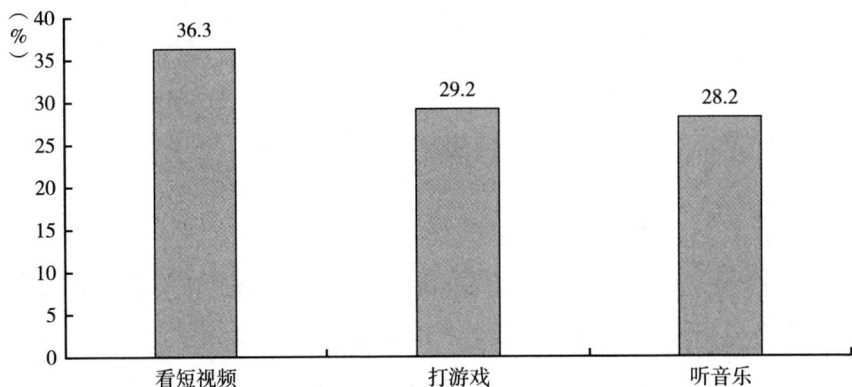

图 4 全国外卖骑手职业群体在 2020 年 9 月的闲暇时间安排

资料来源：中国社会科学院社会学研究所问卷调查，由作者统计整理得到。

（二）外卖骑手职业群体的工作特征

根据问卷调查数据，外卖骑手职业群体每周平均工作 6.4 天，每天平均工作 9.8 个小时。其中，61.6% 的外卖骑手一周 7 天都在工作；55.1% 的外卖骑手平均每天工作 8~10 小时；36.7% 的外卖骑手平均每天工作超过 10 小时。这表明外卖骑手职业群体的工作压力相当大。

由图 5 可知，在外卖骑手职业群体在工作中遭遇的不愉快经历方面，占比较高的 3 项分别是："职业歧视（36.0%）""遭遇交通事故（29.3%）""被客户打骂（25.7%）"，数据表明外卖骑手职业群体在工作中的主要压力和风险来自自身安全和社会尊重两方面。

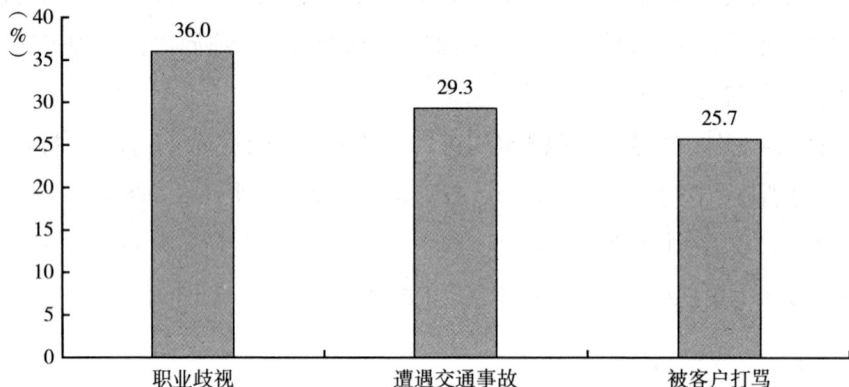

图 5 全国外卖骑手职业群体在工作中遭遇的不愉快经历占比

资料来源：中国社会科学院社会学研究所问卷调查，由作者统计整理得到。

在工作满意度方面，请外卖骑手职业群体用 1~10 分对工作环境、工作的自由程度、收入及福利待遇、与领导和同事的关系、晋升机会和未来职业前景、社会地位 6 个方面分别进行打分。由图 6 可知，全国外卖骑手职业群体总体工作满意度平均为 7.1 分，属于比较满意的程度，得分最高的是"与领导和同事的关系（8.1 分）"，然后从高到低依次为"工作的自由程度（7.6分）""工作环境（7.4 分）""收入及福利待遇（7.0 分）""晋升机会和未来职业前景（6.5 分）"，得分最低的是"社会地位（6.0 分）"。

由图 7 可知，北京市外卖骑手职业群体总体工作满意度平均为 6.8 分，属于比较满意的程度，得分最高的是"与领导和同事的关系（7.8 分）"，然后从高到低依次为"工作环境（7.2 分）""工作的自由程度（7.1 分）""收入及福利待遇（7.1 分）""晋升机会和未来职业前景（6.2 分）"，得分最低的是"社会地位（5.4 分）"。从问卷调查数据反映的情况可知，虽然外卖

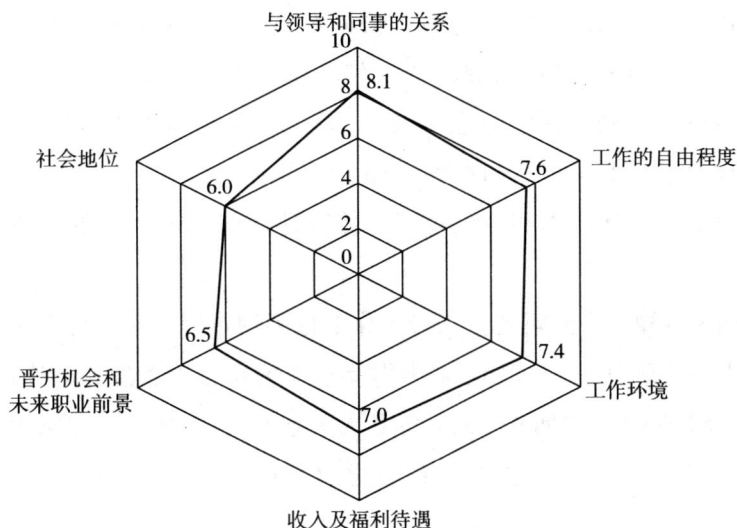

图6　全国外卖骑手职业群体工作满意度得分情况

资料来源：中国社会科学院社会学研究所问卷调查，由作者统计整理得到。

骑手职业群体的工作强度大，但是他们的工作满意度较高。较满意的是"与领导和同事的关系""工作的自由程度""工作环境"，不满意的是"社会地位"。

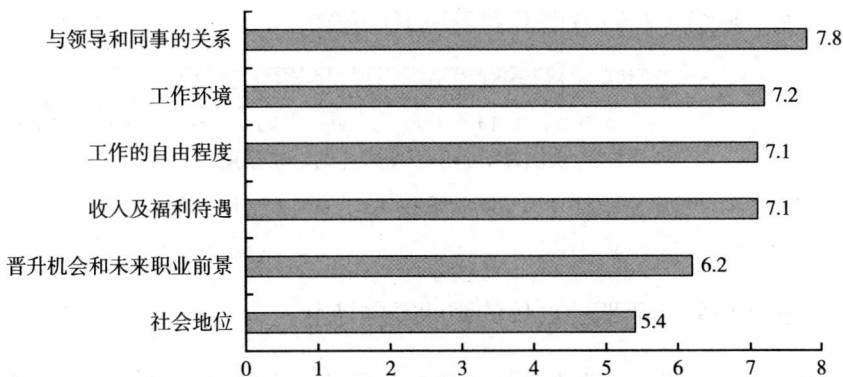

图7　北京市外卖骑手职业群体工作满意度得分情况

资料来源：中国社会科学院社会学研究所问卷调查，由作者统计整理得到。

对比全国和北京市的问卷调查数据发现，工作满意度得分较高的3项都是"与领导和同事的关系""工作环境""工作的自由程度"，工作满意度得分最低的都是"社会地位"。问卷调查数据也显示，外卖骑手职业群体对于在北京市通州区的工作生活普遍较为满意，外卖单量不比城区单量低，生活成本相对低很多，使得外卖骑手工作、生活的性价比显得更高。

由图8可知，当被问到"当您工作上遇到困难时，通常您会向哪些组织或个人寻求帮助"，外卖骑手职业群体选择较高的3个选项分别是："工作单位（62.9%）""朋友、同乡等私人关系网（34.1%）""家人、家族或宗族（27.0%）"。而选择"各级党政部门及工、青、妇组织"的占12.1%，选择"网络平台"的占4.5%，选择"新闻媒体"的占3.3%。这说明在遇到困难时，外卖骑手职业群体较少向公共服务机构求助。

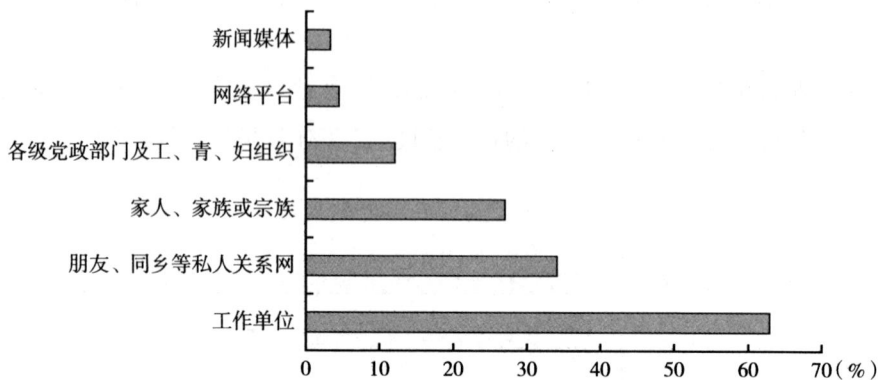

图8　全国外卖骑手职业群体的求助渠道

资料来源：中国社会科学院社会学研究所问卷调查，由作者统计整理得到。

（三）外卖骑手职业群体的职业发展特征

对当前的职业选择非常认同或比较认同的外卖骑手占87.0%，选择很不认同或比较不认同的仅占13.0%，可见外卖骑手职业群体的职业认同度较高。由图9可知，在外卖骑手职业群体的职业前景和社会态度相关问题上，76.1%的外卖骑手表示"充满信心"，但也有73.2%的外卖骑手认为"收入不会大幅增加"，80.0%的外卖骑手认为"随年龄增大会被取代"。此外，约半数的外卖骑手呈现焦虑状态，认为这份工作与自己的梦想不一致，或者认为在城市中总是低人一等。

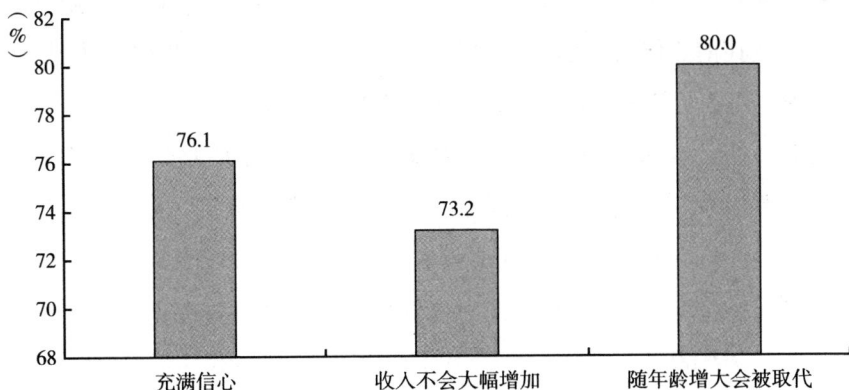

图9 全国外卖骑手职业群体的职业前景和社会态度

资料来源：中国社会科学院社会学研究所问卷调查，由作者统计整理得到。

职业规划方面，在外卖骑手职业群体对未来1年的工作规划问题上，如果将"现在工作不错，继续好好干""找不到更好的工作，先这么干下去再说""现在干得不是很好，但这个工作前途不错，会想办法干好"合并为"继续从事当前工作"，那么选择"继续从事当前工作"的外卖骑手占比高达70.7%，可见多数外卖骑手在未来1年还会继续从事当前工作。

在外卖骑手职业群体对5年后的工作规划问题上，选择"继续从事当前工作"的外卖骑手占比有所下降，为51.7%。相比于未来1年的工作规划，5年后选择"当个体户/自己开店/自己创业"的外卖骑手占比明显上升，由14.2%增至26.1%。同时，选择"上学或参加培训，为以后找工作'充电'"的外卖骑手占比也有所上升，增加了1.8个百分点。这表明一部分人将外卖骑手当作过渡职业。

（四）外卖骑手职业群体的诉求现状

由图 10 和图 11 可知，全国外卖骑手职业群体希望政府为他们做的事情中，排在前 3 位的分别是："完善社会保险政策（48.7%）""维护劳动权益（45.1%）""保障劳动报酬支付（34.8%）"。希望雇佣方为他们做的事情中，排在前 3 位的分别是："增加工资（64.4%）""提供更人性化的福利（56.7%）""提供更好的纠纷处理机制（24.4%）"。

北京市外卖骑手职业群体调查数据显示，外卖骑手职业群体希望政府为他们做的事情中，排名前四的分别是："完善社会保险政策（48.5%）""维护劳动权益（48.5%）""完善相应就业政策和服务（38.0%）""保障劳动报酬支付（36.2）"。希望雇佣方为他们做的事情中，排在前四的分别是："增加工资（67.8%）""提供更人性化的福利（66.0%）""提供更多的职业技能与素质培训（23.9%）""提供更好的纠纷处理机制（23.4%）"。全国和北京市外卖骑手职业群体对政府和雇佣方的诉求现状对比显示，外卖骑手职业群体在福利保障和劳动权益方面的诉求较为强烈。

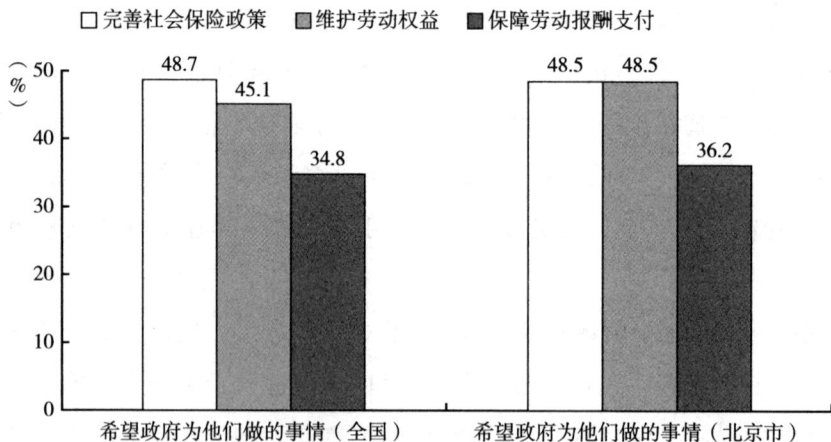

图 10　全国和北京市的外卖骑手职业群体对政府的诉求现状对比

资料来源：中国社会科学院社会学研究所问卷调查，由作者统计整理得到。

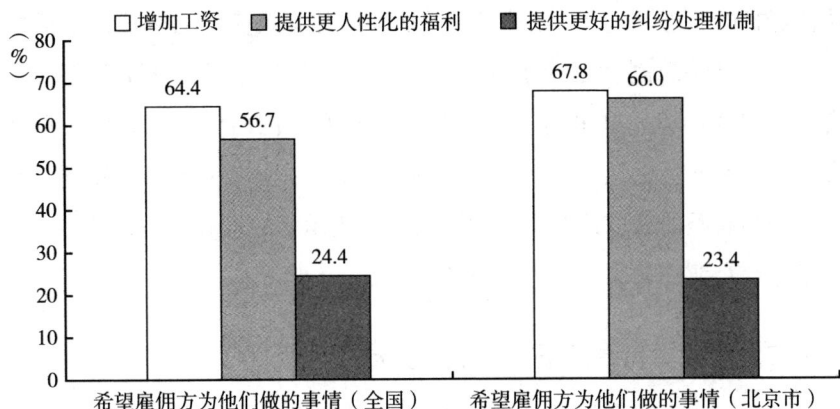

图 11　全国和北京市的外卖骑手职业群体对雇佣方的诉求现状对比

资料来源：中国社会科学院社会学研究所问卷调查，由作者统计整理得到。

二　外卖骑手职业群体社会保护方面的问题与挑战

（一）劳动身份认定不明晰，促使平台企业"搭便车"

2020 年 2 月，国家有关部门向社会发布的 16 个全新职业类型中，首次将"外卖骑手"明确规范为"网约配送员"。自此，该职业正式纳入《国家职业资格目录清单》并成为一种新兴职业。但同时，我国当前法律法规对外卖骑手职业群体劳动关系认定的规则存在不足，外卖骑手职业群体与平台企业之间签订的《网约工协议》从根本上确立了平台企业与外卖骑手职业群体之间只存在用工关系而非劳动关系[1]，从而没有为社会保障制度建立可靠的合法性基础，造成权益保障主体缺位。

在国外，平台工人也处于工人分类法中的不利位置，因此平台企业被客户惯性认为是保护平台工人的场所，政府监管也处于不确定和缺少新雇佣关

---

[1]　陈龙：《平台经济的劳动权益保障挑战与对策建议——以外卖平台的骑手劳动为例》，《社会治理》2020 年第 8 期，第 27 页。

系法律保护的状态①。所以在外卖骑手职业群体相关劳动法律法规滞后的前提下，其社会保障制度也处于真空状态，为平台企业"搭便车"创造了暂时有利的制度环境。这里的"搭便车"指在互联网时代下，利用信息技术所发展出的新业态来达到减少生产成本的目的。在该宏观制度环境下，平台企业对公共利益的获取演变为弱化平台企业应承担的社会保障责任，进而更不利于平台企业在社会保障方面发挥作用。

（二）职业具有高脆弱性，加剧劳动权益受损

将外卖骑手职业群体的北京市问卷调查数据与全国问卷调查数据进行比较分析发现，外卖骑手职业群体与企事业单位从业人员、商业从业人员、服务业从业人员等传统职业相比，具有更高的职业脆弱性。本报告认为，外卖骑手职业群体的"职业高脆弱性"主要表现在三个方面。

第一，外卖骑手职业具有高度灵活性，未能形成长期稳定的劳动关系，给劳动权益保护带来困难。外卖骑手职业技能门槛较低，相当一部分外卖骑手来源于低端制造业或低端服务业，从业者自身劳动技能水平不高，习惯于从事简单体力劳动和情感劳动。一部分从业者认为外卖骑手职业适宜当作生命周期中的过渡职业，不准备长久地从事这个职业，因此能忍受劳动困境和自我剥削②。由问卷调查数据可知，"增加工资"是外卖骑手职业群体对雇佣方的第一诉求，劳动权益保护等其他方面从而被忽略。

第二，外卖骑手职业群体的劳动模式大大加剧劳动过程中的风险。外卖骑手职业群体的劳动过程从时间上分为到店、取餐和送达三个阶段，从空间上包括等单地、商家和顾客所在地。平台算法系统全程辅助外卖骑手职业群体的劳动，为外卖骑手职业群体提供订单数据，监控外卖骑手职业群体的劳

① Ljungholm D. P. , "Employee-Employer Relationships in the Gig Economy: Harmonizing and Consolidating Labor Regulations and Safety Nets ," *Contemporary Readings in Law and Social Justice* 10 (2018): 145.

② 郑少雄：《被凝视与被忽视的"劳工神圣"——对外卖骑手研究的人类学比较与反思》，《新视野》2021 年第 6 期，第 81 页。

动操作，也为外卖骑手职业群体获得收益提供依据。可见平台算法系统作为外卖骑手职业群体劳动过程的"实际操盘手"，对外卖骑手职业群体的剥削也变得隐蔽，从而让外卖骑手职业群体主动同意和被动接受劳动过程①。外卖骑手职业群体的个体特征决定了其在劳动力供需市场上缺乏议价能力，话语权薄弱，只能全盘接受平台企业通过算法制定的规则。一方面，在配送时间的硬性要求下，外卖骑手职业群体不得不用逆行、闯红灯、超速换超时等方式多接单、多送单，加大了交通事故发生的风险；另一方面，以用户评价作为薪酬奖励的主要来源，加重了外卖骑手职业群体的心理负担，使外卖骑手职业群体为讨好用户而忽略自身劳动安全②。因此，外卖骑手职业群体一旦在劳动过程中出现意外，在没有工伤等保险的基础上，可能会中断职业生涯，由劳动过程的高风险性带来的劳动状态不稳定进一步加剧该职业的高脆弱性。

第三，职业培训不完善，难以完成高效的情感劳动。在新技术背景下，网约配送行业的劳动形态表现出一些新的特点，外卖骑手职业群体情感劳动的完成难度远远大于传统服务业群体，当外卖骑手职业群体的人力资本和职业素养不足以承担工作时，则更容易出现各种冲突。然而，当前外卖骑手职业群体的培训周期短、质量较低，并不足以使他们有效应对绝大部分工作场景，从而容易出现外卖骑手与商家、外卖骑手与顾客甚至外卖骑手之间的冲突。在冲突的应对方面，问卷调查结果显示，除了部分外卖骑手经历过直接冲突，大多数外卖骑手选择了息事宁人。许多外卖骑手在面临非自身原因导致的送餐超时、丢餐等事故时，并没有足够的经验去处理和维权，会选择主动"吃亏"（如自行赔偿顾客餐费），以避免差评导致的高额惩罚。可见，外卖骑手职业群体的劳动报酬受不可控因素的影响较大，大多数情况下外卖骑手职业群体独自承担了不可控因素带来的损失，大大分担了平台企业的运营风险，加深了不可控因素导致的职业高脆弱性。

---

① 吴清军、李贞：《分享经济下的劳动控制与工作自主性——关于网约车司机工作的混合研究》，《社会学研究》2018 年第 4 期，第 160 页。

② 尹国锦、周国庆：《外卖骑手劳动安全保障的协同共治模式研究——基于社会生态系统视角》，《现代商贸工业》2022 年第 12 期，第 24 页。

（三）社会保险参与有障碍，难以抵御社会风险

我国采用社会保险型的社会保护模式，针对工薪劳动者建立的社会保险制度主要包括职工基本养老保险制度（1997 年）、职工基本医疗保险制度（1998 年）、工伤保险制度（1996 年）、生育保险制度（1994 年）、失业保险制度（1999 年）；针对不参与职工基本养老和基本医疗保险的居民则建立城乡居民基本医疗保险制度和城乡居民基本养老保险制度。并且，根据现行制度安排，工薪劳动者的参保条件均以劳动关系为基础，不再区分用人单位的性质和工薪劳动者的户籍，因而也没有正式工与非正式工之分[1]。但在新业态下，外卖骑手职业群体与平台企业之间签署的《网约工协议》从根本上确立了两者之间只存在用工关系而非劳动关系[2]，因此也限制了外卖骑手职业群体参与城镇职工社会保险，而城乡居民基本社会保险无法帮助外卖骑手职业群体防范和抵御劳动过程中的风险，从而使得外卖骑手职业群体在社会保险方面处于不利地位。

此外，在户籍身份方面，对于有参保户籍限制的发达地区（这些地区一般也是城市服务业态多样和数字经济繁荣的地区），外卖骑手职业群体如果没有落户资格且为农业户籍，一般只能参加户籍地的城乡居民基本社会保险，而城乡居民基本社会保险的待遇水平相对城镇职工社会保险偏低[3]，这也进一步降低了外卖骑手职业群体的社会保险水平。

除此之外，新经济下平台企业的用工模式一般为单层次扁平结构的外包用工，利用互联网技术优势，将传统上由雇员完成的工作任务外包给与其合作的众多个人，分别由个人直接完成[4]。这种用工模式转移了劳动关系，削

---

[1] 何文炯：《新中国 70 年：国民社会保障权益的进步与展望》，《西北大学学报》（哲学社会科学版）2020 年第 1 期，第 125 页。

[2] 陈龙：《平台经济的劳动权益保障挑战与对策建议——以外卖平台的骑手劳动为例》，《社会治理》2020 年第 8 期，第 27 页。

[3] 赵青：《互联网平台灵活就业群体的社会保障困境与制度优化路径》，《中州学刊》2021 年第 7 期，第 98 页。

[4] 王全兴、刘琦：《我国新经济下灵活用工的特点、挑战和法律规制》，《法学评论》2019 年第 4 期，第 80 页。

弱和规避了平台企业的雇主责任，特别是为员工缴纳社会保险的责任。并且，根据全国和北京市外卖骑手职业群体问卷调查数据可知，外卖骑手职业群体希望政府为他们做的事情中，"完善社会保险政策"是第 1 位，而当前社会保险政策不足以保障外卖骑手职业群体的劳动权益。

（四）社会地位较低，未营造良好职业环境

根据全国和北京市外卖骑手职业群体问卷调查数据，在工作中遭遇职业歧视的外卖骑手占比较高，工作满意度得分最低的是"社会地位"。由此可能会加剧外卖骑手职业群体的心理风险，导致一些不良社会事件的发生，如向外卖餐盒吐口水、放异物，和店员发生摩擦冲突等。这主要是因为外卖骑手职业群体囿于年龄、学历、环境等因素，对于自身的优势和劣势认识模糊，自我认可度不高，社会其他职业群体也未充分认识和尊重外卖骑手职业群体[1]。可见，外卖骑手职业群体尚未建立起正确的职业观念，社会大众对于外卖骑手职业群体也缺乏客观认知，这将对外卖骑手职业群体的心理健康造成不良影响，进而引发一系列社会问题。

三　促进外卖骑手职业群体社会保护发展的对策建议

新兴职业群体的种类和规模还在不断扩大，对于当前社会"稳就业，促发展"起到积极的推动作用。由于外卖骑手职业群体还处于发展的初期阶段，其社会保护发展错位于正在壮大的新兴职业群体，所以要有针对性地对我国外卖骑手职业群体社会保护不足之处提出以下几个方面的对策建议。

（一）完善劳动权益保护相关政策法规，改善劳动模式

尽管"网约配送员"已经被国内认定为一种新兴职业，但是与该职业

---

[1] 赵莉、王蜜：《城市新兴职业青年农民工的社会适应——以北京外卖骑手为例》，《中国青年社会科学》2017 年第 2 期，第 56 页。

相关的权利与义务还未明晰。在国外研究中，德国区分雇佣关系的依据主要看是否自愿或有责任承担创业风险，外卖骑手职业群体作为次要职业被纳入社会保护范畴内，采取自愿参保原则，国家提供最低限度的社会保障或是参与私人社会保险计划；俄罗斯则将平台工人看作个体自营者，强制性缴纳养老、医疗等费用[①]。在参照国外经验的基础上，劳动权益保护亟须在宏观制度建设和平台企业责任义务承担方面进行完善。

第一，在法律层面，以我国《劳动法》为基础，创新认定外卖骑手职业群体与平台企业之间的劳动关系，确定不同种类外卖骑手的身份，并依照劳动派遣、合同用工或是外包等用工关系来规定平台企业应当承担的法律责任。

第二，在政策层面，政府应当发挥指导作用，在新兴职业群体和有关部门之间建立联系沟通机制，促进新兴职业群体与政府相关部门和平台企业之间的互动，加强对平台企业合理合法用工的引导与监管。同时，应当推动相关政策的改革创新，加快完善新兴职业群体的社会保险制度，尤其要解决医疗、工伤、失业等重要保险的缺失问题，推进养老保险异地互认。按照政府主导、平台企业参与的思路，建立外卖骑手职业群体的劳动权益保护组织，督促平台企业管理好分包商，推动平台企业拿出一部分兜底资金保障员工权益。

第三，在平台企业层面，平台企业作为新业态下的产物，其发展受到国家支持和技术创新的推动。因此，平台企业更应该主动承担起社会责任，履行社会义务，为外卖骑手职业群体创造良好的劳动环境。主要表现在三个方面。首先是算法运营上，平台企业要不断优化算法系统，不盲目追求业绩目标，将配送过程中各种突发事件纳入算法系统中，合理计算配送时间和配送距离；其次是薪酬激励上，改良"无底薪、计件制"的劳动报酬获得制度，不将业绩收入与准时率、差评率、取消订单数量等严格挂钩，优化业绩考核指标体系；最后是承担社会保护责任上，平台企业需要为外卖骑手职业群体提供正规的职业安全培训，并为其购买社会保险，最大限度降低外卖骑手职业群体的劳动风险。

---

① Chesalina O., "Access to Social Security for Digital Platform Workers in Germany and in Russia: A Comparative Study," *Spanish Labour Law and Employment Relations Journal* 7 (2018): 17-28.

（二）重视职业培训和素质提升，保护外卖骑手职业群体的劳动权益

我国一直将人才放在重要地位，提出要完善劳动者的职业技能培训制度，加快提升劳动者素质。问卷调查结果显示，有近 1/4 的外卖骑手希望平台企业提供更多的职业培训，同时外卖骑手职业群体有权利要求平台企业进行职业培训，平台企业也有责任和义务提高外卖骑手职业群体的职业技能和职业素质。一方面，要建立健全外卖骑手职业群体的职业培训体系，在完善对新兴职业认定的基础上，积极开展职业技能和职业素质提升行动，统筹社会各类培训资源，整合社会各方力量，规范培训市场，推动外卖骑手职业群体在就业上的职业化、专业化。职业培训包括职业技能、职业规范、职业道德等多方面的培训。政府应有力协调企业和政府部门组织外卖骑手职业群体进行职业培训，将职业技能与工资水平、技术职级挂钩。这不仅有利于提升外卖骑手职业群体的职业素质，也为新兴职业晋升体系的规范化提供了依据，同时为外卖骑手职业群体拓展职业发展空间奠定了基础。另一方面，可以通过搭建服务平台、完善信息机制、丰富项目载体等方式，整合多方资源和信息，为外卖骑手职业群体提供职业指导、就业见习、就业帮扶等服务。

（三）建立健全外卖骑手职业群体的社会保险制度

2021 年 7 月发布的《关于维护新就业形态劳动者劳动保障权益的指导意见》为完善新兴职业群体社会保险制度指明了方向。因此，在数字化时代全面到来的大环境下，要创新完善社会保险制度，使社会保险制度满足新经济发展需要。发达国家也在探索实施灵活就业群体的社会保险制度，如法国引入私人社会保险，覆盖工伤和疾病，以此来弥补平台工人现有社会保护体系的不足，鼓励社会保险商业化，但也可能加剧平台工人的不平等和贫困[1]。而

---

[1] Daugareilh I., " Social Protection and the Platform Economy: The Anomalous Approach of the French Legislator," *International Social Security Review* 74（2021）: 93.

北欧部分国家对于平台工人的社会福利保障并不以雇佣关系的认定为基础，公民可以通过政府转移支付下的普遍性社会福利制度获得相关保障①。

我国面向职工的社会保险制度建立在传统雇佣关系的基础上，而外卖骑手职业群体缺乏劳动关系的法律认定和雇主责任义务划分，职业风险比较大。鉴于此，要对现存的城镇职工社会保险制度进行创新。

第一，基本医疗保险制度和基本养老保险制度方面，提升外卖骑手职业群体的社会保险水平，形成社会多方参与的筹资机制。在基本医疗保险跨省异地就医制度下，门诊费用暂时无法在全国范围内直接结算，异地住院费用的直接结算也要依据就医地目录和参保地报销比例；在基本养老保险制度下，城镇职工基本养老保险缴纳和待遇水平随工资涨幅调整，并且高于城乡居民的养老保险水平。所以不能将外卖骑手职业群体的基本养老保险和基本医疗保险划分到城乡居民基本养老保险和基本医疗保险的范畴内，应该尽快取消户籍限制，实行就业地参保，加快推进全国统筹。并且，在缴费方面，一方面要增强缴费标准的弹性化，确定不同劳动关系下就业者的不同缴费标准；另一方面要增强现行社会保险制度保障对象的弹性化，确定合理的社保费率、便捷的缴费方式②。

第二，工伤保险、失业保险和生育保险制度方面，要积极探索建立创新型保障模式。外卖骑手职业特性决定其职业安全风险和职业伤害风险较高，因此尽快将外卖骑手职业群体纳入工伤保险和失业保险框架内是很有必要的。鉴于此，可以结合各地的实际情况探索建立基于订单扣费的"个人+平台型企业"工伤保险模式、"个人+政府"职业伤害保险模式、"个人+平台型企业"商业保险补充模式等新模式③。例如，浙江省湖州市、衢州市等地推出了关于新业态

① Bredgaard T. , Halkjær J. L. , "Employers and the Implementation of Active Labor Market Policies," *Nordic Journal of Working Life Studies* 6（2016）：49.

② 胡放之：《网约工劳动权益保障问题研究——基于湖北外卖骑手的调查》，《湖北社会科学》2019 年第 10 期，第 58 页。

③ 赵青：《互联网平台灵活就业群体的社会保障困境与制度优化路径》，《中州学刊》2021 年第 7 期，第 100 页。

从业人员职业伤害保障的办法①。这要求各地方结合本地新业态的发展状况，制定适宜的工伤保险和失业保险制度。此外，尽管外卖骑手职业群体中女骑手的占比较小，但对于这类群体的生育权利的保障也不容忽视，要将当前生育保险范围从传统就业群体扩展到新兴职业群体，建立普惠型的生育保险制度。

此外，根据问卷调查结果，我国只有不到四成的外卖骑手参与了基本社会保险，近一半的外卖骑手缺乏对自身劳动权益保护和社会保险参与的认知。因此，一方面，我国相关部门应当将互联网宣传方式和传统宣传方式相结合，向社会大众普及和介绍社会保险政策知识。另一方面，外卖骑手职业群体自身需增强维权意识，善用法律武器保护自己的合法权益。要学习并了解劳动权益保护的法律法规，与平台企业签订用工协议时，要提防平台企业对法律责任的规避；当自身合法劳动权益受到侵犯时，要依法向有关机构寻求援助。

（四）推进外卖骑手职业群体的社会服务，营造良好职业环境

社会服务是社会保护的重要方面之一，推进外卖骑手职业群体的社会服务有助于为其营造和谐的职业环境，这需要将外卖骑手职业群体的帮扶关爱工作纳入基层的日常治理。一方面，在环境设施设备上，尽可能地增加便捷的停放、充电设施设备，便于外卖骑手职业群体的配送工作。另一方面，组建外卖骑手行业协会，通过激励性措施，如定期举办体育竞赛、读书沙龙、分享会等，为外卖骑手职业群体融入社会提供机会。外卖骑手站点所在居委会还可以将外卖骑手职业群体纳入社区服务计划中，让外卖骑手职业群体和本社区居民一起开展各种交流活动，有助于外卖骑手职业群体适应城市社区生活。例如，北京市为外卖骑手职业群体提供更多的社会治理参与机会，建立"朝阳美好骑士"等组织，甚至吸纳外卖骑手加入政协、青联等组织，产生了积极的效果。将外卖骑手纳入城市社会生活中，有利于加强思想引领，激发工作热情，为社会治理贡献力量。

---

① 何文炯：《数字化、非正规就业与社会保障制度改革》，《社会保障评论》2020 年第 3 期，第 26 页。

B.10
首都新就业群体融入基层治理机制研究*

——基于海淀区快递小哥的调研

李明阳 菅立成**

摘　要： 随着数字经济的兴起，以互联网为平台的各类新业态蓬勃发展，快递员、送餐员等新就业群体逐渐发展壮大。北京市作为数字经济的先行者，对新业态、新就业群体工作非常关注。本报告通过对北京市海淀区的快递小哥进行调研分析，从社会整合、社会支持、社会参与3个方面探讨新就业群体融入基层治理的具体机制，并提出面临的问题及相应的对策建议。本报告认为，新就业群体在为首都经济社会发展做出贡献的同时，也面临社会保障不足、社会融入感不强、社会参与度不高等一系列问题。北京市在新就业群体融入基层治理工作上取得了一定成效，但在工作开展中也面临诸多挑战，要进一步把党建做强、把服务做细、把激励做实、把科技做优，在服务保障首都新就业群体健康稳定持续发展的同时，助推新就业群体融入基层治理，赋能首都城市治理现代化。

关键词： 新就业群体　新业态　数字经济　基层治理　北京市

* 本报告系北京市习近平新时代中国特色社会主义思想研究中心市委党校研究基地一般项目"新时代社会治理现代化的实践逻辑与理论创新"（22JYB003）的阶段性成果。

** 李明阳，北京市海淀区委党校教研部讲师，研究方向为社会治理、公共治理；菅立成，北京市委党校社会学教研部副教授，研究方向为空间理论、城市社会学。

随着数字经济的普及和进步，互联网平台催生的新业态广泛出现，依托互联网等现代信息科技手段，有别于正式稳定就业和标准劳动关系的灵活性、平台化的新就业群体应运而生[①]。新业态、新就业群体对满足居民日常生活需要、推动国民经济发展、缓解社会就业压力做出了突出贡献。特别是新冠肺炎疫情发生以来，传统接触式线下消费模式受到影响，新就业群体数量迅速增长，在保障新冠肺炎疫情防控、助力经济社会发展等方面发挥了重要作用。与此同时，新就业群体也面临社会保障不足、社会融入感不强、社会参与度不高等问题。将新就业群体的保障服务与基层治理紧密结合起来，一方面通过基层公共服务与社会支持满足新就业群体的切实需求，另一方面积极推动新就业群体广泛参与社会治理的各项工作，是保障新就业群体美好生活、促进新业态健康发展的必由之路。本报告以北京市海淀区服务于互联网平台的送餐员和快递员（以下简称"快递小哥"）为研究对象，通过问卷调查和政策分析，从社会整合、社会支持与社会参与3个方面探讨首都新就业群体融入基层治理的具体机制，并就面临的问题提出对策建议。

一 基层治理视野下的"新就业群体"

自2015年党的十八届五中全会上提出"加强对灵活就业、新就业形态的支持"后，新业态、新就业群体广受关注[②]。与传统就业形式相比，新就业群体具有两个鲜明特质：一是通过互联网平台接单获取劳动机会；二是雇佣关系的弹性较强，具有非标准性、灵活性。在新就业群体广泛出现以前，非正规就业和灵活就业已经是我国的重要就业形态。20世纪90年代以来，随着改革开放的深入推进和国有企业改革进程加快，出现了一大批在社会保障体系外、没有劳动合同的灵活就业群体，到2011年此类群体的规模已达

---

① 孟续铎：《中国新就业形态发展报告》，载莫荣、陈云、熊颖主编《中国就业发展报告（2019）》，社会科学文献出版社，2019，第64~83页。

② 《中国共产党第十八届中央委员会第五次全体公报》，《求是》2015年第21期。

到1.6亿人，约占劳动力总数的20%[1]。从移动互联网普及的2010年开始，灵活就业人口呈现下降趋势，但依托互联网平台开展劳动的平台网约劳动人员（如网约车司机）、平台个人灵活就业人员（如网络写手、网络主播、网络博主）、平台单位就业人员（如网络平台的快递小哥）的规模不断扩大。根据国家信息中心信息化研究部和中国互联网协会的统计数据，2015年我国提供平台共享服务的人员约为5000万人[2]，到2020年已经达到8400万人[3]；滴滴出行平台创造的就业机会（专车、快车、顺风车等）达到2000万个以上[4]；在美团平台获得收入的骑手达到471.7万人[5]，在饿了么平台获得收入的骑手有114万人[6]，通过抖音平台从事创作、直播、电商等工作以获得收入的主播超过了2000万人[7]。因此，李克强总理在十三届全国人大三次会议记者会上表示："现在新业态蓬勃发展，大概有1亿人就业。"[8]

毫无疑问，新业态为劳动者就业增收开辟了新渠道，在稳定就业、促进就业中发挥了积极作用，同时为满足人民对美好生活的向往、提高城市生活品质做出了重要贡献。但是，与传统工作者相比，新就业群体具有组织方式平台化、工作机会互联网化、工作时间碎片化、就业契约去劳动关系化及流

[1] 丁守海、夏璋煦：《新经济下灵活就业的内涵变迁与规制原则》，《江海学刊》2022年第1期，第98~104、255页。

[2] 《中国共享经济发展报告（2016）》，国家信息中心网站，2016年2月29日，www.sic. gov.cn/News/568/6010.htm。

[3] 《中国共享经济发展报告（2021）》，国家信息中心网站，2021年2月19日，www.sic. gov.cn/News/557/10779.htm。

[4] 《新经济/新就业：2017年滴滴出行平台就业研究报告》，中国人民大学网站，2017年10月24日，http://gfgga67af15e5a5cb44f4su9pp5ofx55op6oq6.fhaz.libproxy.ruc.edu.cn/a/1999156 25_483389。

[5] 《美团研究院：骑手职业特征与工作满意度影响因素分析》，中质协质量保证中心福州审核中心网站，2021年7月7日，www.fqac.org/Page/ZXDetail.ashx？ID=3236043。

[6] 《饿了么：2022蓝骑士发展与保障报告》，199IT网，2022年2月25日，www.199it.com/ archives/1392415.html。

[7] 《中国共享经济发展报告（2021）》，国家信息中心网站，2021年2月19日，www.sic. gov.cn/News/557/10779.htm。

[8] 孝金波、黄帆：《李克强：稳住现有就业岗位还要创造更多新岗位》，人民网，2020年5月28日，http://lianghui.people.com.cn/2020npc/n1/2020/0528/c432788-31727894.html。

动性强、组织程度偏低等特点，在权益保障、社会参与等方面存在一系列问题。一方面，由于用工性质没有清晰界定，用工权益难以依法保障，新就业群体在劳动关系中处于弱势地位，劳动关系不明、社会保障空缺、劳动监管薄弱、工资收入无保障、工作时常超负荷、职业发展空间小、维权渠道不畅通等，都成为新就业群体在权益保障方面面临的难点。另一方面，以快递小哥等为代表的新就业群体用辛勤的劳动投身城市建设，却难以真正融入城市生活，不仅不利于新就业群体的身心健康发展，也给社会和谐稳定带来许多隐患。因此，将新就业群体融入基层治理的全局之中加以考量，着眼基层治理的理论逻辑与实践逻辑，服务好、支持好新就业群体，使之更好地融入首都发展成为一项重要工作。

党的十八大以来，以习近平同志为核心的党中央高度重视基层治理工作，将基层治理看作国家治理的机制，看作实现国家治理体系和治理能力现代化的重要基础，出台了一系列重要政策文件，保障相关工作的落实。基层治理工作涉及各个方面，总结为一点，就是建设人人有责、人人尽责、人人享有的基层治理共同体。这样一个基层治理共同体应该是有信仰、有组织、有凝聚力的共同体，应该是美好生活向往得到充分尊重和不断实现的共同体，应该是积极参与公共事务、不断彰显社会价值的共同体。因此，促进新就业群体融入基层社会治理体系，就要求用组织的力量将新就业群体凝聚起来、用精准的服务把新就业群体保障起来、用有效的参与让新就业群体的作用发挥起来，使之真正成为基层治理共同体中充满活力的一分子。

基于此，本报告以海淀区快递小哥为例，从3个方面探讨首都新就业群体融入基层治理的具体机制：首先是社会整合层面，探讨快递小哥是如何通过组织凝聚起来的；其次是社会支持层面，探讨如何针对快递小哥的需求提供服务保障；最后是社会参与层面，探讨如何促进快递小哥积极参与公共性行动、发挥公益性职能。在分析了相关经验做法、探讨了相关问题与不足的基础上，本报告将就如何进一步促进新就业群体融入基层治理给出若干意见建议。

二 研究的对象、方法与过程

本报告以快递小哥为新就业群体代表开展调查。快递小哥是服务于互联网平台的送餐员和快递员的俗称,习近平总书记多次肯定快递小哥对城市的贡献。2018 年 12 月 31 日,习近平总书记在 2019 年新年贺词中饱含深情地感谢了这些美好生活的创造者、守护者;2019 年除夕,习近平总书记亲切看望了在京快递小哥,并给他们带去了新年的祝福。可以说,快递小哥是新就业群体中涉及人口较多、与民生联系紧密的一个群体,具有一定代表性。与此同时,与其他新就业群体(如网约车司机)相比,快递小哥中流动人口占比相对较高、学历相对较低、年轻化特点更加显著、融入基层治理的迫切程度更高。

海淀区是北京市快递小哥规模相对较大、服务需求相对较高的区域之一,根据排查数据,截至 2021 年末,海淀区有快递许可企业、分支机构、网点 460 家,快递员 8120 人;外卖站点 41 家,送餐员 3745 人。为了考察海淀区快递小哥在基层治理融入中的现状、经验与问题,本报告采取了质性研究与定量研究相结合、总体政策分析与典型案例分析相结合的研究方法。一是采取群体访谈、个案深度访谈等形式开展质性研究,初步了解快递小哥在社会整合、社会支持、社会参与方面的客观情况与感受。访谈涉及 15 个问题,涵盖快递小哥参与党团、工会、协会等组织情况,工作和生活上的主要服务需求,目前能够得到的主要社会服务与社会支持,公共事务与公益事业参与情况,对相关部门的意见建议等 5 个方面。二是采取问卷调查形式开展定量研究,在质性研究的基础上,课题组编制了"海淀区快递(外卖)从业群体服务需求与社会参与调查问卷",侧重评估快递小哥的服务需求、对现有服务供给的满意情况及社会参与情况。三是开展总体政策分析,对北京市及海淀区促进快递小哥融入基层治理的相关政策进行梳理,了解其内在逻辑、实践机制及落实情况。四是开展典型案例分析,广泛收集海淀区推动快递小哥融入基层治理的相关案例,特别是社区层面的鲜活案例,厘清其实践逻辑、主要经验及面临问题。

本报告的调查开始于 2021 年 7 月，历时半年左右。课题组与部分快递小哥、区级新就业群体专班人员、部分负责相关工作的街镇同志、部分社区书记进行深度访谈，向快递小哥发放并回收有效问卷 132 份，同时收集了大量政策文件与各街镇相关工作的经验案例。这些访谈材料、数据和案例生动展现了区委、区政府积极推动快递小哥融入基层治理的实践行动，也体现了快递小哥在此过程中的切实感受和期盼，为解决相关问题提供了有价值的材料。

三 组织起来：凝聚快递小哥的社会整合机制

对于在城市中的生活，快递小哥常常用"漂泊""孤独"等词来描述。廉思等人把快递小哥比作"悬停城乡间的蜂鸟"。根据调查，北京市的快递小哥中仅 7.39% 出生在北京，来自农村地区的快递小哥占比达到 83.33%[①]。可以说，快递小哥确实像"蜂鸟"一样"悬停"于城乡之间，成为城市中的"漂泊者"。与"漂泊"紧密联系在一起的是"孤独"，尽管大多数快递小哥采取与他人合租的方式"群居"，但日常生活中大部分时间仍是独处[②]。对全国快递小哥的调查显示，他们很少参加社会组织或社会团体活动，约一半的快递小哥参与社会组织、社会团体活动的频率不多于每年 1 次[③]。至于党团、工会、协会等组织，快递小哥的参与度普遍不高，参与意愿也不强烈。例如，廉思团队的调查显示，北京市青年快递小哥中的共青团员占比为

[①] 廉思等：《"蜂鸟"的真实形态——城市快递小哥群体数据分析报告》，载廉思主编《中国青年发展报告 No.4：悬停城乡间的蜂鸟》，社会科学文献出版社，2019，第 84~148 页。

[②] 廉思、周宇香、黄凡：《悬停城乡间的"蜂鸟"——城市快递小哥群体调研报告》，载廉思主编《中国青年发展报告 No.4：悬停城乡间的蜂鸟》，社会科学文献出版社，2019，第 84~148 页。

[③] 朱迪等：《中国城市快递员调查报告》，载李培林等主编《2021 年社会形势分析与预测》，社会科学文献出版社，2021，第 275~290 页。

13.95%，但只有2.20%的快递小哥能时长参与共青团组织的活动①。深圳市的一项调查表明，该市不愿意加入工会或"看情况"再决定是否加入工会的快递小哥占46%②。较低的组织参与率带来的结果是工作中的无助感和生活中的孤独感，中国社会科学院的调查表明，59.8%的快递小哥表示自己时常会感到寂寞无助，67.3%的快递小哥表示常常感到无力③；在遇到权益受到侵害的情况时，能够想到找工会或其他社会组织帮助解决问题的快递小哥占比仅为3.4%，绝大多数快递小哥选择忍气吞声、与公司协商或自己离职④。如何把快递小哥组织起来，帮助他们缓解漂泊感、孤独感，找到归属感和意义感，成为一项紧迫的工作任务。基于此，海淀区将解决快递小哥的问题、提升快递小哥的组织化程度作为一个重要关注点。从实践来看，海淀区主要围绕党建引领、群团联动、业态联盟等多种机制提升快递小哥的组织化程度，做好相关服务管理工作。

（一）党建引领形塑快递小哥组织化的中轴主线

党的全面领导是实现社会凝聚与整合的关键力量，在快递小哥的组织化实践中也离不开党建引领。党员在快递小哥中占比不高，根据海淀区相关部门提供的初步摸排数据，在近1.2万名快递员和送餐员中，党员数量仅为192人。但是，这些党员往往能力较强、受到团队信任，是提升快递小哥自我组织能力、自我服务能力的中坚力量。笔者在调研中遇到了2名党员，从军队转业的吴先生颇受快递小哥的敬爱和信任，谈及党员身份，他说："党员与非党员就是不一样，主要是信任，你是党员，大家会信任你，我也要对

① 廉思等：《"蜂鸟"的真实形态——城市快递小哥群体数据分析报告》，载廉思主编《中国青年发展报告No.4：悬停城乡间的蜂鸟》，社会科学文献出版社，2019，第84~148页。
② 深圳市南山区总工会编《深圳市快递员现状及快递工会组建研究》，载汤庭芬等主编《劳动关系发展报告（2021）》，社会科学文献出版社，2021，第122~143页。
③ 田丰：《青年快递从业人员生活及工作状况调查》，载赵一红主编《社会工作教学案例精选》，社会科学文献出版社，2020，第139~159页。
④ 田丰：《青年快递从业人员生活及工作状况调查》，载赵一红主编《社会工作教学案例精选》，社会科学文献出版社，2020，第139~159页。

得起大家的信任。"而在老家就已经入党的王先生则表达出很高的公益精神，他说："只要涉及社区的事情，不论利益相不相关，我都愿意参加，我也是党员，1997 年就入党了，很多事不能以钱为主。"尽管这 2 名党员都很愿意发挥自己的作用，但他们的党组织关系实际上都不在北京，并没有组织渠道让他们更好地发挥作用。为了解决这一问题，海淀区积极落实《北京市开展新业态、新就业群体党建工作试点方案》《北京市开展快递行业党建工作试点实施方案》，编制与本区实际相符合的《互联网平台企业党建工作试点实施方案》，通过摸清底数、建立台账、组织覆盖、加强引领等手段不断完善党的组织体系，提升快递小哥"有家有组织"的归属感，从而进一步引领快递行业高质量发展、高效能治理。

为有效摸清新就业群体底数，海淀区采取上下结合的方式建立台账。由行业部门和头部企业自上而下对快递小哥及站点进行摸排核验，主动将信息提供给街镇；同时属地兜底逐一排查，自下而上核准信息，29 个街镇"一街镇一台账"，动态"一周一更新"。在摸清底数的基础上，推动党组织和党的工作向分支机构、末端网点延伸覆盖，指导各街镇完善党组织体系，组建新就业群体综合党委，将已建立党组织的快递网点、外卖配送站一并纳入党建工作体系。全区建立了 27 个流动党支部，流动党支部书记由推选上来的 9 名新就业群体党员和 18 名社区（村）书记担（兼）任，确保 100% 覆盖摸排到的新就业群体党员，逐步形成上下贯通、执行有力的组织体系。

建立党支部的关键是要让其切实发挥作用，以流动党支部为阵地，党员充分发挥党建引领作用，让党组织在快递小哥中的引领与中轴主线作用发挥出来。一方面，他们在自己的工作中做到"亮风采""亮承诺""亮身份"，展现行业风范和党员模范，带动辖区快递行业快速健康发展。笔者在调研中，不仅看到了党员在平凡岗位上做出了优秀的成绩，还了解到不少快递小哥以党员这一光荣称号为目标，积极努力奋斗。另一方面，流动党支部积极参与街镇党建协调委员会等平台，通过党组织渠道表达快递小哥等群体的切实诉求和生产生活困难，与街镇、社区基层党组织共同满足快递小哥的切实需求，特别是解决疫情防控期间快递工作的若干普遍性问题，同时积极参与社会治理工作，得到了广大快递小哥和居民的一致肯定。

（二）群团联动打通快递小哥组织化的纽带节点

流动党支部让快递小哥的组织化找到了中轴主线，但毕竟他们中党员的人数并不多，要把数以万计的快递小哥组织起来，还需要许多的节点与纽带，这就是各层各级的共青团、妇联、工会等群团组织。这些群团组织为快递小哥提供各类社会交往与服务支持，也成为提升快递小哥组织化的重要机制。在调查的132名快递小哥中，有87.1%的快递小哥表示自己在休息时间选择睡觉，选择朋友聚会、参与培训或学习、外出看电影的快递小哥占比仅分别为10.6%、3.8%、1.5%（见图1）。快递小哥工作时间长，确实没有太多时间休息娱乐，1名快递小哥表示："一般干到七八点，吃点饭，到家也得九点来钟了，收拾收拾洗漱一下差不多就睡觉了。每天都这样，没有休息过，你说的看电影、培训学习、参与活动，从来没有。"但这并不意味着他们不渴望交朋友、提升技能、过上丰富多彩的生活。刚满20岁的小高说，他希望在北京的这段日子里能够走遍所有景点和游玩的地方，他特别喜欢欢乐谷和水立方，希望有机会能去。而王师傅则对当前的快递生活充满了危机感，他认为快递行业没有技术门槛，早晚被淘汰，他希望"能学一门技术，将来开个维修店，修修电器什么的"。

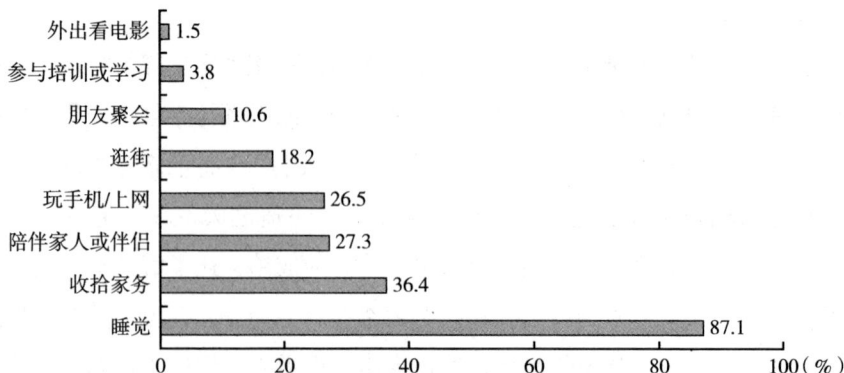

图 1　快递小哥在休息时间主要做什么（多选）

鉴于此，海淀区印发了《关于加强新就业群体党建带群团组织建设的通知》，由共青团、妇联、工会等群团组织出面将包括快递小哥在内的新就业群体组织起来，便于开展各种有针对性的服务和支持工作。在工会层面，仅 2021 年就举办沟通会 395 场，吸纳 10805 名新就业劳动者加入工会组织；在共青团层面，让 2200 多名符合条件的快递小哥加入团组织，建立新就业群体联合团组织 32 个；在妇联层面，建立 17 个妇女线上组织，覆盖近百名"驿姐"。结合区域特点、新就业群体特征，在"6.18""双十一""双十二"等重要时段以及春节、中秋、国庆等传统节日，会同群团组织和企业开展形式多样的"送清凉、送温暖、送祝福"活动，组织开展技能学习、拓展旅游、交友联系等活动。

此外，共青团、妇联、工会等群团组织还统筹利用各类社会捐助资源，做好对新就业群体中困难人员的帮扶救助工作。结合上级部门要求，研究推动解决新就业群体收入、保险等劳动权益保障中的突出问题。通过各种组织形式，海淀区快递小哥被有效聚集起来，融入全区"大范围统筹、一盘棋策划"工作格局，为探索构建共建共治共享的首都城市基层治理格局提供组织保障。同时，快递小哥逐渐有了"家的感觉"，在工作之余，有了更为丰富的活动方式和内容。在访谈中，1 名快递小哥表示："之前我感觉自己就是城市的过客，不属于这里，也许很快就会离开。通过参与这些组织活动，我结交了朋友、丰富了生活、有了归属感，我现在越来越想努力留下来了。"

（三）业态联盟孵化快递小哥组织化的实践平台

党建引领和群团联动纽带作用的发挥为快递小哥提供了组织整合的基本动力，除此之外，海淀区还积极发挥快递企业、平台企业、驻区单位以及街镇职能部门的作用，成立"新业态伙伴工作联盟"。该联盟由 24 家区属职能部门、1 家垂直管理部门、4 家平台企业、15 家快递企业、29 个街镇以及部分商圈、楼宇园区代表组成，主要作用是为包括快递小哥在内的新就业群体、新业态企业提供一个与党委、政府对话交流、共同解决问题的渠道。该联盟成员共同发布"新就业群体伙伴行动计划"倡议书，倡议政府职能部门争做联系服务新业态企业的"先行者"、新业态企业争做履行社会责任的"示范者"、新业态头部企业争做推动行业发展的"引领者"、新就业群体争做融入城市治理的"志愿者"①。通过打造共商、共建、共创、共享的特色平台，汇聚全区合力。"新业态伙伴工作联盟"积极为快递小哥提供各种助力，如"万寿路新就业群体工作联盟"针对快递小哥在法律援助方面的需求，邀请知名律师围绕新就业群体在工作生活中遇到的法律问题，详细讲解"法"的重要性、普遍性和适用性，并结合具体案例分析法律风险发生时所带来的后果以及如何进行风险防范。此外，该联盟还积极打造"伙伴会客厅"，为新就业群体开展"暖心助力"活动53场，近3000人参与，为快递小哥办实事30多件，有效提升了新就业群体的归属感、获得感、自豪感。

以"新业态伙伴工作联盟"为基础，海淀区还建立了"新就业群体报到联系微平台"。实施"三报到"机制：平台企业、合作企业、加盟企业、快递网点、外卖配送站主动向属地街道报到；新就业群体党组织和党员向街道新就业群体综合党委报到；快递小哥向社区（村）、商务楼宇报到。例如，苏家坨镇通过"车骑先锋""温馨驿家"服务平台，广泛发挥"两新"党建指导员作用，引导快递小哥到社区（村）报到，参与社区（村）垃圾分类、城市清洁日等志愿服务活动，全镇163名快递小哥已经全部到社区（村）报到，并在一些活动中发挥了作用。

四 服务起来：保障快递小哥的社会支持机制

快递小哥是城市美好生活的创造者和守护者，但他们的美好生活也需要更多人去守护。关于快递小哥面临的诸多问题，学术界有不少讨论，一些学者关注到快递小哥的高离职率和过劳状态，认为学历、工作时长、社会保险参保情况、竞争压力感知情况是快递小哥过劳的重要影响因素②。一些学者探

---

① 李明阳、杨璐：《推动新就业群体融入首都城市治理》，《前线》2022年第6期，第80~82页。
② 林原、李晓晖、李燕荣：《北京市快递员过劳现状及其影响因素——基于1214名快递员的调查》，《中国流通经济》2018年第8期，第79~88页。

讨了快递小哥的权益保护困境，指出快递小哥在劳动权、政治参与权、社会保障权等权益的保障方面均存在一定程度的社会排斥，经常面临劳动权益受到侵害的情况[①]。也有学者对快递小哥的生存状态表示担忧，涉及心理健康、居住安全、投递中的交通安全等方面[②]。基于这些学者的研究，笔者通过访谈与问卷的形式对海淀区快递小哥的社会支持需求进行了调查，探讨了海淀区快递小哥的主要诉求，分析了目前有关部门为快递小哥构建的社会支持机制。

（一）快递小哥的现实困境与服务需求

解决快递小哥的现实困难，是政府与社会为他们提供的最实在的帮助。在前期访谈的基础上，笔者梳理了快递小哥可能面临的 10 种主要困难，并通过问卷调查的形式来了解他们对这些困难在多大程度上感同身受。这一调查的分析结果如图 2 所示。

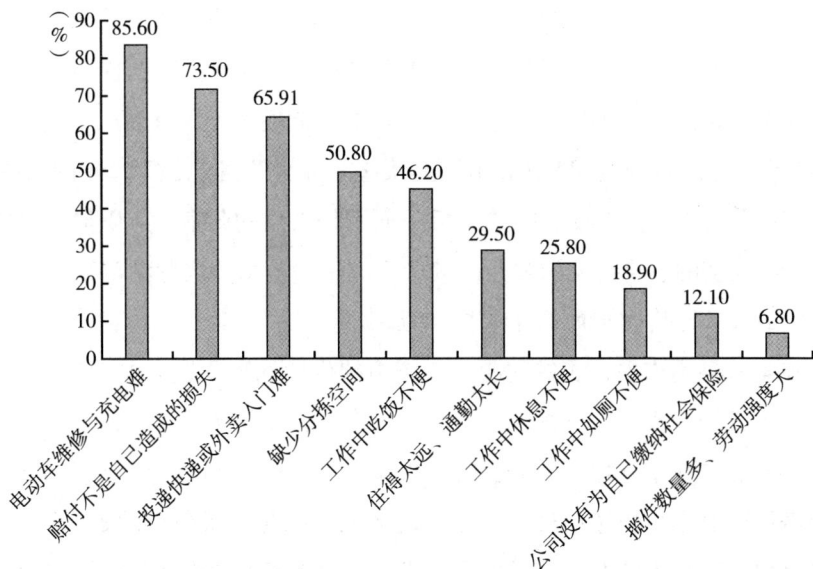

图 2　快递小哥面临的主要困难是什么（多选）

① 王秋文、邵旻：《快递员社会保障存在的问题及对策研究》，《劳动保障世界》2018 年第 27 期，第 9~11、13 页。

② 朱迪等：《中国城市快递员调查报告》，载李培林等主编《2021 年社会形势分析与预测》，社会科学文献出版社，2021，第 275~290 页。

笔者把上述困难分为两类：第一类是平台经济自身存在的问题导致的困难，如揽件数量多、劳动强度大，公司没有为自己缴纳社会保险，赔付不是自己造成的损失等，解决这些困难需要的是规范、监管与救济；第二类则是快递小哥工作与生活中面临的服务保障困难，如工作中吃饭、休息、如厕不便，电动车维修与充电难等，解决这些困难需要的是有效的服务供给。

在第一类困难中，最让快递小哥有同感的是"赔付不是自己造成的损失"。在访谈中笔者已经发现，快递小哥最大的"痛"是被投诉、被罚款、诉求无门。快递小哥侯师傅告诉笔者："早高峰、晚高峰的时候外面派的单特别乱，不顺道，光是取餐都能超时了，因为这个扣钱多了。这几天我还接到一个投诉，我把水果放到取餐柜了，但他说没有，后来平台扣了我50元钱。"像侯师傅这样的情况每个快递小哥都能讲出许多来。调查数据表现得更加直观，只有6.80%的快递小哥认为"揽件数量多、劳动强度大"是面临的主要困难；12.10%的快递小哥认为"公司没有为自己缴纳社会保险"是主要困难；但认为"赔付不是自己造成的损失"是主要困难的快递小哥占比却高达73.50%。这表明劳动强度大、社会保险制度不完善等被广泛关注、需要通过制度手段解决的问题可能并不是快递小哥的"当务之急"，由于快递小哥大多把当前工作当作发展的"跳板"而不是人生的归宿，所以他们可能更关心的是切实的、看得见的利益，最希望保障的是每一次劳动都能得到与之相匹配的收入，其他方面则相对并没有那么重要。

在第二类困难中，居住问题、工作中的生活保障问题、电动车的问题、快递或外卖分拣投递问题都让快递小哥头疼。首先是居住问题，相当一部分快递小哥居住在城郊地区，通勤时间大多需要1个小时以上甚至2个小时。之前海淀区有不少快递小哥集中居住的区域，如青龙桥街道的福缘门社区，原本是北京市最大的快递小哥聚居区之一，但随着城市更新与环境整治工作的推进，居住在这一区域的快递小哥不得不另择住处，29.50%的快递小哥认为"住得太远、通勤太长"是一个需要解决的问题。其次是在工作中的生活保障问题。吃饭、休息和如厕问题是快递小哥提的比较多的。快递小哥在工作时常常没有时间、空间吃饭和短暂休息，加之许多分拣点没有厕所，如厕问题也让一些快递小哥叫苦不迭。根据调查，46.20%的快递小哥认为"工作中吃饭不便"；25.80%的快递小哥感到"工作中休息不便"；18.90%的快递小哥认为"工作中如厕不便"。再次是电动车的问题，作为快递小哥最亲密的"战友"，送快递的电动车对他们非常重要，但笔者在调研中了解到，找不到充电的地方、电动车坏了没有地方修理等问题深深困扰快递小哥。问卷调查显示，85.60%的快递小哥认为"电动车维修与充电难"是主要困难。最后是快递或外卖分拣投递的问题，大多数所谓"分拣点""分拣站"并没有实体，有的就在路边，因而超过一半的快递小哥认为"缺少分拣空间"是一大挑战。与分拣相比，投递过程中的"进门"问题更加突出，特别是在疫情防控时期，快递小哥面临更多"投递快递或外卖入门难"的挑战，65.91%的快递小哥提到了这方面问题。

（二）快递小哥社会服务与保障机制

基于上述现实困境，海淀区从自身实际出发，积极整合力量、调动资源，形成了一些有针对性的做法。对于涉及行业自身的一系列问题，要彻底解决，需要国家层面的制度保障与科学专业的实施机制。对于海淀区来说，主要还是在落实政策、加强培训与法律支援方面下功夫。在落实政策方面，海淀区根据快递小哥的需要，统筹11家职能部门为快递小哥提供全方位的支持和服务，推出包括求职就业、心理疏导、法律援助、权益保障在内的"政策服务包"，使快递小哥在"思想上解惑、精神上解忧、文化上解渴、心理上解压"。此外，海淀区还通过"车骑先锋"线上服务平台整合了国家、北京市和海淀区关于新就业群体的各类政策法规，供快递小哥阅读学习。在加强培训方面，区人社局开设职业微课堂，进行职业指导及与职业相关的政策法规讲解；交通支队提供车管上门服务、安全培训教育；学院路街道设立"追梦小哥夜校"，提供标准式课程和点单式课程，其中包含了法律法规培训。在法律支援方面，海淀区司法局开通新就业群体专线，专门对接需要进行法律咨询的快递小哥；区委统战部开通志愿服务团热线、成立志愿律师团，为遇到劳动争议调解、矛盾化解问题的快递小哥提供法律援助；区总工会开通新就业群体咨询调解专线，为快递小哥提供劳动法律咨询。

对于快递小哥住得远、住宿条件差的问题，海淀区积极盘活村集体闲置房屋，在四季青镇的西山村试点建设"小哥公寓"。"小哥公寓"占地面积达到1600平方米，共建设85间房间，每间面积大约为20平方米，可容纳300名快递小哥居住，可以满足四季青镇约1/3的快递小哥的住房需求。在"小哥公寓"房间内，书桌、衣橱、独立卫生间等一应俱全，设有"双人间、三人间、家庭间"三种不同户型，同时配备了健身、洗衣、餐饮等服务设施；针对快递小哥的充电需求，还在附近建设了200组充电柜。"小哥公寓"既为快递小哥提供了有品质、价格实惠的住房，又有利于规范管理、消除充电安全隐患。当然，"小哥公寓"毕竟不能解决所有人的住房问题，四季青镇的做法是通过村集体企业与快递企业直接进行供需对接，优先支持工作表现良好、具有迫切住房需求、积极参与社会服务的快递小哥。

对于快递小哥在工作中的生活保障需求，海淀区坚持"需求导向、阵地打造"，为新就业群体搭建两级服务阵地。在街镇层面，依托党群服务中心，新时代文明实践中心（所、站、基地），职工之家，社区青年汇和综治平安建设站等平台，建设"新就业群体温馨驿家"服务中心；在社区（村）层面，依托社区服务站、楼宇服务站，建设"新就业群体温馨驿家"服务站。截至2021年末，全区已建立693个各类"新就业群体温馨驿家"服务阵地，形成了"街镇+社区（村）+多元主体"服务阵地网络。例如，海淀街道打造"红帆暖心驿站"快递外卖服务体系；学院路街道成立"追梦小哥之家"，开展特色服务活动。快递小哥不仅有了工作中休息、饮水、如厕、充电的场所，也有了一个能结交朋友、分享交流的平台。

对于快递小哥的快递或外卖分拣投递问题，海淀区利用"疏整促"闲置空间，建设了2个10000平方米的快递集中分拣点，大大方便了分拣工作，实现了"三个转变"，即快递公司由"分散分拣"向"集中分拣"转变、快递小哥由"路边分拣"向"专区分拣"转变、村民百姓由"情绪抵触"向"和谐共生"转变。针对小区、楼宇、商铺中快递小哥"进门难"问题，海淀区引导 2140 个小区、1100 多个楼宇、3000 多家商铺共同参与"新伙伴承诺"行动，签订承诺书、张贴"我支持""我参与"标识，形成全社会关心关爱新就业群体的浓厚氛围，为快递小哥开展工作提供了便利。

五　动员起来：提升快递小哥的社会参与水平

不论是把快递小哥组织起来，还是为快递小哥服务起来，最终的目标都是要实现快递小哥与这座城市更好地共荣共生，这还离不开把快递小哥有效地动员起来，让其参与基层治理。一些研究指出，快递小哥很少参加社区组织的活动，其社会参与情况也不容乐观①，这与他们较低的社会融入感、较高的社会排斥感有关。但是，应该将社会排斥看作一个过程而不是结果，只有当行动者脱离被社会赋予的权利和义务、脱离社会日常逻辑秩序时，他才是被排斥的；相反，如果能够实现积极的社会参与，社会排斥并不一定会发生。从这个角度上讲，提升快递小哥的社会参与水平，既是完善首都基层治理的重要内容，也是建设更加公平、更具包容性的新时代首善之都的必由之路。

（一）思想动员：以榜样引领树立参与意识

思想是行为的先导，通过价值理念的引领，以文化建设为主线，以活动建设为载体，以制度建设为保障，以榜样引领为重点，是增强快递小哥社会参与意识的重要手段。为了加强思想动员效果，海淀区通过"红色海淀"平台，开设"云课堂"，利用"七一"、国庆等重要节日，开展党建指导员"送学上门"活动，组织"小哥讲党课"，举行各类学习活动共 37 场。在加

---

① 孙慧、巫长林：《广州"快递小哥"社会适应现状与问题研究》，《河北青年管理干部学院学报》2021 年第 6 期，第 11~17 页。

强组织学习的基础上，有关部门非常注重通过榜样力量引领社会参与，选取一批有影响力、有号召力的代表人物，将其纳入社区会客议事厅等议事协调平台，鼓励其参与基层治理，积极向快递小哥传达正能量，增强了快递小哥的社会主人翁意识。

例如，笔者在调研中发现，青龙桥街道5名骑手救火的故事已经在快递小哥中间广泛流传，成为激励他们积极参与社会事务的典范。2021年7月15日凌晨，青龙桥街道福缘门63号院外电动车突然爆炸并引发火情，快递小哥王兴印第一时间发现，随后居住在周围的4名快递小哥苟建国、高梓宏、张琪、王晓刚很快冲了出来，5个人合力灭火，整个过程持续了半小时，最后终于将火扑灭。他们保障了周围诸多居民的安全，避免了更大的人员和财产损失。这5名快递小哥因此进入北京榜样"每周人物榜"，承担灭火"主力"任务的苟建国被评选为2021年"海淀青年榜样"。榜样的力量是巨大的，2021年，2600余名快递小哥在5名青年榜样的激励下加入"流动消防巡查队"，发现上报安全隐患133件；150名快递小哥参与献血活动。

（二）实践动员：以行为引导激发参与动力

根据笔者对快递小哥的调查，大多数快递小哥是愿意参与基层治理的各项工作的，将较强的参与意识转化为参与动力、实现实践动员也是颇为重要的。为激发快递小哥参与基层治理的积极性，海淀区一方面引导快递小哥在本职岗位上"发光发热"，鼓励他们在工作岗位亮出风采，提升职业自豪感、荣誉感；在工作实践中发布"温暖服务我最行""争做文明骑行者"等承诺，以服务态度好、群众评价优为目标，激发工作热情。另一方面鼓励快递小哥充分利用自身优势，有针对性地参与基层治理实践，争当服务客户保密员、交通文明遵守员、风险隐患预警员、文明实践宣传员、社区防控守护员、环境美化维护员、服务群众代办员"七大员"。

一是争当服务客户保密员。定期开展客户信息保密教育，推动开展信息安全教育，共同维护客户群体人身、财产安全等。二是争当交通文明遵守员。开展交通安全法规宣传教育，引导新就业群体自觉遵守交通法律法规，文明行车、礼让行人，落实"一盔一带"行动，增强安全骑车、文明停车意识。三是争当风险隐患预警员，推动新就业群体实行社区网格化管理，充分发挥"前哨作用"，鼓励通过"文明随手拍""安全隐患直报"等形式，将违法犯罪线索、消防安全隐患、不文明行为、市政设施破损等及时向上级部门或社区（村）报告。四是争当文明实践宣传员，广泛开展文明实践宣传，坚持用先进文化引领人、教育人、感召人，大力弘扬社会主义核心价值观，深入开展精神文明创建工作，引导快递小哥明是非、讲诚信、守良知，传播社会正能量。五是争当社区防控守护员。结合形势需要，引导快递小哥自愿利用闲暇时间参与社区防控值守工作，把好社区卡口，共同构筑疫情防控防线。六是争当环境美化维护员，引导新就业群体自觉践行《北京市生活垃圾管理条例》，利用休息时间志愿参与垃圾分类桶前值守，探索通过积分制等形式，给予适当的物质或精神奖励。七是争当服务群众代办员，采取志愿和有偿相结合的方式，引导快递小哥为社区老人、残疾人等困难群体提供代买代办等服务，助力解决基层治理"最后一公里"难题。

应该说，海淀区引导快递小哥担任"七大员"参与基层治理总体上是成功的。调查显示，能够经常参与或有时参与所在地或工作地社区活动的快递小哥占比达到68.2%，其中协助参与疫情防控的快递小哥占比达到67.4%，协助开展垃圾分类的快递小哥占比达到44.0%，反馈乱停车、乱丢垃圾等不文明情况的快递小哥占比达到43.9%，协助有关部门发放宣传材料的快递小哥占比达到28.0%，参与所在社区协商议事活动的快递小哥占比达到25.0%，协助应对火情等安全隐患的快递小哥占比达到21.0%，调解邻里关系的快递小哥占比达到3.0%（见图3）。可以看出，除了较少调解邻里关系外，快递小哥已经广泛参与了不少重要社区、社会事务，在疫情防控等工作中，快递小哥成为保障基本民生的重要力量，其重要作用已经充分彰显。

调解邻里关系 3.0

协助应对火情等安全隐患 21.0

参与所在社区协商议事活动 25.0

协助有关部门发放宣传材料 28.0

反馈乱停车、乱丢垃圾等不文明情况 43.9

协助开展垃圾分类 44.0

协助参与疫情防控 67.4

0　10　20　30　40　50　60　70　80（%）

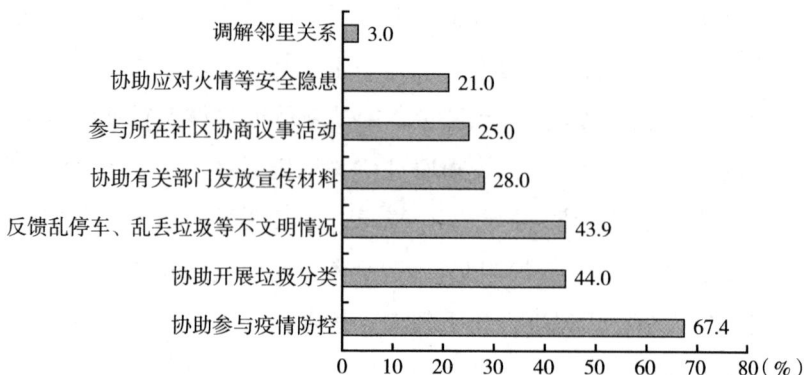

图3　快递小哥社会参与情况

（三）智慧动员：以在线平台打通参与堵点

除了常规动员与组织机制外，海淀区利用科技创新优势，在全市率先开发"车骑先锋"线上服务平台。该平台主要包括三大内容、五大功能、七大板块。通过先锋报到、先锋地图、先锋学习、暖心服务、暖心政策、活动报名、随手拍七大板块，实现"报到备案""服务点位查找""各类信息发布""参与城市治理""建立积分规则"五大功能。"随手拍"是供快递小哥随时举报社会不文明现象的板块，快递小哥在工作中发现市政设施破损、消防安全隐患、不文明行为等，都可以及时向街镇反馈，该平台还接入消防、交通等既有"随手拍"系统，共享资源数据。同时，为解决单项服务不可持续、参与治理缺乏动力的问题，该平台自带一套积分系统，快递小哥可以通过报到备案、参加志愿活动、参与基层治理获得积分，积分可用于兑换日常消耗品、防疫物资以及参加免费培训课程、免费法律服务、免费文体活动等。

"车骑先锋"这一名字描绘了快递小哥的形象，"车骑先锋"线上服务平台的部分功能也受到快递小哥的欢迎，加上区委、区政府积极推进，截至2021年末，已经有10176名快递小哥报到注册，发布活动299个，线上报名15000余人次，核实"随手拍"线索788条，近万个服务点位被标记到先锋地图上，逐渐推动形成了"一车一骑服务海淀，共建共治争当先锋"的工作格局。

六　促进新就业群体融入基层治理的挑战与思考

新业态、新就业群体工作，是互联网平台迅猛发展背景下的时代课题，目前这一工作已经在很多城市开展，多地通过实践探索，已形成典型经验做法。对于新业态、新就业群体工作，海淀区在推进过程中也出现了一些问题与挑战，主要表现在以下几个方面。

一是党建引领的治理效能有待提升。实践证明，将新就业群体凝聚起来并融入基层治理最有效的方式是依托党组织的力量。新业态、新就业群体的党建工作有别于机关党建，属于"两新"组织党建工作范畴，基于企业对新就业群体在人员组织方式上的雇主化、虚拟化、远程化特点，更加需要企业发挥党建引领作用，将党建优势转化为治理效能，让新就业群体积极与社会主流意识看齐，提高社会责任感。但在现实中，"两新"组织动态调整相对频繁，党员流动性大，导致其"两个覆盖"难以持续，党建在"两新"组织领域的引领能力存在客观上的弱化现象，治理效能发挥得不够充分。一方面，企业自身缺乏做好党建工作的积极性，党建与企业的主要经济业务难以衔接，存在"两张皮"现象，党建工作难以有效促进企业生产经营；另一方面，新就业群体党员发挥先锋模范带头作用的动力不强，参与党组织活动的意愿不高，甚至存在"口袋党员""隐形党员"。

二是新就业群体的权益保障缺乏顶层设计。新就业群体的权益保障是全国范围的社会问题，海淀区在推进这项工作的过程中，力所能及地在区内统筹协调，但面对这一普遍社会问题，区级层面的一些"堵点"也难以疏通，尤其是难以从根本上解决新就业群体的权益保障问题。为新就业群体"送温暖""送关爱"，只能满足一时之需，不能彻底地解决新就业群体的权益保障问题，如工作强度大、职业安全感低、没福利、维权难等，这些问题归根结底是由于劳动用工缺乏法律保障。对于新就业群体的劳动关系，我国现行《劳动法》《劳动合同法》等劳动法律法规并没有明确界定，也就难以通过现有劳动法律法规对新就业群体的权益进行保障，更难以通过劳动监察、劳动仲裁等途径解决新就业群体的劳动争议纠纷。换句话说，新就业群体的权益保障法律法规目前是一块"短板"，想要彻底解决新就业群体的权益保障问题，亟须在国家层面出台相应法律法规。

三是行业主体的协同程度有待提高。新就业群体工作涉及多个领域，需要政府主体、企业主体、社会主体在内的多元主体共同推进，进一步完善"政府法治、企业自治、社会共治"的治理架构。海淀区在推进工作过程中，得到了相关企业的大力支持与协作，但一些现实问题还是难以解决，包括如何依托企业制度的调整保障新就业群体的合法权益、如何依托行业监管与行业治理保障互联网企业的健康发展、如何通过企业激励制度激发新就业群体的社会参与热情等。如果企业不发挥主体责任，党和政府自己唱"独角戏"，新业态、新就业群体问题就不会得到有效、长久的解决。

四是新就业群体的社会参与热情难以保持。积极推动新就业群体参与基层治理，是构建共建共治共享基层治理格局的有效途径，是建立人人有责、人人尽责、人人享有的基层治理共同体的实践探索。新就业群体作为社会一分子，依托工作特征与优势，可以并应当积极参与社会活动。但如何保持新就业群体的社会参与热情是一个值得探讨的问题。一方面，政府的引导机制、激励机制并不完善，参与的渠道并不畅通，在体制机制上难以保障和规范；另一方面，新就业群体本身流动性强、引导宣传难度大、社会融入度偏低、社会认同感不高，其对于融入基层治理这项工作的参与热情难以被激发。

基于此，进一步促进新就业群体融入基层治理要在把党建做强、把服务做细、把激励做实、把科技做优4个方面着眼。

一是要把党建做强，进一步扩大新就业群体党组织和工作的有效覆盖范围。推进新时代基层治理体系与治理能力现代化，最关键的就是加强党对基层治理的全面领导，有效发挥基层党组织的战斗堡垒作用和党员的先锋模范作用。因此，要继续在新就业群体中扩大党组织和工作的有效覆盖范围，重点关注新业态、新就业群体聚集的区域，结合工作居住地点、工作性质、兴趣爱好等特点，采取独立组建、联合共建、挂靠合建等多种灵活方式设置流动党支部和党小组，以此为抓手吸纳更多的新就业群体党员、入党积极分子等加入组织并开展活动。同时，围绕新就业群体特点，广泛宣传党和政府的各项方针政策，不断强化政治引领，凝聚思想共识。

二是把服务做细，进一步精准解决新就业群体的实际问题。继续发挥好各街镇、社区（村）力量，充分整合辖区资源优势，依托党群服务中心和社区便民服务站等阵地，建立新就业群体服务驿站，持续推动更多关怀、服务向新就业群体全面延伸。针对新就业群体特殊诉求，增加服务阵地功能，满足新就业群体多样化、个性化需求，努力将"新就业群体温馨驿家"打造成"党的政策宣传站、党员群众服务站"。同时，加强需求调研的精准性并切实解决困难。发动社区志愿者、楼门长、物业、平台企业、党团工妇等人员和组织力量，随时收集新就业群体比较集中的意见建议和面临的突出问题，确保在基层治理的各个环节都能听到来自新就业群体的声音。搭建新就业群体的协商沟通平台，针对需求主动对接，整合辖区内组织资源和服务资源，协同相关部门开展联动，推动问题有效解决。

三是把激励做实，进一步激发新就业群体的参与动力。为推动新就业群体参与基层治理常态化，最大限度激发新就业群体的主人翁意识，要建立完善相应的激励机制。探索建立积分机制，将积分结果与技能培训、评优评先挂钩；也可以通过换取公益积分等方式，在指定美容美发店、商超市场、餐饮场所等享受低价格、高品质的服务。对在排查风险隐患、发现治安线索等方面有突出贡献的新就业群体，完善奖励制度，给予物质或精神奖励，以激发新就业群体积极参与基层治理各项活动（如疫情防控、环境整治、垃圾分类、应急处置、公益服务等）的主动性，推动新就业群体融入首都基层治理。

四是把科技做优，进一步提升新就业群体参与基层治理的成效。找准科技手段服务基层治理的切入点，充分利用科技创新优势，依托大数据、"互联网+"等信息化、智能化技术，提升基层治理的靶向性和精准度。借助新技术优势，在基层建立新就业群体服务信息网，积极开辟网上服务通道，构建全方位动态管理和综合服务体系，让新就业群体参与基层治理的途径更便捷、方式更优化、手段更智能、成效更显著。

Abstract

Population has a fundamental, overall and strategic impact on regional economic and social development. Since the 18th National Congress of the Communist Party of China (CPC), the General Secretary Xi Jinping has visited Beijing for many times and mentioned the population issue in his important speeches. The Fourteenth Five Year Plan for Beijing's National Economic and Social Development and the Outline of the Vision Goals for the Year 2035 clearly point out that we should implement the long-term population development strategy, actively respond to the aging population, promote the comprehensive development of women, children and youth, and promote the coordinated development of population and cities.

Based on the "Fourteenth Five Year Plan" of Beijing, the coordinated development of Beijing, Tianjin and Hebei, the construction of "four centers" and the linkage of "five sub centers", this book not only analyzes the overall population size, structure, quality, the current situation and diachronic characteristics of the distribution, compared with the national average level. What's more, the characteristics and changes of the educational population, the working age population, the elderly population and women of childbearing age are analyzed in depth. In addition, this book discusses the current situation, governance difficulties, social integration and other issues of the inverted villages with a large floating population, the migrant population, and the new employment groups.

The results show that there are five characteristics of the population: the size of the permanent population has decreased slightly year after year, and the registered residence population has increased significantly; The pattern of ultra-low fertility has not changed, and the trend of low fertility is difficult to change in the

218

short term; The decline of the working age population is expanding, and the total dependency ratio of the population is rising; The cultural quality of the population is in the forefront of the country, and the proportion of the population with higher education has increased significantly; The regional distribution of population has become more reasonable, and the development vitality of the new urban development zone has emerged. At the same time, Beijing's population development is also faced with the unbalanced age structure of the population, and the pressure of supporting fertility policies and aging optimization policies is great; The quality and stability of employment should be paid attention to; The contradiction between population, resources and environment is still prominent, and the task of tackling "big city disease" is arduous; The efficiency of public service supply still needs to be improved and other issues and challenges. It is suggested to further optimize the population development pattern in the capital, improve the policy system of active reproductive support, implement the national strategy of actively responding to population aging, stabilize the employment scale, tap talent dividends, and promote the modernization of population governance.

The development and changes of various population groups in Beijing have a crucial impact on the sustainable development and vitality of the city, and the formulation of urban planning and related policies will also affect the development and changes of the population. The study of this book finds that the number of students in Beijing's primary education stage is large and continues to grow, while the number of students in junior middle school and senior high school education stage is small and declining significantly; The scale of non Beijing students in all educational stages showed a consistent downward trend; The urban function expansion area has become the main distribution area for students in all education stages, and the distribution difference between the districts in junior high school and ordinary high school shows a weakening trend. These changes are mainly affected by the increase of the registered residence age population, the adjustment of population and education policies, the easing of non-capital functions, and the aggregation effect of urban high-quality education resources. The proportion of the working age population in the total population has shrunk, and the age structure is aging, but the overall quality has improved, and the female working age population has a higher education level and more increment. The concentration distribution areas of working age population in different age groups are quite different, and the industrial space is distributed in a "three two one" gradient from the center to the periphery. It has a certain impact on the urban population dividend and economic development vitality, but it is also expected to promote technological progress, improve the quality of talent training and labor productivity. It is suggested to accelerate the transformation of economic growth to innovation driven, improve the quality of the working age population, improve the level of service management, and fully tap the elderly human resources. The scale of permanent elderly population is growing rapidly, and the aging of registered residence population is more serious; The sex ratio of the elderly population of men and women showed a continuous downward trend with the increase of age; The proportion of the young elderly population increased significantly; The education level of the elderly population has improved significantly; Most elderly people live together with their spouses, and their main sources of income are pensions and pensions. They are in good health. It is necessary to establish a multi-dimensional identification and monitoring mechanism for the elderly in distress, carry out services by levels and categories, build a social assistance system, promote the equalization of elderly care services, and actively play the positive role of human resources for the elderly. The scale of permanent women of childbearing age has been decreasing in recent ten years, and will be further reduced; The age structure is aging; The age of marriage and childbearing has been postponed as a whole, marital instability has increased, and the proportion of children born to the first child has declined. It is necessary to provide a more relaxed reproductive environment, further improve the equalization of eugenics and childbearing services, and build a fertility friendly society in an all-round way.

Floating population and migrant population are important components of Beijing's permanent population. This book proposes that the service management measures for migrant population in Beijing cannot be simply "one size fits all". It is necessary to comprehensively consider the actual situation and their respective wishes, take different and focused service management measures for different types of migrant population, and improve the service management level of migrant population in a classified and orderly manner. The population upside down villages in the urban-rural fringe are all "young communities" dominated by working age population. After the promotion of sparse and orderly arrangement, the rentable houses in the villages are generally vacant, and there are still problems such as the orderly management of population, the management of village public security and order, and the safe construction of villages. It is necessary to further improve the integration of governance objectives, resource integration and social participation.

The current situation of employees in new forms of employment has attracted much social attention. On the basis of clarifying the classification and characteristics of new forms of employment, this book speculates the current situation of new employment groups in Beijing through sampling survey, and points out that the lack of legal norms, system operation and organizational guarantee hinders the improvement of the happiness and sense of gain of newly employed workers. It is necessary to promote development through standardization, sharing through reform, and co governance through coordination. It is suggested to improve laws and regulations, formulate industry standards, facilitate insurance coverage in different places, improve employment environment, strengthen organizational support, improve public services, and optimize social assistance. This book further analyzes the development status of Beijing takeaway riders and the social integration, support and participation mechanism of Haidian District Express Brother. It finds that there are problems in labor rights protection, social security, social participation and other aspects. It is necessary to further improve labor protection related policies and regulations, improve vocational training and quality, and improve the social insurance system. We will strengthen the Party building, detail services, make incentives real, and optimize science and technology. We will ensure the healthy, stable and sustainable development of new employment groups in the capital, and at the same time, enable the modernization of urban governance in the capital.

Keywords: Working Age Population; Elderly Population; Childbearing Age Women; Migrant Population; Beijing

Contents

I General Report

Abstract: This research report mainly uses quantitative research methods to analyze the current situation and diachronic characteristics of Beijing's population size, structure, quality and distribution, summarizes five characteristics of Beijing's population development, and summarizes the problems and challenges faced by Beijing's population development in four aspects: age structure, employment quality, population resources and environment, population development and public services, On this basis, six countermeasures and suggestions are put forward for the balanced development of Beijing's population in the new era, namely, optimizing the pattern of population development in the capital, improving the policy system of active childbirth support, implementing the national strategy of actively coping with the aging of the population, stabilizing the employment scale and tapping talent dividends, promoting the modernization of population governance capacity.

Keywords: Population Characteristics; Population Challenges; Population Policy; Beijing

II Topic Reports

B.2 A Research Report on the Population of Compulsory Education and Senior High School Education in Beijing

Hu Yuping, Zhang Yue and Chen Deyun / 023

Abstract: Based on the relevant data of the *Beijing Statistical Yearbook* and *Beijing Education Statistics* over the years, this report analyzes and summarizes the development trend and influencing factors of the size of students in the capital's compulsory education stage and senior high school education stage. The data shows that the size of students in primary education is relatively large and continues to grow, while the size of students in junior high school and senior high school education is small and has a significant downward trend; the size of nonnative students in each education stage shows a consistent downward trend; The Urban function expansion area has become the main distribution area for students in different education stages, and the distribution difference among the functional areas at the junior high school and ordinary senior high school levels shows a weakening trend. The analysis found that the increase of household registration age population, the adjustment of population and education policies, the implementation of relieving Beijing of functions non-essential to its role as China's capital, and the agglomeration effect of urban high-quality educational resources are the important influencing factors for changes in the size and distribution of the educational population.

Keywords: Primary and Secondany School Students; Compulsory Education; Senior High School Education; Allocation of Educational Resources; Beijing

B.3   Report on Analysis of Working Age Population Situation

in Beijing   *Yu Qian* / 047

Abstract: Changes in the working age population will have a profound impact on economic and social development. Based on the census data from 1982 to 2020, this paper analyzes and summarizes the total, structure, quality and distribution characteristics of working age population in beijing, the results show that the proportion of working age population in Beijing is shrinking and the working age population is aging, but they are more well-educated and the female working age population has a higher education level and more increments. There are great differences in the concentrated distribution areas of the working age population of different age, and the industrial space presents a "three two one" gradient distribution from the center to the periphery. The characteristics and changes of the working age population may have a negative impact on the population dividend and economic development vitality, but it is also expected to promote technological progress and improve the quality of talent training and labor productivity. Based on this, this paper puts forward some countermeasures and suggestions, such as accelerating the transformation of economic growth to innovation driven, improving the quality of the working age population, improving the service management level, and fully exploiting the elderly human resources.

Keywords: Working Age Population; Talent Dividend; Beijing

B.4   Analysis of the Current Situation and Change of the

Elderly Population in Beijing   *Ma Xiaohong*, *Di Anxiang* / 066

Abstract: Population aging is an important population situation in the process of modernization construction in Beijing. This paper uses the data of the China Seventh Census to describe and analyze the size, structure, and economic and social features of the elderly population in Beijing. The study found that the size of the permanent elderly population aged 60 and above in Beijing has grown rapidly, currently the number of this group of people has reached more than four point four million, including one sixth of the migrant elderly population. The proportion of the young elderly population has increased significantly, reflecting the rapid aging characteristics of the past decade. The education level of the elderly is concentrated in junior middle school and below, but the proportion above junior college has increased significantly, providing a good foundation for the development of human resources for the elderly. The proportion of old people who live alone accounts for 10%, and widowed elderly people takes up around 10%, People in need of family and social support account for one tenth, and unhealthy elderly people account for nearly five hundred thousand. The government should attach great importance to the above situations and build up a basic social assistance system.

Keywords: Elderly Population; Population Aging; Beijing

B.5　Research on Childbearing Age Women in Beijing

Ma Xiaohong, Peng Shuwan ╱ 094

Abstract: From the perspective of resident women aged 15−49, this article interprets the future demographic trends in Beijing, and describe their characteristics with multi-dimensional demographic variables to reveal the future trend of Beijing's population. The main findings are as follows: the size of resident women aged 15−49 in Beijing has shown a decreasing trend in the past ten years, and will decrease further in the future; the age structure of women aged 15−49 continues to age, with its peak of proportion to higher age groups; The age of marriage and childbearing of women aged 15−49 is generally delayed, marital instability is increasing, and the proportion of the first child births is decreasing; by 2035, the number of childbearing age women in Beijing will be further reduced, and the age structure will become more aging.

Keywords: Childbearing Age Women; Marital Status & Fertility Behavior; Ultra-low Fertility; Beijing

Ⅲ Special Reports

B.6   Experience and Reflection on the Governance of Population
Inverted Villages in the Urban-Rural Fringe under the
Background of "Relieving and Improving"
—*Based on the survey of 11 villages in X Town, Beijing*

Wang Xuemei, Yan Caixiao and Zhou Jianyang / 121

Abstract: For a long time, a large number of floating population have gathered in the urban-rural fringe areas to form a population inverted village, which is a short board and a difficult problem in the grass-roots governance of mega cities. In recent years, under the background of "dispersing non-governmental organizations" and "relieving and improving", various districts and counties in Beijing have made certain achievements in the exploration of the governance of population inverted villages. Based on the field investigation of 11 population inverted villages, this paper analyzes the current situation and difficulties of population inverted villages, and summarizes the experience and reference of grass-roots governance. The study found that the villages with inverted population are "young communities" dominated by the working age population. After the consolidation, the rentable houses in the villages are generally vacant, and there are still problems such as population orderly management, village public order management and village safety construction. The research shows that the governance of inverted villages is gradually changing from traditional linear governance to compound governance. The main governance experiences are mainly reflected in the renewal of governance concepts, the construction of governance patterns, the innovation of governance mechanisms, and the improvement of governance models. However, the integration of governance objectives, resource integration, social participation and other aspects need to be further improved.

Keywords: Beijing Population; Population Inverted Villages; Grass Roots Governance

B.7 Research on Service Management of Permanent Migrant
Population in Beijing   *Chen Zhiguang*, *Zhu He* / 144

Abstract: This report takes the permanent migrant population in Beijing as the research object. Based on the authoritative survey data of the Bureau of Statistics, it studies the basic situation of the permanent migrant population and analyzes the problems and deficiencies in the service and management. The key point is to put forward the suggestions and measures to improve the service management level of the migrant population in Beijing, including: establishing and improving the dynamic information system; Granting citizenships to rural migrants in an orderly and classified manner; Improve employment and raise income levels; Improve the housing environment and living standards; Increase the social insurance coverage rate; To improve the education and development of their children; Improve the willingness of citizenization and promote psychological identity.

Keywords: The Permanent Migrant Population; Services Management of Permanent Migrant Population; Beijing

B.8 Research Report on the Status of New Employment
Groups in Beijing
Zhang Zhengyu, *Xu Yingying*, *Zhang Kai and Zeng Wei* / 164

Abstract: With the continuous expansion of the scale of new forms of employment, the situation of its employees has drawn much attention from the society. This paper clarifies the classification and characteristics of the new employment form, and infers the current situation of the new employment form groups in Beijing through sampling survey. The root causes of the problems that hinder workers to improve their sense of happiness and sense of gain are summarized as the "three deficiencies" of legal norms, system operation and organizational security. On the basis of sorting out the policies and measures for new employment forms at the national and municipal levels, the development idea of promoting development through standardization, sharing through reform, and co governance through collaboration was put forward, as well as specific suggestions such as improving laws and regulations, formulating industry standards, easily participating in insurance in different places, improving employment environment, strengthening organizational support, improving public services, and optimizing social assistance, so as to make up for weaknesses as soon as possible, We will promote the sound development of workers in new forms of employment.

Keywords: New Employment Form; Employment Environment; Beijing

B.9   Research on the Status Quo and Social Protection of
Take-Away Riders

Yang Xiaosheng, Gao Xiang, Wang Jin and Wang Fei / 177

Abstract: In recent years, with the rise of the Internet platform economy, a large number of new occupations have emerged, and takeaway riders (online delivery workers) are an important group of them. This report uses the data of the "Questionnaire Survey of Takeaway Rider Occupational Groups" jointly conducted by the research team and the Institute of Sociology of the Chinese Academy of Social Sciences to conduct a descriptive analysis of the demographic characteristics, living conditions, working conditions, career development, social security and other characteristics of the occupational group, and finds that the occupational group has a series of problems and challenges such as unclear labor identification, high occupational vulnerability, obstacles to social insurance participation, and low social status. On the basis of integrating the policies and practices of social protection of online delivery workers at home and abroad, the report puts forward suggestions and reflections on improving policies and regulations related to the protection of labor rights and interests, attaching importance to vocational training and quality improvement, improving the social insurance system, and creating a good professional environment.

Keywords: Take-Away Rider; Social Protection; Beijing

B. 10 Integration of New Employment Groups into Local
Governance in Beijing
—*The Study of the Expressman in Haidian District*
Li Mingyang, Ying Licheng / 196

Abstract: with the rise of the digital economy, various new commercial activities with the Internet as their platform have flourished, which have created new and growing job requirements such as couriers and deliverymen for takeaway. Beijing, as a pioneer of the digital economy, gives close attention to the new commercial activities and their employees. Based on the investigation and analysis of the couriers in Haidian District of Beijing, this chapter discusses the specific grass-roots governance mechanism of the new employment groups from social integration, social support and social participation, and puts forward current problems and countermeasures. This chapter argues that the new employment groups, while contributing to the economic and social development of Beijing, are facing a series of problems such as the shortage of rights protection and the lack of social participation. Beijing has made certain achievements on grass-roots governance mechanism of the new employment groups, and has encountered challenges that require more works on Party development, services, incentives, science and technology. Moreover, Beijing needs to ensure the healthy and sustainable development of the new employment groups in the capital, and to further promote the grass-roots governance towards those employees, thus achieving the modernization of urban management.

Keywords: New Employment Groups; New Business Form; Digital Economy; Local Governance; Beijing

北京市哲学社会科学研究基地智库报告
系列丛书

推动智库成果深度转化

打造首都新型智库拳头产品

为贯彻落实中共中央和北京市委关于繁荣发展哲学社会科学的指示精神，北京市社科规划办和北京市教委自 2004 年以来，依托首都高校、科研机构的优势学科和研究特色，建设了一批北京市哲学社会科学研究基地。研究基地在优化整合社科资源、资政育人、体制创新、服务首都改革发展等方面发挥了重要作用，为首都新型智库建设进行了积极探索，成为首都新型智库的重要力量。

围绕新时期首都改革发展的重点热点难点问题，北京市社科联、北京市社科规划办、北京市教委与社会科学文献出版社联合推出"北京市哲学社会科学研究基地智库报告系列丛书"。

北京市哲学社会科学研究基地智库报告系列丛书

（按照丛书名拼音排列）

· 北京产业蓝皮书：北京产业发展报告

· 北京人口蓝皮书：北京人口发展研究报告

· 城市管理蓝皮书：中国城市管理报告

· 法治政府蓝皮书：中国法治政府评估报告

· 健康城市蓝皮书：北京健康城市建设研究报告

· 交通蓝皮书：中国城市交通绿色发展报告

· 京津冀蓝皮书：京津冀发展报告

· 平安中国蓝皮书：平安北京建设发展报告

· 企业海外发展蓝皮书：中国企业海外发展报告

· 首都文化贸易蓝皮书：首都文化贸易发展报告

· 中央商务区蓝皮书：中央商务区产业发展报告

权威报告·连续出版·独家资源

皮书数据库
ANNUAL REPORT(YEARBOOK)
DATABASE

分析解读当下中国发展变迁的高端智库平台

所获荣誉

- 2020年，入选全国新闻出版深度融合发展创新案例
- 2019年，入选国家新闻出版署数字出版精品遴选推荐计划
- 2016年，入选"十三五"国家重点电子出版物出版规划骨干工程
- 2013年，荣获"中国出版政府奖·网络出版物奖"提名奖
- 连续多年荣获中国数字出版博览会"数字出版·优秀品牌"奖

皮书数据库　　"社科数托邦"
微信公众号

成为会员

登录网址www.pishu.com.cn访问皮书数据库网站或下载皮书数据库APP，通过手机号码验证或邮箱验证即可成为皮书数据库会员。

会员福利

- 已注册用户购书后可免费获赠100元皮书数据库充值卡。刮开充值卡涂层获取充值密码，登录并进入"会员中心"—"在线充值"—"充值卡充值"，充值成功即可购买和查看数据库内容。
- 会员福利最终解释权归社会科学文献出版社所有。

数据库服务热线：400-008-6695
数据库服务QQ：2475522410
数据库服务邮箱：database@ssap.cn
图书销售热线：010-59367070/7028
图书服务QQ：1265056568
图书服务邮箱：duzhe@ssap.cn

社会科学文献出版社　皮书系列
SOCIAL SCIENCES ACADEMIC PRESS (CHINA)
卡号：763127384738
密码：

S 基本子库
UB DATABASE

中国社会发展数据库（下设12个专题子库）

紧扣人口、政治、外交、法律、教育、医疗卫生、资源环境等12个社会发展领域的前沿和热点，全面整合专业著作、智库报告、学术资讯、调研数据等类型资源，帮助用户追踪中国社会发展动态、研究社会发展战略与政策、了解社会热点问题、分析社会发展趋势。

中国经济发展数据库（下设12专题子库）

内容涵盖宏观经济、产业经济、工业经济、农业经济、财政金融、房地产经济、城市经济、商业贸易等12个重点经济领域，为把握经济运行态势、洞察经济发展规律、研判经济发展趋势、进行经济调控决策提供参考和依据。

中国行业发展数据库（下设17个专题子库）

以中国国民经济行业分类为依据，覆盖金融业、旅游业、交通运输业、能源矿产业、制造业等100多个行业，跟踪分析国民经济相关行业市场运行状况和政策导向，汇集行业发展前沿资讯，为投资、从业及各种经济决策提供理论支撑和实践指导。

中国区域发展数据库（下设4个专题子库）

对中国特定区域内的经济、社会、文化等领域现状与发展情况进行深度分析和预测，涉及省级行政区、城市群、城市、农村等不同维度，研究层级至县及县以下行政区，为学者研究地方经济社会宏观态势、经验模式、发展案例提供支撑，为地方政府决策提供参考。

中国文化传媒数据库（下设18个专题子库）

内容覆盖文化产业、新闻传播、电影娱乐、文学艺术、群众文化、图书情报等18个重点研究领域，聚焦文化传媒领域发展前沿、热点话题、行业实践，服务用户的教学科研、文化投资、企业规划等需要。

世界经济与国际关系数据库（下设6个专题子库）

整合世界经济、国际政治、世界文化与科技、全球性问题、国际组织与国际法、区域研究6大领域研究成果，对世界经济形势、国际形势进行连续性深度分析，对年度热点问题进行专题解读，为研判全球发展趋势提供事实和数据支持。

法律声明